本书受到
国家社会科学基金项目
云南省哲学社会科学学术著作出版专项经费
中国西南对外开放与边疆安全研究中心出版基金
联合资助

青年学术丛书·经济

YOUTH ACADEMIC SERIES-ECONOMY

边境民族地区新农村建设持续推动机制研究

——基于滇东南的实地考察

王俊程　胡红霞　著

人民出版社

目　录

前　言

我国与 14 个国家接壤，陆地边界长达 2.28 万公里。边境地区的经济发展、基础设施、社会事业建设滞后，大多是集边疆、民族、贫困、落后于一体的特殊区域。自党的十六届五中全会"提出建设社会主义新农村是我国现代化进程中的重大历史任务"后，全国各地在新农村建设方面取得了可喜的成绩。但我们也清醒地看到，恶劣的自然地理条件、闭塞的交通状况、薄弱的经济和产业基础与建设滞后的基础设施制约着诸如滇东南这类边境民族地区的经济社会发展。立足滇东南边境民族地区的现实，探索持续推进新农村建设的途径，不仅可为新农村建设主管部门、民委、农业部门、扶贫开发部门等提供借鉴和决策参考，也可为应用经济、农村经济、民族问题、社会学等专业领域的研究者提供借鉴和支持。对巩固和发展边境地区新农村建设成果、加快边疆民族地区经济社会发展、促进边疆民族团结、巩固边防和维护祖国统一、构建和谐社会等方面均具有重要的现实意义。

本课题研究以我们为期一年的新农村建设指导员的工作经历为依据，以位于滇东南地区与越南毗邻的富宁、麻栗坡、马关、河口、金平、绿春六个边境县为研究对象，采用文献研究、问卷调查、深度访谈等方法获取第一手资料，之后使用 spss 软件进行统计分析、总结归纳，提炼出边境民族地区新农村建设取得的成绩和持续推进新农村建设的难点，最后结合地区实际，借鉴国内外经验，提出持续推进边境民族地区新农村建设的策略与机制。

具体来说，研究从滇东南边境地区的土地资源、矿产资源、水利资源、生物资源、气候资源、人力资源状况等方面切入，分析评价这一地区的经济社会发展现状、发展难点和优劣势，总结、评述新农村建设的提出、推进，围绕新农村建设的目标和要求，从基础设施、村容村貌、生产生活、增收渠道、农民观念、文化素质、基层组织建设等方面总结归纳了边境民族地区新农村建设取得的成绩。

接着以滇东南边境地区为例，采用实证研究法，从自然地理、基础设施和公共事业、产业发展、人口素质和人力资源、农村金融体制、中越战争和越南政策、帮扶机制和政策以及基层组织等方面，深入挖掘和分析边境民族地区新农村建设持续推进的难点。课题组认为，恶劣的自然地理条件、薄弱的经济与产业基础和建设滞后的基础设施影响并制约边境民族地区新农村建设的持续推进；偏低的人口素质、相对落后的观念影响科教兴国和农民的持续增收；有待健全和完善的农村金融体系不能满足资金饥渴的农民的借贷需要；战争和历史遗留问题延误这一地区的发展机遇，具有相对优势的越南边境政策助长了部分边民的"等、靠、要"思想并对我国边民造成一些消极影响；欠完善的政策、机制影响和制约新农村建设的持续推进；相对薄弱的农村基层组织在巩固和发展新农村建设成果方面的作用还有待加强。

最后，课题组基于地区实际和宏观政策，探索并构建了滇东南这类边境民族地区农村产业发展、农民增收、农村人才建设的长效机制，进而提出持续推进边境民族地区新农村建设的措施和建议，即遵循"立足现实、着眼长远、因地制宜、标本兼治、'造血'为主、'输血'为辅、短期和长期目标相结合"的总体思路，以产业扶持和产业开发、促进农民增收为关键，加大资金投入，加快基础设施建设的步伐，加强边境民族地区人才建设，完善政绩考核体系、创新帮扶模式，完善相关政策和机制，建立、完善农村自治组织，加强基层组织建设，建立单位、部门对口帮扶联动机制，巩固和发展新农村建设成果。针对滇东南边境民族地区的特殊性，还需要加大对原战区的帮扶力度，排除原战区遗雷威胁，研究并合理借鉴越南相关边境政策。

除较系统地提出持续推进边境民族地区新农村建设的对策措施外，课题组还创新性地提出了诸多构想，如边境农村产业发展思路、农村人才培养战略、农村基层组织建设措施、支教战略、义工发动方案、农户联合担保制度等。这些构想和设计在此只有短短两行字，实际上包括了很多的内涵和外延，在书中梳理得较为系统和全面，事实上，其中的每一个构想都是一个很大的研究课题。

本书有如下几个特点：一是突出系统视角。边境民族地区"三农"问题是各种错综复杂的矛盾长期交织积淀、循环积累的结果，在农村产业发展、基础设施建设、公共事业建设、人才建设、教育投入、完善农村金融体制等的对策方面，不仅从经济视角分析，还从政治、地理、人文、历史等视角进行了综合分析，使得对策建议具有针对性和可行性；二是突出实证性。现状、问题、对策均是基于一年的新农村建设指导员工作经历和野外调查而提出的，现状部分我们坚持"没有调查就没有发言权"，问题方面力求"按事实说话，问题切中要害"，对策研究部分做到了"注重实效"；三是突出定量分析。现状和问题的描述是在对回收的632份有效问卷进行定量分析的基础上提出的；四是在对比研究时使用了spss的交叉表进行分析，这为深入挖掘村寨类型、性别与年龄段几种要素之间的关系提供了方便。

在研究和写作的过程中，我们查阅并借鉴了一些文件资料和学术作品，在此谨向这些作者表示诚挚的谢意。我的学生赵发员、罗安周、李学舒、程靖等人在实地调查、数据录入、文字校对等方面给予了很大帮助，这里也向他们表示衷心感谢。

虽该书汇集了我32年的人生精华和课题参与人以及多个职能部门工作人员在内的智慧，但由于见识有限，内功尚浅，所以其中定有不足，我期待着您的指导和教诲。

第一章 导 论

一、项目研究背景和意义

（一）研究背景

我国与 14 个国家接壤，陆地边界长达 2.28 万公里[①]。由于受地质、气候、交通等自然条件的制约，政策执行递减效应以及外邦政策等因素的影响，边境地区的经济发展、基础设施、社会事业建设滞后，大多是集边疆、民族、贫困、落后于一体的特殊区域。从构建社会主义和谐社会的全局看，新农村建设的难点不在发达、相对较富的中东部地区，而在这些边境民族地区。自党的十六届五中全会提出"建设社会主义新农村是我国现代化进程中的重大历史任务"后，全国各地按照"生产发展、生活宽裕、乡风文明、村容整洁、管理民主"的要求，扎实稳步地推进新农村建设。几年来，全国各地在新农村建设方面取得了可喜的成绩，农村的生产得到了发展，农民增收渠道得以拓展，农民生产、生活条件得以改善，村民素质、观念、文明程度有所提高，基础设施、村容村貌有所改观，基层组织管理服务水平和政府形象得以提升。但与此同时，我们也清醒地看到，相较内地发达地区，边境民族地区存在诸多的难点和问题，如：自然条件恶劣，基础设施建设滞后；农

---

① 《中国的国土与资源》，新华网，http://news.xinhuanet.com/ziliao/2003-01/19/content_696029. htm，（2010-10-5）。

村缺乏产业支撑，农民增收幅度十分有限；边境民族地区教育资源匮乏，缺乏人才；针对农民的帮扶机制欠完善；基层组织在新农村建设中的作用还有待加强，等等。这些都会影响和制约新农村建设的实施和持续推进。如果不加以宏观调控和重点支持，势必会影响统筹城乡发展和全面建设小康社会的宏伟目标。我们以为期一年的新农村建设指导员的工作经历为依据，以滇东南民族地区为例，设计了旨在系统揭示阻碍边境民族地区新农村建设持续推进的难点进而提出基本对策的研究课题。

（二）研究意义

1. 理论意义

新农村建设是一个系统、庞大的涉农工程，研究边境民族地区新农村建设持续推进的难点与对策可以使民族学、区域经济学、社会学、公共政策学、人力资源开发与管理、统计学等学科的理论在研究中得以具体运用和深化，还可以为全国的新农村建设提供区域性经验。

从现有的公开文献来看，尚未发现在新农村建设背景下，将集边疆、民族、贫困、山区、原战区为一体的落后地区的农村经济社会发展剥离出来的实证研究成果，系统研究边境民族地区的"三农"问题可进一步完善新农村建设研究体系，可为后来的研究者提供参考。

2. 现实意义

2004 年以来，中央 1 号文件连续 7 年聚焦"三农"。2008 年 10 月 12 日党的第十七届三中全会通过的《关于推进农村改革发展若干重大问题的决定》中，明确提出"加大对革命老区、民族地区、边疆地区、贫困地区发展扶持力度"。在 2010 年中央 1 号文件中，甚至还提出"用彩票公益金支持革命老区建设"等新举措。基于"三农"问题是各级党和政府工作的重中之重和我国"惠农"政策连年升级的背景和现实，本课题立足滇东南边境民族地区的现实，探索持续推进新农村建设的途径，为相关职能部门和政策制定部门提供决策参考，对巩固和发展边境地区新农村建设成果、加快边疆民族地区经济社会发展、促进边疆民族团结、巩固边防和维护祖国统一、构建和谐社会等方面均具有重要的现实意义。

二、概念和区域界定

（一）相关概念

1. 社会主义新农村建设

在不同的时代，社会主义新农村建设有着不同的内涵和要求，它是一个与时俱进的概念。在现阶段，社会主义新农村建设是指在社会主义制度下，按照新时代的要求，对农村进行经济、政治、文化和社会等方面的建设，其目标是最终把我国农村建设成为"生产发展、生活宽裕、乡风文明、村容整洁、管理民主"的社会主义新农村。

在我国，社会主义新农村建设概念的提出可以追溯到 20 世纪 50 年代。1955 年，底，毛泽东组织起草了《一九五六年到一九六七年全国农业发展纲要（草案）》，该草案当时被视为建设社会主义新农村的伟大纲领。1956 年一届人大第三次会议通过《高级农业生产合作社示范章程（草案）》，提出了"建设社会主义新农村"的奋斗目标。在这次会议上，邓颖超在讲话中指出，《高级农业生产合作社示范章程（草案）》"是建设社会主义新农村的法规"[①]。这是中央领导人最早提出的建设社会主义新农村的概念。此后，在党中央的文件以及党和国家领导人的讲话中，多次提到社会主义新农村建设。

社会主义新农村建设受到广泛关注和高度重视是从 2005 年 10 月 13 日开始的，这一天，党的十六届五中全会通过《中共中央关于制定国民经济和社会发展第十一个五年规划的建议》，提出了建设社会主义新农村的重大历史任务。紧接着，在 2005 年 12 月 31 日，党中央、国务院发布了《中共中央、国务院关于推进社会主义新农村建设的若干意见》，自此，社会主义新农村建设开始在全国各地展开。从本质上来讲，社会主义新农村建设（后简称"新农村建设"）是新时期针对农村工作的一种提法，它的宗旨和本质与

---

① 付春：《试析毛泽东对社会主义新农村建设的初步探索》，《毛泽东思想研究》2007 年第 5 期，第 36 页。

以前的农村工作是一样的，只是在新的时代，它被赋予了更多的内涵，有了更广泛的外延。

新农村建设是一个系统工程，它涉及农村经济社会建设发展的方方面面。2006年至今，现代农业、农村基础设施、农村公共事业（包含教育、文化、医疗、社保等）、农村制度（包含现代农村金融制度）、农村民主政治建设及扶贫开发等项目的实施与新农村建设的目标和宗旨是一致的，都属于新农村建设的范畴。课题组认为，自党的十六届五中全会提出建设社会主义新农村的重大历史任务后，党和政府在农村开展的绝大部分涉农工程都可视为新农村建设工程。本书中涉及的整村推进、兴边富民工程、易地扶贫、民居抗震改造、沼气池建设等工程的宗旨和目标与新农村建设的目标和宗旨是一致的，它们是特殊地区、特殊时期的一些新增项目，与新农村建设有着密不可分的关系，实施和推进的主体都是各地的新农村建设领导小组成员单位，这些工程均可视为新农村建设的具体项目。事实上，在调研过程中，课题组也发现目前这些惠民、扶贫开发工程大多是县级扶贫开发办公室在规划实施。而且在很多地区，县新农村建设领导小组办公室和扶贫开发办公室是一套机构两块牌子，从实施的情况来看，这样更便于整合资源，形成合力，提高效能。

2. 持续推进

持续推进某项工程可以有三种理解：第一种解释是起点、终点可明确界定的工程遇到阻力或障碍被迫中断或终止一段时间后再次启动，继续进行。这种情况可以通俗地理解为再次启动、推进曾暂停或中断的某项工程。第二种解释是长期持续推进终点不太好界定或可分阶段的工程。第三种解释是前两种解释的融合，也即继续推进某终点不好界定、由于各种原因暂停的工程。我们认为新农村建设是一个起点明确，终点不好确定，并且目标可分为数个阶段的工程①。因此，课题中所指的"持续推进"以第二种解释来理解更为恰当。由此，也就引出本课题的主要研究对象：2006年以来新农村建设

---

① 杨林、王俊程、武友德：《新农村建设中少数民族贫困乡镇政府职能转变对政府人力资源的作用与影响》，《云南行政学院学报》2009年第4期，第104页。

主体工程已基本完成的村寨。

此处还有必要对"新农村建设主体工程完成"这一提法进行说明。一些人认为，某个村寨被列为新农村建设项目示范村后，职能部门完成该村的首期基础设施建设和入户工程并撤走新农村建设工作队和施工队后就完成了新农村建设。这种理解是狭隘的。新农村建设的目标和要求是"生产发展、生活宽裕、乡风文明、村容整洁、管理民主"，建房、修路只是新农村建设工程中的一小部分而已。在被列为新农村建设点的最初几年，通常是职能部门向这些村寨派工作队、项目组，集中对村寨进行基础设施建设、公共事业建设、入户工程建设、农村民主政治建设。这只是在资源有限、职能部门人力资源有限的现阶段的一种较好的工作方式。这些工程的完工，充其量只能算现阶段该村的新农村建设主体工程基本完成而已。对于许多村寨，尤其是发展滞后的边远村寨，即便新农村建设的主体工程基本完成后，离新农村建设的目标和要求尚有相当大的差距。因此，课题组认为，必须持续不断地推进农村经济社会的发展，才能把边远落后地区的农村建设成为"生产发展、生活宽裕、乡风文明、村容整洁、管理民主"的社会主义新农村。

（二）研究区域界定

在研究区域上，本课题以云南省东南部与越南接壤的边境民族地区为例，大致对应我国行政区划中文山壮族苗族自治州与越南毗邻的富宁县、麻栗坡县、马关县以及红河哈尼族彝族自治州毗邻越南的河口瑶族自治县、金平苗族瑶族傣族自治县、绿春县。

这一区域居住着壮、苗、瑶、彝、仡佬、傣、蒙古、布依、回、白、哈尼、拉祜、布朗（莽人①）等多个民族，具有少数民族为主、大杂居、小聚居、相互交错居住的特点，是集地理地缘的重要性、多民族交错而居的特殊性、民族经济发展的复杂性、促农增收任务的艰巨性为一体的典型的边境民族地区。

---

① 在我国，莽人指的是云南省金平县居住的最后一个中国原始部落，一直是一个鲜为人知而带有神秘色彩的族群，因为他们迄今还不过百户人家，人口仅600余人，直到2009年4月，才被归为布朗族。

三、研究概况

（一）国内研究概况

自党的十六届五中全会提出"建设社会主义新农村是我国现代化进程中的重大历史任务"后，国内学者对新农村建设的研究进入一个高潮。几年来，学术界在新农村建设方面取得比较丰富的研究成果。层面上的研究主要集中在新农村建设的战略、建设模式、重大政策、建设难点与对策等领域。温铁军从新农村建设的背景、新农村建设的整体布局、新农村建设的展开、新农村建设的任务、历史启示和国外借鉴等方面对新农村建设进行了系统的研究①。李剑阁等人在进行大规模的实地调查研究后，对新农村建设的主要政策问题进行了系统思考并提出系列政策建议，有助于详细了解我国农村问题的现状和发展趋势②。任保平等人借鉴发展经济学的基本理论，从制度、激励、组织和能力四方面建立分析框架，提出了基于该框架的新农村建设的基本实现途径。他认为，西部资源富集区工业反哺农业和建设社会主义新农村是有机衔接的，统筹城乡是战略思路，以工补农、以城带乡是战略取向，而建设社会主义新农村则是战略的具体化③。赵君以新农村建设中的社会问题为研究视角，对农村文化建设、新型农民的培养、农村土地流转的相关问题及新农村建设模式进行了深入的研究④。陈锡文、陆学艺、林毅夫、张庆忠等还从战略层对新农村建设的若干重大问题进行研究⑤。李建桥、宋硕林、

---

① 温铁军:《新农村建设理论探索》，文津出版社 2006 年版，第 46 页。
② 李剑阁:《中国新农村建设调查》，上海远东出版社 2009 年版，第 77 页。
③ 任保平:《西部资源富集区社会主义新农村建设的经济学分析》，中国经济出版社 2009 年版，第 23 页。
④ 赵君:《当代中国新农村建设社会问题研究》，郑州大学出版社 2010 年版，第 12 页。
⑤ 陈锡文:《关于建设社会主义新农村的若干问题》，《理论前沿》2007 年第 1 期，第 4 页；陆学艺:《当前农村形势和社会主义新农村建设》，《江西社会科学》2006 年第 4 期，第 13 页；林毅夫:《对新农村建设的几点建议》，《科学决策》2006 年，第 8 期，第 28 页；张庆忠:《社会主义新农村建设研究》，社会科学文献出版社 2009 年版，第 55 页。

沈正平、李敏、徐杰舜、王佛全等人对多个地区新农村建设的模式进行比较研究①。

　　一些学者将欠发达地区新农村建设情况剥离出来研究。聂华林教授主持国家社科基金重大项目《西部全面建设小康社会中的"三农"问题及对策研究》推出了关于西部地区"三农"问题的系列成果，出版了一套丛书，成为国内首套中国西部新农村建设研究丛书。其中，《中国西部新农村建设概论》在回顾国内外关于农村建设的经验与教训的前提下，从生产发展、农村基础设施建设、县域经济发展、农村工业化、生态移民和城镇化等多个方面论述了西部新农村建设的战略重点、战略思路和政策建议，尤其对西部农村基础设施建设和生产发展的问题进行了比较深入的探讨②。李永勤采用专题的形式，对云南新农村建设的理论与政策、条件与途径、范围与重点、成效与问题、措施与对策等进行了分析研究③。张锦鹏、韦永宣结合云南集边疆、民族、山区和欠发达四位于一体的现实分析探讨新农村建设的路径，提出分基础准备阶段、城乡互动阶段、城乡一体化三个阶段完成新农村建设的构想，三个阶段的特点分别是以全面加强基础设施建设为主、以城市化和工业化带动农村的发展、新农村成为只是与城市相对应的一个标志④。谢贵平、胡鹏、李新明以叶城县维稳工作为研究视角，分析论述了新疆少数民族新农村建设与边疆地区社会稳定的关系和工作思路⑤。

　　①　李建桥：《我国社会主义新农村建设模式研究》，《中国农业科学院》2009 年出版，第55 页；宋硕林、沈正平、李敏：《新农村建设模式的选择——以江苏省昆山市为例》，《江西农业学报》2007 年第 7 期，第 152 页；徐杰舜：《县域整合论——以新农村建设武义模式为例》，《浙江师范大学学报》（社会科学版）2007 年第 1 期，第 34 页；王佛全：《建设新农村——"五山模式"演绎"新三农"》，《农村经济与科技》2006 年第 1 期，第 23 页。

　　②　聂华林、李长亮：《中国西部三农问题调研研究》，中国社会科学出版社 2007 年版，第 66 页。

　　③　李永勤：《云南新农村建设研究报告》，云南大学出版社 2008 年版，第 44 页。

　　④　张锦鹏、韦永宣：《云南边疆民族地区社会主义新农村建设路径探讨》，《中共云南省委党校学报》2007 年第 4 期，第 86 页。

　　⑤　谢贵平、胡鹏、李新明：《试论新疆少数民族新农村建设与边疆地区社会稳定——以叶城县维稳工作为研究视角》，《塔里木大学学报》2009 年第 3 期，第 71 页。

　　或许是由于地处边远，实地调研难度大、风险大等原因，当前将边境地区新农村建设剥离出来进行系统研究得不多。检索表明，针对边境地区的研究大多只是涉及新农村建设中的某个问题，如：安丰军以延边朝鲜族自治州为例，分析论述了出国劳务在发展地区经济方面取得的成绩，分析总结了农村劳务输出导致的农村人口负增长、空巢老人和留守儿童等问题，提出了在新农村建设背景下解决现存矛盾和加速少数民族乡村发展的措施和建议[①]。段继华、董仕华、郜承惠、瞿东华以德宏傣族景颇族自治州为例，提出了边疆少数民族地区新农村建设应提高少数民族人口素质，实现城镇化和新农村建设的良性互动，减少农民数量，因地制宜，分类指导，提高农民的组织化程度等措施[②]。孙莉萨、张择对云南耿马县新农村建设的成败和经验进行了探究，在提高农民素质、发展农村产业、促进农民增收方面提出较为粗略的对策和建议[③]。曹贵雄以云南省金平县马鞍底乡为例，对比研究哈尼、苗、彝、瑶四个少数民族对新农村建设的理解与需求，这有助于确定少数民族的诉求和对新农村建设的理解，进而制定出更符合少数民族地区的扶贫开发政策[④]。何廷明以云南省麻栗坡县董干镇八里坪村为例，分析了云南边境地区山区新农村建设中存在的困难和问题，提出新农村建设不等于新村建设，在执行中要避免形象工程，不能增加群众负担，要有长远的发展规划，要充分发挥村寨党支部、党小组的组织领导作用等建议[⑤]。

　　这些学者针对层面上和结合地区的研究为课题组进一步探索滇东南边境

---

　　① 安丰军：《延边少数民族乡村新农村建设存在的问题及对策》，《黑龙江民族丛刊》2008 年第 3 期，第 58 页。

　　② 段继华、董仕华、郜承惠、瞿东华：《边疆少数民族地区新农村建设问题研究——以德宏傣族景颇族自治州为例》，《今日民族》2009 年第 5 期，第 43 页。

　　③ 孙莉萨、张择：《云南省耿马县新农村建设初探》，《思想战线》2008 年第 S3 期，第 92 页。

　　④ 曹贵雄：《中越边境地区少数民族新农村建设需求现状的实证研究——以金平县马鞍底乡四个少数民族为例》，《红河学院学报》2010 年第 5 期，第 20 页。

　　⑤ 何廷明：《云南边疆地区新农村建设及思考——以麻栗坡县董干镇八里坪村为例》，《文山学院学报》2010 年第 3 期，第 7 页。

民族地区新农村建设持续推进的难点与对策提供了开阔的视野，对于因地制宜、统筹边境与内地发展和持续推进滇东南边境民族地区经济社会发展具有重要的理论价值与现实指导意义。

（二）国外研究概况

国外学者对法国、德国、英国及美国等农村改革和建设的研究较多，但较有借鉴意义的主要是对东亚韩国 20 世纪 60 年代初开始实施的世界闻名的"新村运动"和对日本在 20 世纪 70 年代末开始的"造村运动"的研究。研究表明，在韩国农村建设的新村运动、农村地区综合开发、农村定居生活圈开发三个阶段中，韩国政府在农村建设中不仅是强有力的组织者，而且是直接的参与者。他们以国家投资为主导，实施了一系列的地区开发项目，带动农民改变农村面貌，建设新农村，对我们颇有启发①。另外，一些发达国家在工业化、城市化进程中，其农村建设有着丰富的经验教训，这些研究成果主要体现在对各国农村建设的成功经验的总结上，对我国新农村建设具有一定的启发意义。如：政府大力倡导、支持农村建设，是农村建设的启动者；重视农民的教育和培训，大力推广和运用现代农业科学技术；依靠农民主体力量，保护农民正当权益，发挥农民组织的作用②。

另外，美国人类学家刘易斯在深入实证研究的基础上，提出了关于贫困文化的著名理论，他的基本观点是：穷人被整个社会分隔在一定的地域范围之内，从而形成了一种与主流文化脱节的贫困文化③。美国学者哥拉特提出 PPE 恶性循环论④。他认为，在贫困落后地区，贫困、人口、环境三个因素是相互影响、相互制约、互为因果关系的，贫困落后地区要摆脱贫困落后的面貌，就必须得弄清楚"贫困→人口过度增长→环境退化"的恶性循环现象

---

① 聂华林、张涛、马草原：《中国西部新农村建设概论》，中国社会科学出版社 2007 年版，第 126 页。

② 林凤：《国外农村建设的基本经验及其对我国建设社会主义新农村的启示》，《经济研究参考》2006 年第 73 期，第 28 页。

③ 何雪松：《社会学视野下的中国社会》，华东理工大学出版社 2002 年版，第 158 页。

④ PPE 恶性循环论是指贫困（Poverty）、人口（Population）、环境（Environment）之间所形成的相互影响、相互制约、互为因果的一种恶性循环关系。

及其形成机理，解决好人口、环境和经济发展的关系。贫困文化及 PPE 恶性循环论为我们分析滇东南边境民族地区农民增收的难点，探索滇东南边境民族地区农民增收的途径提供了新的视角。

综观公开发表的研究成果，不难发现当前对新农村建设的研究尚存几点不足：

一是虽然当前对新农村建设的研究颇丰，但主要集中于新农村建设战略、建设模式和建设中的问题与难点等方面，关于"持续推进边境民族地区新农村建设的难点与对策"方面的研究是一个亟待开拓的领域。

二是当前的研究未将边境这一特殊区域剥离出来，研究比较笼统、宏观。事实上，制约诸如滇东南这类边境民族地区农村经济社会发展的原因更为复杂，矛盾更为突出，这些地区经济社会发展出现的问题极具研究价值。

三是目前对边境民族地区新农村的研究缺乏系统性。从检索的结果来看，对边境地区新农村建设的研究成果以学术论文居多，大多只提出一些观点和思路，缺乏课题支撑的系统研究。本书以深入滇东南边境村寨的田野调查为基础，以问卷统计、定量分析为依据，力求切中问题的要害，做到对策注重实效，具有极强的现实针对性。

四是对于农村产业构建、农民增收和农村人才建设的研究角度各异，缺乏系统性和可执行性，未形成产业促农增收、人才创造产业的理论体系。而构建边境农村产业发展、促农增收、农村人才建设长效机制才是破解"三农"难题、持续推进新农村建设、推动边境民族地区经济社会又好又快发展的根本所在。

上述的几点正是本课题研究力求有所突破的领域。

四、研究方法

课题组将研究人员分为四个小组，通过文献研究、问卷调查、深度访谈等方法获取第一手资料，之后进行统计分析、总结归纳，提炼出边境民族地区新农村建设取得的成绩和持续推进新农村建设的难点，发挥团队才智挖掘原因，最后联系地区实际，借鉴国内外经验，提出持续推进边境民族地区新农村建设的措施对策。

（一）文献研究法

一是通过借阅和购买书籍、查阅图书馆现刊、检索网络信息等方式，收集与本课题相关著作、学术论文和报道共 140 余部（篇），整理出国内外城市化、工业化进程中农村经济社会发展取得的经验和理论成果。梳理和研究这些文献既为本课题研究提供了宽厚的学术背景，也有助于及时跟踪和了解学术界的最新进展和最新成果；二是收集中共中央、国务院、中央农村工作领导小组、农业部、国家民委、国务院扶贫开发办公室、省委省政府及边境地区关于新农村建设的各种文件资料 50 余份，为研究边境民族地区新农村建设持续推进机制提供政策依据和理论基础；三是收集了 26 个实地调查点的有关新农村建设的各项统计报表、工作计划、工作总结和经验交流材料 80 余份，为本课题的研究找寻了丰富的第一手资料。

（二）问卷调查法

为全面了解边境民族地区新农村建设的现状、难点，听取农民对新农村建设的意见、建议和需求，课题组分成文山州、红河州两个调研大组，分头到滇东南 6 县的新农村建设领导小组办公室、扶贫开发办公室，在他们的协助下，选取了 13 个滇东南边境村寨，通过问卷方式进行调研。为此，课题组专门设计了结构化的封闭问卷，即《新农村建设持续推进的难点与对策研究调查问卷——村民与村干部》（见附录一）。其中，由于麻栗坡县涉边乡镇最多，又是对越自卫反击和防御作战的主战区，情况最为特殊，选择 3 个村寨，其余 5 县每县选择了 2 个村寨，共计 13 个村寨。在调研点的选取方面，课题组以挖掘新农村建设持续推进的难点和探寻出路为出发点，每县选取一个条件较差、发展滞后的典型村寨和一个条件较好、发展思路明晰的示范村寨进行入户调查，一共收回有效问卷 347 份。为开展对比研究，课题组还分赴云南省 13 个五年来被列为新农村建设示范点的非滇东南村寨进行调研，一共收回有效问卷 285 份。问卷调查的具体情况如下：

1. 调查地点的选取

调查地点的选择按两个步骤完成：

第一步：选择调查县。县份的选择分两类，一类是滇东南边境 6 县，另一类是作为对比研究的非滇东南县份，共 13 个①。对于滇东南边境 6 县，在申报时课题已有明确计划，即富宁、麻栗坡、马关、河口、金平、绿春 6 个边境县。而 13 个对比研究县在课题申报时未涉及，属于计划外增加的实证调研点，这些县是采用有条件的随机抽样抽取的。具体来讲，主持人先通过学校、学院的多个硕士生导师，动员了 20 个来自不同县份的云南籍行政管理和社会学专业研究生作为本课题的调查员，之后在 20 个调查员所属的原籍县中采用简单随机抽样的方法选定 13 个县。如果说 13 个滇东南边境村寨代表滇东南边境一般村寨的发展水平的话，那么本课题研究抽取的 13 个对比研究村寨基本能代表云南省一般村寨的发展水平。

第二步：选择调查村寨。在滇东南边境县，先在各县新农村建设领导小组办公室工作人员的协助下，将边境乡镇四年来列为新农村建设示范村的村小组分为条件较差、发展滞后和条件较好、发展思路明晰的两组，课题组使用简单随机抽样方法从每组中各选出 1 个村寨作为调查点。其中，由于麻栗坡县涉边乡镇最多，又是对越自卫反击和防御作战的主战区，情况最为特殊，多选择了 1 个条件一般的村寨。在非滇东南地区，村寨的选择又分两步进行：第一步，选择调查员原籍乡镇；第二步，在乡镇政府提供的四年来列为新农村建设项目示范村的村小组名单内采用简单随机抽样法选取 1 个村寨进行问卷调查。为便于区别，报告中将在滇东南边境 6 县内选取的调查村寨称为"滇东南边境村寨"，而将在云南省非滇东南地区选取的 13 个研究村寨称为"对比研究村寨"。问卷调查点的具体分布见表 1—1：

---

① 非滇东南县份数为 13 的原因是：在 6 个滇东南边境县选择的调查村寨总数为 13 个，为提高研究成果的权威性和科学性，同时方便比较，特将作为对比研究的非滇东南县份定为 13 个，每县选取 1 个村寨进行调研。

表 1—1　问卷调查地点分布表

类别	地州	县乡/镇	村名
滇东南边境村寨	文山壮族苗族自治州	富宁县田蓬镇	庙坝村委会和平村小组
			田蓬村委会老寨村小组
		麻栗坡县麻栗镇	红岩村委会南朵村小组
		麻栗坡县天保镇	天保村苏麻湾小组
		麻栗坡县铁厂乡	董渡村委会荒田村小组
		马关县都龙镇	都龙村委会大树脚小组
		马关县金厂镇	老寨村委会上天雨村第一小组
	红河哈尼族彝族自治州	河口瑶族自治县瑶山乡	水槽村委会坡脚小组
			水槽村委会顶平小组
		金平苗族瑶族傣族自治县金河镇	干塘村委会水碓冲村第二小组
		金平苗族瑶族傣族自治县金水河镇	金水河村委会曼棚新寨村
		绿春县大兴镇	牛洪村委会松东村民小组
		绿春县平河乡	东斯村委会哈碑村民小组
对比研究村寨	保山市	腾冲县荷花乡	明朗村委会太平小组
	楚雄彝族自治州	南华县五顶山乡	王家村委会马火塘村
		武定县高桥镇	海子村委会岩子头小组
	大理白族自治州	漾濞彝族自治县龙潭乡	密古村委会田心村小组
	临沧市	云县大寨镇	新华村委会南撒小组
	德宏傣族景颇族自治州	潞西市法帕镇	法帕村委会法帕小组
	丽江市	玉龙纳西族自治县巨甸镇	阿乐村第二小组
	普洱市	镇沅彝族哈尼族拉祜族自治县田坝乡	李家村委会李家村小组
	曲靖市	富源县富村镇	德胜村委会小铺子小组
		陆良县大莫古镇	烂泥沟村委会烂泥沟小组
	玉溪市	华宁县通红甸乡	所梅早村委会磨面村
	昭通市	昭阳区苏家院乡	苏家院村第11村小组
		镇雄县以勒镇	庙埂村委会向家湾村民小组

2. 调查样本的选取

考虑到"农民的孩子早当家"的现实，调查对象定为16周岁以上的农民（不包括学生）。问卷数量方面，按与户数正相关原则确定，在滇东南边境民族地区基本做到户均1份有效问卷，在对比研究区域，由于个别村寨存在整户外出务工的情况，问卷数量略低于原计划数量。在调查过程中，为避免村民"商量问题"，调查组进入被抽中的村民小组或自然村后，采用挨家挨户进行问卷访谈的方式。为提高问卷质量，家庭内的访谈对象选择按村干部优先、有文化者优先、家长优先、成人优先的原则进行，这是本课题研究取样以男性居多的直接原因。

3. 调查员的挑选与培训

为了规范问卷调查，课题组详尽地编制了问卷说明与调查注意事项。调查员的挑选根据调查地点的实际情况采取两种方法：

滇东南边境县的调查员共有 10 人，其中课题组成员 5 人，行政管理、社会学专业的硕士研究生 5 人，他们均参加过调查问卷的设计、修改和试调查，熟悉问卷调查的具体要求和规范。

13 个对比研究区域的调查员全为行政管理和社会学专业学生，他们都是通过硕士生导师和课题主持人动员来的热衷于社会科学研究的优秀学生。为保证调查的顺利进行，在这些学生前往调查前，由本课题负责人亲自培训。由于他们具有与调查对象相同的生活背景，沟通方便，会使得访谈对象的心理戒备减少，在很大程度上降低了说假话的概率。

为统一标准，提高问卷质量和调查员的效率，课题主持人采用讲授和实战模拟等方法，对调查员进行集中训练。对问卷中的每一个问题和可能出现困难的地方进行讨论和规范，以避免访谈过程中出现"各行其是"的现象，降低问卷的可信度。培训完毕后，还给每个调查员发放一份课题组编制的"问卷说明与调查注意事项"的小册子。在问卷调查过程中，对调查员提出了"礼貌、中立、保密、保质"四条基本原则。参与问卷访谈的调查员都非常认真，很好地遵守了这些原则，保证了调查问卷的回收率和有效率。

4. 调查问卷收发情况

在滇东南边境村寨进行调查的过程中，所有调查员采取集体行动，统一到被抽中的村庄逐户完成问卷调查。为提高调查质量，要求每个村的有效问卷不低于 25 份，每个县的有效问卷不低于 50 份。在 13 个对比研究村寨，调查员采用逐一入户完成问卷模式，保证每个村的有效问卷不低于 20 份。实地调查过程中，在滇东南边境 6 县共收回问卷 355 份，有效问卷 347 份。见表 1—2：

表 1—2 调查问卷收发情况统计表

类别	村名	发放问卷（份）	有效问卷（份）
滇东南边境村寨	富宁县田蓬镇庙坝村委会和平村小组	33	31
	富宁县田蓬镇田蓬村委会老寨村小组	27	25
	麻栗坡县麻栗镇红岩村委会南朵村小组	28	27
	麻栗坡县天保镇天保村委会苏麻湾村小组	30	26
	麻栗坡县铁厂乡董渡村委会荒田村小组	29	27
	马关县都龙镇都龙村委会大树脚村小组	27	25
	马关县金厂镇老寨村委会上天雨村第一小组	25	25
	河口瑶族自治县瑶山乡水槽村委会坡脚村小组	28	26
	河口瑶族自治县瑶山乡水槽村委会顶平村小组	30	29
	金平苗族瑶族傣族自治县金河镇干塘村委会水碓冲村第二小组	28	27
	金平苗族瑶族傣族自治县金水河镇金水河村委会曼棚新寨小组	27	25
	绿春县大兴镇牛洪村委会松东村小组	26	26
	绿春县平河乡东斯村委会哈碑村小组	30	28
对比研究村寨	腾冲县荷花乡明朗村委会太平村小组	25	23
	南华县五顶山乡王家村委会马火塘村小组	23	20
	武定县高桥镇海子村委会岩子头村小组	26	22
	漾濞彝族自治县龙潭乡密古村委会田心村小组	25	21
	云县大寨镇新华村委会南撒村小组	26	24
	潞西市法帕镇法帕村委会法帕村小组	22	20
	玉龙纳西族自治县巨甸镇阿乐村委会第二小组	24	21
	镇沅彝族哈尼族拉祜族自治县田坝乡李家村委会李家村小组	23	22
	富源县富村镇德胜村委会小铺子村小组	25	21
	陆良县大莫古镇烂泥沟村委会烂泥沟村小组	25	25
	华宁县通红甸乡所梅早村委会磨面村小组	24	22
	昭通昭阳区苏家院乡苏家院村委会第 11 村小组	25	20
	镇雄县以勒镇庙埂村委会向家湾村民小组	25	24
	合计	686	632

5. 素质结构

为广泛倾听各方民意，同时方便掌握农村人力资源状况，在培训调查员时，主持人要求调查员在入户调查时，样本选择需要顾及到每一个群体，村小组干部必须在受访之列，并且在每做完一份问卷后，还要结合知识水平、能力、素质、见识等要素给访谈对象一个综合的评价，其评价等级分为一般、村干部、村精英、较差四等。从本课题研究中的村干部指的是村委会工作人员、村小组组长和会计等人，村精英指专业户、致富能手、能工巧匠等人，两者之间不存在交叉、重复，之所以未将村干部归到村精英这类人中是因为村干部外的村精英处于中立地位，从他们口中可能获得更为客观的信息。632个受访者中，一般的为400人，占63.3%，村干部为45人，占7.1%，村精英为90人，占14.2%，较差的97人，占15.3%。

在素质结构方面，滇东南边境村寨和对比研究村寨之间存在较大差距，从下表可知，在受访者中，滇东南边境村寨的村精英比例约为对比研究村寨的1/4，而较差的比例则高于对比研究村寨。这也从侧面印证了滇东南边境民族地区人口素质低于对比研究区域水平。见下表1—3：

表1—3　调查样本基本情况统计表

项目			样本数量（人）	所占百分比（%）
区域构成	滇东南边境村寨		347	54.9%
	对比研究村寨		285	45.1%
	合计		632	100.0%
民族构成	滇东南边境村寨	少数民族	264	76.1%
	对比研究村寨	少数民族	106	37.2%
	滇东南边境村寨	汉族	83	23.9%
	对比研究村寨	汉族	179	62.8%
	合计	少数民族	370	58.5%
		汉族	262	41.5%
年龄构成	16—30 岁		135	21.4%
	31—45 岁		310	49.1%
	46—59 岁		154	24.4%
	60 岁以上		33	5.2%
	合计		632	100.0%
人员类型	滇东南边境村寨	一般	250	72.0%
	对比研究村寨	一般	150	52.6%
	滇东南边境村寨	村干部	16	4.6%
	对比研究村寨	村干部	29	10.2%
	滇东南边境村寨	村精英	21	6.1%
	对比研究村寨	村精英	69	24.2%
	滇东南边境村寨	较差	60	17.3%
	对比研究村寨	较差	37	13.0%
	合计	一般	400	63.3%
		村干部	45	7.1%
		村精英	90	14.2%
		较差	97	15.3%

（三）深度访谈法

深度访谈是一种深刻了解现状和问题以及广泛融智的方法，对收集定性材料、了解调查对象深层的思想具有十分重要的作用，也是比较有效的调查方法。本课题研究主要同四类人进行深度访谈：

一是新农村建设的主体——农民。利用入户调查的机会，以课题组成员为首的调查员在每个村小组选择 1—2 人进行深度访谈，访谈对象以村干部和村精英为主。调查员不仅需要对这部分人进行深度访谈（访谈提纲见附录二：新农村建设持续推进的难点与对策研究访谈提纲——村干部与精英），还需要请他们协助完成《新农村建设持续推进的难点与对策研究调查问卷——村民与村干部》问卷，详细了解他们对新农村建设的评价、看法、意见和建议。课题组先后完成了近 40 人的深度访谈。

二是新农村建设相关职能部门的领导和工作人员。重点访谈对象是新农村建设领导小组办公室、扶贫开发办公室、乡镇政府领导和工作人员（访谈提纲见附录三：新农村建设持续推进的难点与对策研究访谈提纲——职能部门领导与工作人员），主要向他们了解新农村建设取得的成绩，存在的问题、难点、对策。在滇东南边境民族地区，调查员还需要向领导和工作人员了解越南边境的涉农政策。为便于开展工作，同时突出课题的研究重点，这类深度访谈大多由课题组成员中的老师来完成，且主要集中在滇东南边境 6 县，先后完成了 22 人的深度访谈。

三是新农村建设指导员。2007 年以来，云南省委每年向全省建制村下派 13500 余名新农村建设指导员，平均每县有 100 余名，由于指导员编制不在下派点，又亲临新农村建设第一线，他们具有身份中立、了解基层实际等优势，课题组将这类人列为重点访谈对象（访谈提纲见附录四：新农村建设持续推进的难点与对策研究访谈提纲——新农村建设指导员）。尤其是省州级指导员，他们集素质高、能力强、敢说实话于一身，能更客观地评价新农村建设的成绩和当前存在的问题，他们这种既置身其中，又身处局外的身份因为没有政绩考核压力，往往能提出既立足现实又着眼长远的建议和对策。在调研过程中，先后完成了 25 人的深度访谈。

四是除开题咨询的 6 个专家以外，课题主持人还对云南本地资深的农村问题、民族学、社会学专家进行过深度访谈，向他们请教了课题研究思路、构想乃至研究方法等问题。虽然课题组只有幸得到了 5 位专家的指导，但正是他们独到的见解、敬业的精神、丰富的经验和诚心的鼓舞助推了研究成果的面世。可以毫不夸张地说，与他们私下轻松的深度访谈以及他们耐心的后续指导为本课题研究提供了质量保障。

总体来讲，通过对上述四类人的深度访谈，课题组取得了意想不到的收获。除职能部门工作人员对越南边境政策回答"不了解"的居多外，我们从村干部和村精英、职能部门工作人员、新农村建设指导员、专家学者这四类人那里学到了很多智慧，他们给课题组提供了丰富的信息和智慧的火花，其中一些见解已被融入本课题研究并成为亮点。

（四）统计分析法

用 SPSS Statistics 17.0 统计分析软件对 632 份调查问卷以及从职能部门获取的数据进行统计，做到对新农村建设成绩、持续推进难点及村情民意的量化研究。主要运用的统计分析方法包括单变量描述性统计分析、双变量描述性统计分析。为挖掘村寨类型、性别与年龄段几种数据之间的关系，还使用了交叉表进行分析。

（五）比较研究法

在研究过程中，以滇东南边境 6 县 13 个边境村寨为一个分析单位进行整体分析，同时对 13 个非滇东南村寨进行比较分析，从中概括、提炼 26 个村寨的共性与个性，对比研究新农村建设的实施、取得的成绩、持续推进难点的异同，归纳共性问题并分析原因，充分发挥团队才智，基于地区实际提出建议和对策，促进边境民族地区新农村建设的可持续发展。此外，在个别研究领域，还分别从性别、年龄、经济收入和生活水平等角度进行了简要的比较分析。

（六）态势分析法

在对策研究部分，课题组采用 SWOT（态势分析）法，将滇东南边境民族地区的内部优势、劣势和外部的机会与威胁等结合起来，进行系统、全面的研究，并根据研究结果制订相应的发展战略、计划以及对策。

滇东南边境民族地区的优势、劣势、机会和挑战分别如下：

优势：生物资源、民族特色资源、边境贸易、马关的矿产资源、金平和绿春的水利资源。

劣势：地势崎岖、田地少、单产低、交通不畅、经济基础及产业基础薄弱、基础设施建设滞后。

机会：新农村建设、兴边富民工程、异地扶贫、边境地区转移支付项目、云桂铁路开建①。

挑战、威胁：战争遗留问题、山中地雷、越南具有小国优势的惠农政策。

我们在研究过程中，提出的"立足现实、抓住机遇、扬长避短"的指导思想也是 SWOT 方法的具体运用。

---

① 云桂铁路全长 715.8 公里，起于南宁，途经广西隆安县、平果县、田东县、田阳县，云南省境内经过文山州的富宁县、广南县、丘北县、红河州的弥勒县，昆明市的石林县、宜良县，玉溪市的澄江县，最后止于昆明南站，为国铁一级电气化双线铁路。工程于 2009 年 12 月 27 日在广西百色开工建设。云桂铁路建成后，南宁到昆明耗时 5 小时左右。云桂铁路对扩大西南地区出海通道的运输能力，实现区域间优势互补和优化资源配置，促进云南、广西等西南地区经济社会发展都具有重要意义。

第二章 边境民族地区经济社会发展状况述评
——以滇东南地区为例

边境是人类社会矛盾的产物，是自然、政治、军事、民族、经济、国家等综合因素的结果，是国与国之间冲突和制衡的体现。一般来讲，世界各国的边境地区大多远离本国的政治、经济、文化中心。从全世界范围看，现代文明扩散和发展的载体大多是海洋，几乎所有拥有海岸线的国家最先接触、接受现代文明并实现较快发展的地区都是沿海地区。而与之对应的内陆边境由于地处各国的边缘地带，大多具有自然地理条件相对恶劣、交通不畅、人口稀少、经济社会发展相对滞后的特点，接受现代文明处于劣势[1]。在滇东南地区 1338 公里的边境线上有 9 个少数民族跨境而居，是集边疆、民族、贫困、落后、复杂为一体的典型区域。

一、边境民族地区自然资源述评

自然资源为经济发展提供基础和条件，在经济发展过程中起着重要作用。丰富的自然资源意味着经济发展的潜力和契机，是人民勤劳致富的资本，往往也被视为一个国家或地区财富的象征。综观世界我们可以发现，在其他条件大致相同的情况下，资源得天独厚的国家和地区发展速度往往

---

① 张丽君、王玉芬:《民族地区和谐社会建设与边境贸易发展研究》，中国经济出版社 2008 年版，第 151 页。

要比资源相对贫瘠的国家和地区快一些，劳动生产率也要更高一些。正如马克思所说的那样，"劳动的不同的自然条件，使同一劳动量在不同的国家可以满足不同的需要量，因而在其他条件相似的情况下，使得必要劳动时间各不相同"①。我国幅员辽阔，自然资源丰富，但分布不均衡、开采难度大、人均资源占有率低等却是不容乐观的事实。滇东南边境民族地区更是如此，由于远离经济发展中心，缺少出海口，加之受地形和交通制约，这一地区的自然资源开发成本高，开发进度迟缓，阻碍了地区经济社会的发展。

（一）土地资源

我国国土辽阔，土地资源总量丰富，类型齐全，为因地制宜，全面发展农、林、牧、副、渔业生产提供了有利条件，但是人均土地资源占有量小，且各类土地所占的比例不尽合理，耕地、林地少，难利用土地多，后备土地资源不足。从空间系统看，我国边境地区总体概貌是高原、山地、盆地、大漠、河流和草原，山区面积占全国土地面积的71.7%，而云南近95%的国土面积为山区，滇东南边境民族地区更为突出。

滇东南的6个边境县总国土面积18356平方公里，山区和半山区面积为18085平方公里，其比例高达98.5%，见表2—1：

表2—1　滇东南边境6县土地资源情况详表②

县份	国土总面积（平方公里）	山区半山区面积（平方公里）	山区半山区比例
富宁	5352	5138	96.0%
麻栗坡	2334	2332	99.9%
马关	2676	2676	100.0%
河口	1332	1303	97.8%
金平	3565	3540	99.3%
绿春	3097	3097	100.0%
汇总	18356	18085	98.5%

① 《马克思恩格斯全集》第23卷，人民出版社1972年版，第562页。

② 数据来源：滇东南边境6县县情，2009年8月。

富宁县国土面积 5352 平方公里，全县有 96% 的国土面积为山区。地势西高东低，六诏山脉自西向东贯穿全境，人均占有土地面积为 21 亩，与全省水平相当，但农民人均耕地仅为 1.1 亩，低于全国人均 1.38 亩的平均水平。南半县多为石山区，且人口稠密，北半县为土山区，土地宽广而人口稀少，利用结构不合理。麻栗坡县国土面积 2334 平方公里，99.9% 的面积为山区，属典型的喀斯特地貌。全县土地总面积约为 359.7 万亩，农民人均耕地仅 1.13 亩，比全国人均耕地面积少 0.25 亩。马关县国土面积 2676 平方公里，全为山区和半山区。其中，中山和峡谷型地占土地总面积的 87.7%，盆地和宽谷型地占土地总面积的 12.3%，农民人均耕地面积 1.39 亩。河口瑶族自治县国土面积 1332 平方公里，山区面积占 97.8%。境内最低海拔 76.4 米（红河与南溪河交汇处），是云、贵、川三省海拔最低点，最高海拔 2354 米；山高坡陡，海拔差异大，农民人均耕地 0.9 亩。金平苗族、瑶族、傣族自治县地域面积 3565 平方公里，山区占总面积的 99.3%，农民人均耕地 1.10 亩。金平县地处哀牢山脉东端，地势由西北向东南逐渐倾斜。由于受元江、藤条江两大干流的切割，山高箐深，河流沟谷密布纵横，全县除有 8 个河流冲积形成的阶地坝子外，其余均为山区，95% 以上的群众居住在崇山峻岭之中。绿春县国土面积 3097 平方公里，全属山区，全县没有一块足 1 平方公里的平地[①]，农民人均耕地 0.99 亩。

总体来看，滇东南民族地区山峦纵横，海拔高低悬殊，山高谷深，地势崎岖。土地资源具有土层薄、肥力低、旱地多、水田少、高产稳产农田少、人均可用耕地占有量少、水土流失严重等特征。这一方面使得农业生产的效益低下，进而加大了"靠天吃饭，以天养人"的农民的致富难度；另一方面也加大了破解"三农"困境的难度。

（二）矿产资源

矿产资源是重要的自然资源，是社会生产发展的重要物质基础。我国地处欧亚板块的东南部，东与太平洋板块相连，南与印度板块相接，地壳活动

---

① 资料来源：滇东南边境 6 县职能部门，2009 年 8 月。

强烈，地层发育齐全，沉积类型多样。这种自然条件，决定了中国矿产总量可观，矿种齐全，是世界上矿物配套程度较高的少数几个国家之一。但同时，我国的矿产资源还具有资源分布不均、储量区域相对集中、矿产资源态势优劣并存等特点。

我国的矿产资源富集在东部沿海地区和中南部省区。纵观全国边境地区，矿产资源只能算是零星分布，基本不具备规模开发优势。事实上，我们认为，在漫长的人类社会发展过程中，边境地区形成的一个重要前提是曾经在某一个历史时期相邻的两国中至少有一个国家放弃争夺，进而达成协定。而这个前提要么基于当时可知的自然资源缺乏足够的吸引力，要么基于国力尤其是军事实力不济而被迫放弃，从长期看，绝大部分属于前者。也就是说，从历史经验和逻辑推理均可得出：相较而言，边境地区的矿产乃至其他自然资源劣于内地是其基本特征。

云南素有"有色金属王国"之美誉，滇东南的红河州和文山州是云南有色金属的重要基地之一，红河州的个旧（非边境地区）和文山州的马关素有"锡都"之称。文山州境内已探明储量的 45 种矿中，锡、锑、锰的储量分别居全国第二位、第三位、第八位，锰、锑、铝、镓、铟、水晶、沸石 7 种矿藏储量居全省第一位，锡、锌、砷、汞、锗、镉 6 种矿藏储量居全省第二位[①]。富宁已探明发现的矿种有金、铁、铜、锑、锰等金属矿种和重晶石、煤等非金属矿种达 20 余种，有大型矿床 1 个、中型矿床 6 个、小型矿床 26 个、矿点 49 个，金矿储量约为 9085 千克，铁矿储量 850 万吨，水晶石储量 700 万吨，煤炭储量 1 亿多吨，居全州首位。麻栗坡已探明的固体矿产 38 种，有铁、铬、锰、锡、钨、缶、锌、钴、镍、镁、锑、汞等，其中，锡矿床（点）28 处，地质品位 0.4%，累计地质储量 5455 万千克；钨矿床（点）23 处，平均地质品位 0.45% 以上，累计地质储量 6000 万千克；其他矿种地质储量 93 亿千克。马关探明的固体矿产种类 30 种，矿产地质储量 1000 多万吨，潜在经济价值 400 亿元以上，铟储量居全国

---

① 李鹏臻：《文山壮族苗族自治州建立以来的发展变化情况》，中国民族宗教网，http://www.mzb.com.cn/html/report/100827-1.htm，2009-9-9。

第一位，锡储量居全国第三位、全省第二位，位于县城东南部的都龙锡矿是一个超大型多金属矿床，被列为云南省的第二锡锌工业基地。河口县内已发现的矿种有无烟煤、黑色金属（铁、锰）、有色金属（铜、铝、锌、锑、钨）、贵金属（金）等 5 大类 18 种。金平已探明有镍、金、铜、铁、锡等 7 大类 38 个矿种。绿春有金、铜、砷、铅、锌、铁等为主的矿带，占全县国土面积的 37.5%。①

课题组发现，虽然滇东南 6 个边境县的资料均会采用宣传的口吻宣称当地矿产资源丰富（这几乎是全国各县都套用的词语，也是我国矿产资源的基本特点），但我们认为，"丰富"是个缺乏比较概念的词语，如果与其他地区比较，就可以发现滇东南边境 6 县中仅文山州的马关县在矿产资源方面具有一定的优势，这也是 6 县中马关经济实力较强的原因之一。而其余 5 县的矿产资源均零星分布，贫矿多、富矿少，无相对优势，加之边境地区的交通不畅，开发难度较大、开采成本较高。从目前来说，云南绝大多数边境地区靠资源致富的希望渺茫。

（三）水利资源

水利资源，通常我们称作水资源，是指可供开发利用的天然水源，包括江、河、湖、海中的水流、地下潜流及沿海港湾和潮汐等。在水资源中，水能资源最具开发价值。水能资源指天然水体中蕴藏着的水体动能、势能和压力能等能量资源，也称水力资源，单位为千瓦或马力。我国水力资源丰富，但分布极不平衡，主要集中在西南地区。据统计，在我国水力资源技术可开发量最丰富的四川、西藏、云南三省（自治区）中，云南水力资源技术可开发量装机容量 10193.9 万千瓦，占全国技术可开发量的 19%②。滇东南边境民族地区的水能资源较丰富。富宁境内有普厅河、那马河、西洋江、南利河和郎恒河 5 条干流和 29 条支流，水能蕴藏量大，年径流量 29.3 亿立方米，县域内的水能理论蕴藏量 42.77 万千瓦，可开发 24.48 万千瓦，已开发仅 10

---

① 资料来源：滇东南边境 6 县职能部门，2009 年 8 月。
② 全国水力资源复查成果发布，中国政府门户网站，http://www.gov.cn/ztzl/2005-11/28/content_110675.htm，2010-10-5。

万千瓦左右。

麻栗坡境内有盘龙河、畴阳河、八布河和南利河 4 大河流，河川径流量 17 亿立方米，水能理论蕴藏量 102.5 万千瓦，预计可开发利用 82 万千瓦，现仅开发利用 22.65 万千瓦。马关境内大小河流 42 条，主要河流有盘龙河、那马河、响水河、小白河、南浦河、南北河、南江河、大南溪河等，河川径流量为 25.1 亿立方米，境内河流水能理论蕴藏量为 65 万千瓦，现已开发利用 22 万千瓦[①]。河口县水能理论蕴藏量 9.72 万千瓦，可开发利用 7.65 万千瓦，现已开发利用 3.65 万千瓦。金平境内有藤条江、红河两大水系，水能理论蕴藏量 207.4 万千瓦，可开发利用 70 万千瓦，目前建成投产水电站 20 余座，已开发利用 46.28 千瓦。此外，金平境内地热水资源相当丰富，已发现 17 处。绿春有以李仙江为主的大小支流，水能理论蕴藏量约 175.3 万千瓦，可开发量 95.33 万千瓦，现已开发利用 59.2 万千瓦。[②]

综上可看出，滇东南边境民族地区的水能资源主要集中在境内的珠江、红河河段，除河口蕴藏量和可开发量较小以外，其余 5 县还具备很大的开发潜力。水能资源具有可再生、受交通条件影响较小的特点，在边远地区具有相对开发优势。但与云南省水能资源的特点一样，滇东南边境的水能资源大多具有年内、年际径流分布不均，丰、枯季节流量相差较大，流域内生态环境脆弱等共性，各地需要抓住滇东南边境民族地区相对丰沛的水能资源优势，加强水资源的规划、开发与管理，充分发挥蓄水发电、防洪灌溉、城镇供水以及养殖等功能，促进当地的经济社会发展。

（四）生物资源

生物资源是自然资源的有机组成部分，是指生物圈中对人类具有一定经济价值的动物、植物、微生物有机体以及由它们所组成的生物群落。边境地区一般具有地形复杂、山高林密、海拔落差大等特点，这些特点是生物多样性的前提。因此，边境地区一般都具有丰富的生物资源，这一点在素

---

① 数据来源：各县县情简介，2010 年 7 月 21 日。

② 数据来源：红河供电局办公室，2010 年 10 月 11 日。

有"动植物王国"之称的云南各地尤为突出。以滇东南为例：富宁县高山峡谷相间，水热条件优越，境内盛产八角、茶叶、热带水果、油桐、油茶等经济材料，是我国著名的"八角之乡"。麻栗坡境内有植物 330 余种，水、陆野生动物 120 余种，其中，国家一级保护珍稀植物如红豆杉、云南穗花杉、银杏、伯乐树、长蕊、木兰、藤枣、异形玉叶金花等有 10 多种，两种国家一类保护动物蜂猴、鳞虫，二级保护植物和动物更是分别有 30 余种。马关生物资源较为丰富，特别是药、食两用的草果种植历史悠久，规模较大，是我国"草果之乡"。此外，马关还盛产三七、马关茶、砂仁、杉木、塘房桔、蛤蚧、马关马、无角山羊、马关大种鸡等。河口森林覆盖率达 47.3%，有"小动物王国"和"小植物王国"之称，热区资源极为丰富，适宜发展香蕉、橡胶等热区经济作物，是云南省橡胶和热带水果主产区之一，香蕉、橡胶等优势产业和咖啡、蚕桑等新兴产业已初具规模。金平境内盛产橡胶、香蕉、草果、茶叶、瑶药、花椒、石斛等经济作物，是目前全国种植香蕉规模最大、最优质的县之一，橡胶单株产量已创全国第一，草果年产量近千吨。金平县适合多种竹材生长，竹子种植面积近 20 万亩。此外，金平民族医药独树一帜，常用药物达 300 余种，开发成功的瑶族浴药已经国家卫生部批准上市销售。绿春是云南省乃至全国典型的动植物基因库，有数十种国家重点保护的动植物，森林覆盖率达 60.1%，是云南省林业发展重点县。其中，中国、越南、老挝三国自然保护区相连的黄连山国家级自然保护区面积达 97 万亩，被称为国际"绿海三角洲"。

虽然滇东南边境民族地区生物资源丰富，特色突出，但我们也要客观地看到，云南绝大部分县、区都具有多种多样的生物资源，而且由于历史、区位、产业基础等综合原因，大部分独特资源在促进农民增收致富中的作用并不是很明显。由于受交通运输制约，边境县区的困难又更加突出。当然，从长远来看，这些资源尤其是具有独特性甚至是唯一性的生物资源无疑是最具发展潜力的。当地政府要以市场需求和竞争格局为导向，从"特"字上找突破，从优质上下工夫，引入现代企业管理机制，规模化生产运营，才能将地区独特的生物资源打造成促进农民增收的优势产业。

(五)气候资源

气候资源是指能为人类经济活动所利用的光能、热量、水分与风能等，是一种可利用的再生资源，也是重要的自然资源之一，它是不可替代的可再生资源。滇东南边境民族地区海拔差异大，立体气候明显。富宁以南亚热带气候为主，年均气温 19.5℃，年均降雨量近 1156.2 毫米，无霜期 320 天，干冷同期，干湿分明，河谷炎热，山区清凉。其中热区土地面积 3470 多平方公里，大部分地区光热充裕，雨量充沛，光能、热量、水分有效性高，非常适宜生物的繁殖生长。麻栗坡属低纬、冬干夏雨、雨热同步、干湿分明的高原亚热带湿润季风气候，年平均气温 17.7℃，年均降水量 1075.3 毫米，年平均相对湿度 86%，无霜期约 348 天。县内从海拔 107 米的船头到 2579 米的老君山，高差 2472 米。由于海拔悬殊，地形复杂，各地的气候各异，故有"冷董干、热八布、湿铁厂、干马街、雾金厂"的独特小气候特征。年雨量分布不均，中海拔地区年雨量多于低海拔地区，冬季少雨干旱，夏秋多雨洪涝①。马关位于云南省低纬高原东南前沿，境内最高海拔 2579 米，最低海拔 123 米。由于地形复杂多样，气候类型跨北热带、南亚热带、中亚热带和北亚热带，年平均气温 16.9℃，年均降雨量 1351.1 毫米，相对湿度 84%，年日照时数为 1804 小时，全年无霜期达 300 天以上。马关具有低坝河谷炎热、半山浅丘温暖、高山温凉、干冷同季、雨热同步、干湿分明、"一山分四季，十里不同天"的气候特点。河口县位于北回归线以南的河谷丘陵地带，境内最高海拔 2354 米，最低海拔 76.4 米（红河与南溪河交汇处，也是云、贵、川三省海拔最低点），属热带季风雨林湿热性气候，年平均气温 23.2℃，最高气温 46℃。按气候学指标，以季平均气温大于 22℃为夏季，小于 10℃为冬季，河口实际上是长夏无冬，春、秋相连。境内气候热量充足，雨量充沛，平均湿度达 85% 以上，是全省为数不多的潮湿地区之一，具有雨热同季、雨季降水集中、强度大、多暴雨夜雨（晨雨）等

---

① 麻栗坡县气象局，《麻栗坡县气候概况》，云南数字乡村、新农村建设信息网，http://www.ynszxc.gov.cn/szxc/CountyModel/ShowDocument.aspx? DepartmentId=982&id=2055917，2011-10-5。

特征，年平均降雨量 1772.8 毫米，平均降雨日数为 182 天，是全省暴雨强度最大（日雨量大于 100 毫米天数最多）的地区。金平最高海拔 3074.3 米，最低海拔 105 米，因海拔殊异，形成"十里不同天"的气候特点。全境常年平均气温 17.8℃，年均降水量 2331.1 毫米，无霜期 340 天，立体气候明显。绿春最高海拔 2637 米，最低海拔 320 米，气候垂直变化明显，具备北热带、南亚热带、北亚热带、中亚热带、南温带、中温带六种气候类型，年均气温 16.6℃，年均降雨量 2026.5 毫米，全年无霜期 340 天，夏无酷暑，冬无严寒，气候温和，四季如春，素有"滇南春城"的美称。

总体来看，滇东南边境 6 县共包含南亚热带、北热带、中亚热带、北亚热带、热带季风雨林、南温带、中温带等几种气候，绝大部分属于亚热带气候和温带气候。年均气温 16.6—23.2℃，年均降雨量 1075—2330 毫米左右，无霜期 300—340 天左右，热区面积比例高。复杂、多样的立体气候为农业、林业和畜牧业的综合开发提供了有利条件，同时也为因地制宜提出了较高的要求，给较大范围内的集中布局带来一定困难。

二、边境民族地区人力资源述评

一般认为，人力资源是指人所具有的对价值创造起贡献作用，并且能被组织所利用的体力和脑力的总和。[1] 而农村人力资源，是指户籍为农民身份的、能够作为生产性要素投入到社会经济生活或一切可被利用且有劳动能力（包括现实的、潜在的和未来的）的总和。人力资源作为第一资源，是财富形成的关键要素，是经济发展的主要力量。对农村来说，人力资源是破解"三农"问题和持续推进新农村建设过程中最具开发潜力的一种资源。总体来看，我国边境民族地区具有人口密度偏低，人口增长率尤其少数民族人口增长率偏高，人口素质偏低、观念落后、人才匮乏，多种民族杂居、教育和

---

[1]　董克用、叶向峰、李超平：《人力资源管理概论》，中国人民大学出版社 2007 年版，第 8 页。

人才培养难度大，人力资源浪费与人才资源流失并存，伤残人员比例高于内陆或发达地区等特点。

（一）人口密度偏低，人口增长率偏高

边境地区大多具有自然地理条件恶劣、交通闭塞、土地质量差、医疗资源匮乏、人民健康意识差等特征。从人口密度看，边疆地区的人口密度一般都低于全国 134 人 / 平方公里的平均水平。这种情况在西藏、新疆等地更为突出，西藏的人口密度只有 1.6 人 / 平方公里。滇东南边境 6 县平均人口密度为 94 人 / 平方公里（见下表），在延边跨境地区更是会出现数十里不见村庄的情况。见表 2—2：

表 2—2　滇东南 6 县人口总量和人口密度 [①]

县名	国土面积（平方公里）	2009 年年末总人口（人）	人口密度（人 / 平方公里）
富宁	5352	401400	75
麻栗坡	2334	276600	119
马关	2676	366700	137
河口	1332	88300	66
金平	3565	369000	104
绿春	3097	223300	72
滇东南边境 6 县	18356	1725300	94

总体来看，人口密度与宜居程度呈正相关的关系，这在滇东南边境 6 县也得到印证。宜居程度决定人口密度，人口密度同时又反作用于地区经济社会发展，这是由人的能动性决定的。对于大部分地区，人口密度小意味着人均占有资源多，是好事。但对边境民族地区来说，地广人稀、分布不均是导致这些地区长期欠发达的重要原因之一。尤其在延边跨境地区，由于缺乏规模化的开发和生产，地区经济长期停滞不前，地广人稀，基础设施、文教卫生等公共事业建设滞后。这些综合因素制约了边境地区尤其是延边跨境地区教育的发展，加大了人力资源开发和人才建设的难度。

---

① 数据来源：《2010 云南领导干部工作手册》。

20 世纪 70 年代末以来，我国在少数民族地区实行比较宽松的计划生育政策①，加之政策执行递减效应和执行客体的素质与观念存在问题，形成少数民族人口增长率高于汉族的结果。从全国范围看，1953 年少数民族人数占全国人口的 6.1%，1990 年为 8.04%，2000 年为 8.41%，2005 年达到 9.44%。2005 年全国抽样普查结果显示，2000—2005 年期间，全国汉族人口增加 2355 万人，增长了 2.03%；少数民族人口增加了 1690 万人，增长了 15.88%，② 少数民族人口增长速度为汉族的 7 倍多。滇东南边境民族地区的少数民族人口的增长率也明显高于汉族，见表 2—3：

表 2—3   滇东南边境县少数民族——汉族人口增长率对比表 ③

县份	1990 年年末人口			2009 年年末人口			19 年总增长率	
	少数民族人口（人）	汉族（人）	少数民族比例	少数民族人口（人）	汉族（人）	少数民族比例	少数民族	汉族
富宁	272305	84337	76.35%	305867	95533	76.20%	12.33%	13.28%
麻栗坡	96428	156325	38.15%	111900	164700	40.46%	16.05%	5.36%
马关	162696	174524	48.25%	180050	186650	49.10%	10.67%	6.95%
河口	43350	27138	61.50%	58675	29625	66.45%	35.35%	9.16%
金平	249968	44646	84.85%	319900	49100	86.70%	27.98%	9.98%
绿春	175896	4474	97.52%	220200	3100	98.62%	25.19%	−30.71%

① 根据《宪法》、《婚姻法》、《计划生育条例》的规定，少数民族地区可从实际出发，采取适合本地区情况的具体政策、办法。从整体来说，目前全国各地制定的少数民族生育政策各有不同，涉及边境民族地区的几个省份规定大致如下：内蒙古自治区规定，非城镇户籍的蒙古族公民，经批准可以生育第三胎；新疆维吾尔自治区规定，少数民族农牧民一对夫妻可生育三个子女，符合特定条件的可再生育一个子女；广西壮族自治区规定，夫妻双方为瑶、苗、侗、仫佬、毛南、回、京、彝、水、仡佬等 1000 万以下人口的少数民族，经批准可以有计划地安排生育第二个孩子，但生育间隔时间不得少于 4 周年；西藏自治区规定，对农牧区的少数民族农牧民只提倡优生优育、晚婚晚育，不限定生育胎数，如有自愿实行计划生育的，给予技术指导；云南省规定，夫妻双方都是居住在边境村民委员会辖区内的少数民族，或夫妻双方或者一方是独龙族、德昂族、基诺族、阿昌族、怒族、普米族、布朗族的，夫妻双方在生育两个孩子以后提出申请，经计划生育行政部门批准，可以再生育一个子女。由此可见，各省对少数民族的计划生育政策都较为宽松。

② 中华人民共和国国家统计局 2005 年全国 1% 人口抽样调查主要数据公报，http://www.stats.gov.cn/tjgb/rkpcgb/qgrkpcgb/t20060316_402310923.htm，2006-3-16。

③ 数据来源：1991 年、2010 年《云南年鉴》数据整理而得。

续表

县份	1990 年年末人口			2009 年年末人口			19 年总增长率	
	少数民族人口（人）	汉族（人）	少数民族比例	少数民族人口（人）	汉族（人）	少数民族比例	少数民族	汉族
滇东南县	1000643	491444	67.06%	1196592	528708	69.36%	19.58%	7.58%
文山州	1654947	1312986	55.76%	1958747	1497053	56.68%	18.36%	14.02%
红河州	1961783	1678309	53.89%	2527947	1791853	58.52%	28.86%	6.77%
云南省	12343554	24629056	33.39%	15587110	30122890	34.10%	26.28%	22.31%

　　注：关于 19 年来绿春县汉族人口负增长的说明：最初课题组以为是数据整理错误，经反复核对发现没错，与当地权威人士了解得知，汉族出现负增长的主要原因是绿春县历来汉族人口就只在 5% 以下，长期以来，汉族和其他民族通婚，由于子女户口可随父母任意一方，而民族地区民族户口有一些便利，所以在落户时绝大部分民汉组合的家庭均选择民族户口，此外，绿春的地理自然条件是滇东南边境县中最恶劣的，汉族人才流失一般都比其他民族要高。

　　从统计表可看出，从省级到民族自治州再到边境县，少数民族人口增长率与汉族人口增长率的差距有逐步增大的趋势，应验了"越穷越落后越生"的说法。课题组成员在入户调查时也能感受到边境民族地区"养儿防老"、"重男轻女"、"多子多福"的观念根深蒂固，13 个滇东南边境村寨每村都有超生现象，许多家庭都有两三个孩子甚至更多。由于缺乏避孕意识，大部分家庭的孩子平均生育间隔期仅两年左右。

　　少数民族人口过快增长在为农村提供大量潜在劳动力的同时，也会导致潜在的未来的人口过剩，无形中增加了生态压力和提高人口素质的难度。更为严重的是，课题组在中越边境调研时还了解到，有一些越南籍妇女嫁到我国（我国女子嫁到越南边境的极为少见，基本可以忽略）。由于中越尤其是越方对跨国婚姻"不赞成"，不给开具证明，导致了许多"事实非法婚姻[1]"，这些家庭子女的户口、医保、教育等方面均存在隐患和难题。我们都知道，严格落实计划生育政策、控制人口增长是提高人口素质的必由之

[1]　事实非法婚姻是指男女双方符合结婚条件，但不依法办理结婚登记手续便以夫妻关系同居生活，而周围群众亦承认其夫妻关系的婚姻。参见周建新：《中越中老跨国民族及其族群关系》，民族出版社 2006 年版，第 237 页。

路，而人口过快增长、非法婚姻、"人口黑户"等问题均会给边境地区基础教育乃至中等教育增添难度，不利于人口素质的提高。

（二）人才匮乏，人口素质偏低，观念落后

边境民族地区具有居住分散、封闭落后、文化多元、多语并存等特点，使得这些地区人均教育资源短缺，文教事业发展滞后，进而形成了人才匮乏、人口素质低下、观念落后的恶性循环。国家统计局的统计数据也充分说明，边疆省区接受高中和高中以上教育的人口比例低于全国和非边疆省区的平均水平，见表2—4。

表2—4　边疆省区与非边疆省区接受教育情况抽样调查对比表 ①

地区	6岁及6岁以上（人）	未上过学（人）	小学（人）	初中（人）	接受高中及以上教育（人）	接受高中及以上教育人数比例
全国	1106434	82986	344871	452930	225647	20.4%
9个边疆省区	234989	17674	77818	95645	43854	18.7%
22个非边疆省区	871445	65312	267053	357285	181793	20.9%
云南	38031	4632	18386	11108	3905	10.3%

抽样数据表明，非边疆省区人口接受中高等教育人数比例高出边疆省区2.5%，而与云南的差距是倍数关系。可以预计，边境地区与全国乃至非边疆省区的差距悬殊会更大。

在课题组调研过的13个滇东南边境村寨中，新中国成立至今仅有1个村寨出过1名大学生，其余12个村寨上过高中的总人数不超过15个。更为严重的是，很多受访者观念还比较落后，这从农民缺乏健康意识、对子女教育的重视不够和外出务工意愿偏低等方面均得到证实。

当问到"对于子女教育方面，您的想法是什么"这一问题时，滇东南边境13个村寨的347名受访者中，仍有3.2%的人选择"找工作难，读书没

---

① 本表根据2008年全国人口变动情况抽样调查样本数据整理而得，抽样比为0.887‰。9个边疆省区分别指黑龙江、吉林、辽宁、内蒙古、甘肃、新疆、西藏、云南、广西。数据来源：《2009年中国统计年鉴》在线光盘版，国家统计局，http://www.stats.gov.cn，2010-10-5。

多大意思"，有 12.4% 的人选择"顺其自然，他 / 她读得好就供，供不起就算"；对比研究村寨的比例分别是 2.8% 和 11.9%，两种类型村寨无明显区别。见表 2—5：

表 2—5　村寨类型 * 子女教育态度

村寨类型	统计方式	子女教育态度				合计
		找工作难，读书没多大意思	顺其自然，他 / 她读得好就供，供不起就算	多读书好，只要他 / 她读得好，借钱我也供	其他	
滇东南边境村寨	人数	11	43	289	4	347
	百分比	3.2%	12.4%	83.3%	1.2%	100.0%
对比研究村寨	人数	8	34	237	6	285
	百分比	2.8%	11.9%	83.2%	2.1%	100.0%
合计	人数	19	77	526	10	632
	百分比	3.0%	12.2%	83.2%	1.6%	100.0%

　　课题组认为，选择"找工作难，读书没多大意思"的回答是对子女教育观念淡漠的体现。而在当前如此优惠的教育政策下，选择"顺其自然，他 / 她读得好就供，供不起就算"则可视为不太负责任的表态。我们认为，知识经济时代，敢生就要敢于负责，负责任的父母应当有"只要子女读得好，砸锅卖铁、卖血也要供"的气魄。此外，虽然在两种类型的村寨均有 83% 左右的人选择"多读书好，只要他 / 她读得好，借钱我也供"，但真正到需要借钱长时间供孩子读书时，在现实生活中还会有相当一部分人由于意志不坚定或被现实所迫而放弃这种口头上的选择。

　　对于边疆地区的农民来说，外出务工能增收致富是绝大部分人公认的事实。近年来，滇东南地区政府积极把农村富余劳动力的培训及转移作为重要工作来抓，大批农村劳动力转移到城市务工创收。这对拓宽农民增收渠道，推进地方经济发展和城市基础设施建设起到了积极的促进作用。农民工在对城市的发展做贡献的同时，也接受了新思想、新知识、新技术和新方法，劳务收入对家乡农村经济社会的发展也功不可没。[①] 然而，在课题组的调研统计中发现，

---

　　① 王俊程、武友德、赵发员：《农村青壮年劳动力过度流失对新农村建设的影响与解决对策》，《北京工业大学学报》(社会科学版)，2009 年第 5 期，第 6 页。

滇东南边境民族地区的农村劳动力转移存在观念、技能等障碍，13 个滇东南边境村寨与 13 个对比研究村寨的外出务工意愿存在较大差距，见表 2—6。

表 2—6　村寨类型 * 务工务农

| 村寨类型 | 统计方式 | 务工务农 | | | | 合计 |
		在家务农	城里打工	闲时打工，忙时务农	其他	
滇东南边境村寨	人数	150	68	103	26	347
	百分比	43.2%	19.6%	29.7%	7.5%	100.0%
对比研究村寨	人数	86	46	125	28	285
	百分比	30.2%	16.1%	43.9%	9.8%	100.0%
合计	人数	236	114	228	54	632
	百分比	37.3%	18.0%	36.1%	8.5%	100.0%

从表 2—6 中数据可看出，在滇东南边境村寨的 347 个受访者中，有 19.6%+29.7%=49.3% 的人有外出务工意愿，而在 13 个对比研究村寨，这一比例为 16.1%+43.9%=60%。如果排除其他因素，单看倾向在家务农的比例，则悬殊更大：滇东南边境村寨的受访者中，43.2% 的人倾向在家务农，而对比研究村寨的这一比例为 30.2%。

此外，调查结果显示，女性的外出务工意愿与男性之间存在较大差距，见表 2—7。

表 2—7　性别 * 务工务农

| 性别 | 统计方式 | 务工务农 | | | | 合计 |
		在家务农	城里打工	闲时打工，忙时务农	其他	
男	人数	180	95	198	36	509
	百分比	35.4%	18.7%	38.9%	7.1%	100.0%
女	人数	56	19	30	18	123
	百分比	45.5%	15.4%	24.4%	14.6%	100.0%
合计	人数	236	114	228	54	632
	百分比	37.3%	18.0%	36.1%	8.5%	100.0%

从统计表 2—7 中可看出，选择想到城里打工和闲时打工的男性比例为 18.7%+38.9%=57.6%，而女性则为 15.4%+24.4%=39.8%。适当排除女性受家

庭牵累大的原因外，我们认为，越是不敢走出去的人，越是观念落后、素质低下的群众代表。为了边境民族地区农民家庭的和谐发展，在培训、转移富余劳动力时，应鼓励妇女敢于走出去，这样才能使家庭和社会走上和谐的发展之路。

此处需要重点说明的是，课题组的调查是在 8 月中下旬，绝大部分外出打工者并未在我们访谈的群体中。可以预计，如果访谈时间安排在春节前后、外出务工者回家过节时，统计结果的两极分化会更加严重，即滇东南边境村寨与对比研究村寨中，男、女的外出务工意愿悬殊会更大，会出现比较典型的马太效应。因为在 8 月份这段时间还能在家接受我们访谈的人，基本属于不愿或不能外出务工的群体。由此可见，在边境地区，人民群众尤其是女性的外出务工意愿偏低，反映出的深层问题是观念落后、素质偏低。

（三）多种民族杂居，教育和人才培养难度大

从全国范围看，边境地区大多是少数民族聚居地，辽宁、吉林、黑龙江、内蒙古、甘肃、新疆、西藏、云南、广西 9 个边境省区，居住着占全国近 70% 的少数民族人口，仅西北、西南地区就集中了全国少数民族人口的 50%。[1] 云南省是中国跨境民族居住最多的一个省份，在 4060 公里的国境线上，有 16 种少数民族跨境而居[2]。滇东南边境 6 县中除麻栗坡、马关外，其余 4 个县的少数民族人口比例均超过本县人口的 2/3，6 个县的少数民族人口达到 119 万多人，占到这一地区总人口的 69.36%，见表 2—8：

表 2—8　滇东南边境 6 县少数民族人口比重表[3]

县名	2009 年年末总人数（人）	2009 年年末少数民族人数（人）	少数民族比例	全县民族种数（种）
富宁	401400	305867	76.20%	6
麻栗坡	276600	111900	40.46%	8

---

① 张权安：《民族地区人口与经济可持续发展论》，民族出版社 2005 年版，第 32 页。

② 郑维川、王兴明、梁宁源：《云南省情 2008 年版》，云南人民出版社 2009 年版，第 10 页。

③ 数据来源：2010 年《云南年鉴》相关内容整理而得。

续表

县名	2009 年年末总人数（人）	2009 年年末少数民族人数（人）	少数民族比例	全县民族种数（种）
马关	366700	180050	49.10%	11
河口	88300	58675	66.45%	24
金平	369000	319900	86.70%	9
绿春	223300	220200	98.62%	6
滇东南边境 6 县	1725300	1196592	69.36%	—

在云南 16 种跨境民族中，滇东南边境 6 县就有壮族、傣族、布依族、苗族、瑶族、彝族、哈尼族、拉祜族、布朗族（莽人）9 种跨境民族，延边跨境一带几乎全为少数民族，金平县和绿春县还有民族直接过渡区。少数民族习俗、语言是民族文化的重要组成部分，是我国民族资源的宝贵财富。但滇东南边境村寨一带，由于多民族混居，有时也是民族矛盾激化的高发区。跨境民族虽然国别不同，但语言、习俗和文化都几近相同，民间贸易和互往无须护照、签证，边界两侧的跨国民族间存在大量复杂的互动关系[①]，给这些区域的治理带来了更多的问题和挑战。

此外，由于历史的原因，一些民族的居住习惯和略带排外的情节也阻碍文化信息和知识的传播与交流。滇东南地区的民族具有浓郁的民族特色和鲜明的地域特点，大致形成了"汉族、回族住街头；壮族、傣族住水头；苗族、彝族住山头；瑶族住箐头"的居住格局。这导致各民族间交流少，不利于文化交融，从而阻碍了少数民族地区人力资源的开发。

从人力资源开发的角度来讲，多民族聚居地尤其是边境地区的人力资源开发和人才建设面临更多的困难，语言是首当其冲的障碍。边境一带少数民族儿童在入学前和放学回家后，基本采用少数民族语言进行交流，这导致少数民族适龄儿童入学接受汉语教育时存在接受理解方面的困难，学习进度也会落后于同龄的汉族儿童。在进入更高一级的学校接受教育时，也会因接受能力差而落后于其他学生。这种语言方面的影响和制约甚至会影响到一个人的一生。课题主持人在求学乃至到现在的教学过程中，均发现民族地区的生

---

① 周建新:《中越中老跨国民族及其族群关系》，民族出版社 2006 年版，第 187 页。

源在大学英语 4 级、6 级考试中明显差于非民族地区的学生，在外语成绩一票否决的制度下，有一些学生甚至由于受外语拖累而错失诸多良机。此外，纯粹的少数民族聚居村寨对外来语言和文化也容易产生排斥心理，不利于新思想、新理念、新知识的传播，也不利于吸引外地人才到民族地区工作。课题组在调研过程中还了解到，一些滇东南边境村寨很少有人通汉话，这对人口素质的提高是一个极大的障碍。在河口瑶族自治县瑶山乡一个叫岩头①的边境村寨进行入户调查时，课题组发现该村能说汉话的人不多，能写汉字的更少。为了完成问卷调查，课题组不得不把该村仅有的几个初中生请来当翻译。总之，边境民族地区跨境民族聚居的现实不利于其基础教育推广、人力资源的开发和人才的培养。

（四）人力资源浪费与人才资源流失并存

由于人地矛盾突出，产业基础薄弱，边境民族地区大多存在人力资源浪费的现象。许多农民除农忙季节外便无所事事，加上民族地区节日、仪式众多②，部分"热心"的农民在春节前后宰杀年猪集中的阶段甚至处于"久醉不醒"的状态。这有乡村产业少和农村宴席多的原因，而更主要的是缺乏忧患意识和上进心。这不仅会导致民风败坏和治安隐患，更重要的是人力资源的浪费。

另外，由于城市具有很强的吸引力，边境一带条件艰苦，机会缺失，人才流失现象严重。在课题组调研时很少见到村寨精英，经了解，绝大部分掌握一技之长或是上过初高中的青壮年基本都在外务工，稍有见识和家庭牵累小的农民大多不愿留在农村发展，一些高素质的人才流向了经济发达地区。民族地区的人力资本投资回报率低，这就形成了少数民族地区发展的：人力资源开发困难→人力资本积累少并流失→经济发展水平低→人力资源开发难

---

① 虽然课题组在非常艰难的情况下完成了该村的入户调查，但由于该村还尚未列为新农村建设项目示范村，不属于本课题研究对象，因此该村问卷未纳入统计分析之列。

② 例如壮族，几乎每个月都要过节。除中国传统节日外，较隆重的还有三月三、尝新、冬至、牛魂、送灶等节日。

的恶性循环①。虽然政府也采取过一系列措施来挽留人才，但仍然没能从根本上扭转这一局面。在较低素质人力资源被闲置的同时，存在的另一个问题是拥有较高知识技术水平的人才流失严重。课题调研组在红河州金平县金水河乡曼棚新寨村调研时发现，该村 22 户居民的 120 多人中，新中国成立以来只出过 1 名大学生和 2 名高中生，并且这 3 个人都没有留在家乡发展。这种情况在富宁县就更为严重。富宁是云南的东大门，到两广相对便利，课题组到田蓬镇庙坝村委会和平村小组和田蓬村委会老寨村小组进行入户调查时发现，即便在农忙的 8 月份，这两个村基本不见 40 岁以下的男性青壮年，经了解，他们大多在广东务工。这不仅使得新农村建设的主体缺失，还会推高村级劳动力价格，致使农村形成空壳经济。以上述的老寨村小组为例，老寨村小组本是一个极端贫困的跨境村寨，但村级劳动力价格在 2009 年就高达 40—50 元 / 天（供 3 顿吃），而且还只能雇到越南民工。课题组分析，滇东南边境民族地区人力资源浪费和人才流失与当地条件恶劣、产业基础薄弱有关，处于"盼致富、无门路"的人们要么消极度日，要么到发达地区另谋出路。

（五）伤残人员比例高于内陆或发达地区

由于边境一带具有山高林密、野生动物多、自然灾害频发、民生状况差、人民健康意识差、缺医短药等特点，这些区域的农民因伤致残、因病致残、因害致残或由于缺乏优生优育意识致残的比例远高于内陆或发达地区。对滇东南边境民族地区来说，因战争和地雷致残甚至致死也对这一地区的人力资源形成影响。滇东南地区新中国成立以来先后经历了援越抗法、援越抗美和对越自卫反击防御作战，尤其在 1979—1992 年对越自卫反击和防御作战的 13 年间，广大人民群众投入支前战争，边境村寨中现年龄在 45 岁以上的村民几乎都曾以各种形式参加过对越自卫反击作战。受战争影响，部分村民至今仍带有不同程度的残疾，课题组曾到过富宁县田蓬镇田蓬村委会沙仁

寨村，该村在对越自卫反击战期间处于抗战第一线，"87 个人 78 条腿"的悲壮历史就发生在这个村。滇东南边境民族地区这一特殊情况使得一些正处于劳动力旺盛期的劳动力因残疾而无法下地劳动。另外，对越作战期间，在边境地区埋下了许多地雷，这些地雷至今仍有残留。时至今日，部分边民在田地间劳作时还有踩到地雷的风险，其中单是文山州 2003—2008 年间触雷造成伤残的人员就多达 44 人①。对于滇东南边境民族地区来说，战争和地雷不仅对人的肉体造成了伤害，对心灵也是一种摧残。总之，地理、自然、人文、历史、民生、观念等综合因素，致使边境民族地区的人力资源总体质量低于内陆或发达地区。

三、边境民族地区经济社会发展状况综合述评

总体来看，我国的边境地区大多自然地理条件恶劣、发展滞后、矛盾突出、情况复杂。在硬件上，这些地区多表现为基础设施、公共事业建设滞后；在生产上，表现为效率低、成本高；在生活上，表现为质量差、不便利；在人口上，表现为缺乏知识、缺乏技能、观念落后。滇东南边境民族地区是这类地区的典型代表。

（一）地处边疆、自然条件恶劣

从地理位置来看，滇东南边境民族地区与越南山水相连，是祖国南陲国防安全的一道天然屏障，具有重要的战略地位。从地质和土壤来看，这一区域是典型的喀斯特岩溶地貌，地形复杂，山高坡陡，河多谷深，虽然人口密度显著低于全国平均水平，但农民人均可用耕地面积却低于全国（2009 年全国人均耕地 1.38 亩）乃至云南省平均水平（2009 年云南人均耕地 1.54 亩），见表 2—9。

---

① 资料来源：麻栗坡县人民政府扶贫开发办公室《麻栗坡县沿边跨境民族地区加快发展问题专题调研报告》，2008 年 3 月 6 日。

表2—9　滇东南边境6县农民人均耕地面积对比表 ①

县名	农民人均耕地（亩）
富宁	0.95
麻栗坡	1.03
马关	1.39
河口	0.90
金平	1.10
绿春	0.99

从上表2—9可看出，靠天吃饭的滇东南边境民族地区在人均耕地面积上处于劣势，加之地势崎岖、土壤质量差，给单产提高和现代农业推广以及规模化生产带来障碍，制约了当地经济社会的发展，加大了农民脱贫致富和政府扶贫开发的难度。总之，在地理、自然等因素的综合影响下，边境地区大多是社会发育程度偏低的地区，无论在经济发展还是在基础设施、社会公共事业方面与内地或发达地区都存在很大的差距。

（二）经济发展滞后，边民贫困程度深

新中国成立后，尤其是改革开放以来，全国各地的经济社会发展都取得了举世瞩目的成绩，滇东南边境民族地区也一样。滇东南的红河州、文山州都是少数民族自治州，分别于1957年和1958年建州，由于地处边疆，历来是少数民族居住之地，长期处于政权控制的外围，贫穷落后成了这个地区的显著特点。近年来，在各级党委政府的领导下，各族人民团结奋进，开拓创新，艰苦创业，国民经济持续较快增长，综合经济实力显著增强，地区面貌发生了翻天覆地的变化。2009年，红河州完成生产总值560.88亿元，按可比价格计算，是1978年7.22亿元的77倍。文山州2009年完成地区生产总值273.06亿元，是1978年3.2亿元的85倍。但从全国范围来看，边境地区大多是经济发展滞后、社会发育程度低的典型区域。从滇东南的情况看，与越南接壤的6个边境县的农民人均纯收入又显著低于全州平均水平。除了河口瑶族自治县，其余5县至今仍是国家扶贫重点开发县。近年人均GDP和农民人均纯收入排名对比图可直观地看出这一地区的落后和农民的贫困，见表2—10。

---

① 数据来源：文山、红河州年鉴，职能部门文件。

表 2—10　人均 GDP 与农民人均纯收入增长情况 [①]

地区	2006 年				2007 年				2008 年				2009 年			
	人均GDP	位次	纯收入	位次	人均GDP	位次	纯收入	位次	人均GDP	位次	纯收入	位次	人均GDP	位次	纯收入	位次
富宁	5191	78	1509	91	5918	82	1695	99	6816	85	2023	97	7618	84	2337	98
麻栗坡	4903	84	1436	99	5862	83	1610	105	6918	83	1879	111	7482	85	2205	109
马关	5457	73	1566	85	7180	60	1796	89	7868	68	2102	93	7849	80	2588	88
文山州	5121	13	1487	14	6126	13	1704	15	7151	13	2027	15	7933	13	2379	15
河口	8338	38	1950	63	10047	36	2235	67	13326	29	2698	58	14316	31	2998	64
金平	3250	115	1096	124	3811	114	1205	125	4529	112	1502	125	4985	112	1809	125
绿春	2435	128	1200	119	3035	128	1406	121	3598	128	1618	122	4087	127	1866	123
红河州	8325	6	2210	7	9859	6	2528	7	11.718	5	3023	7	12670	7	3446	7
25个边境县	5674	—	1641	—	6746	—	1931	—	7849	—	2273	—	8777	—	2715	—
云南省	8961	29	2250	29	10496	29	2634	29	12587	29	3103	28	13539	29	3369	28
全国	15973	—	3587	—	18713	—	4140	—	22640	—	4761	—	25188	—	5153	—

　　从表 2—10 中可看出，6 个县中，除河口农民人均纯收入大致处于全省中等水平外，其余几个县排名处于 100 位左右。金平和绿春几乎是云南最穷的地区，农民人均纯收入约为全省平均水平的一半左右，约为全国平均水平的 1/3 左右，而人均 GDP 仅为全省平均水平的 1/3 左右，与全国的差距更

---

　　① 表中 GDP 和农民人均纯收入单位均为元；数据来自各地年鉴、国民经济和社会发展统计公报、云南领导干部手册；纯收入是农民人均纯收入，州位次是全省 16 个州、省辖市排名，县位次是全省 129 个县（市）区排名，云南省位次是国内 31 个省区、直辖市排名。

大，约为 1/5。6 个县中，农民人均纯收入最高的河口县与云南平均水平也还有一定的差距。即便与云南的 25 个边境县相比，除河口和马关外的另外 4 个滇东南边境县的人均 GDP 和农民人均纯收入也明显低于全省 25 个边境县的平均水平。当然，边境一带农民的贫穷只有到滇东南边境村寨一带才能切身感受得到，课题组主持人的老家在某国家级贫困县的山区，应该说见惯了贫困，也想象得出穷苦农村的情形，但到滇东南边境村寨进行入户调查时的所见却完全出乎意料，几乎所有参与入户调查的成员都是第一次见证这种艰苦、贫穷和无奈。滇东南边境村寨的情形数次震撼我们的内心，曾经好几次，我们怀着沉重、欲哭的心情离开村寨，见图 2—1。

此外，当我们问到"在'家人疾病、子女上学、负债、子女婚事、无经济收入、人多地少、其他'这几项中，您家最头疼的事是什么"，让我们意想不到的是仍有近 30% 的人认为子女上学是家庭当前最头疼的事，见表 2—11，而义务教育阶段基本不需要生活费以外的开支。这充分说明了农民的贫困程度。这些地区陷入了"自然地理条件制约→农民贫困程度深→接受教育难→农民致富难、政府扶贫开发难→经济社会发展滞后→农民贫困、落后"的恶性循环圈。

表 2—11　农民最头疼、最要紧的事

| 村寨类型 | 统计方式 | 最头疼、最要紧的事 | | | | | | | 合计 |
		家人疾病	子女上学	负债	子女婚事	无经济收入	人多地少	其他	
滇东南边境村寨	人数	60	101	16	6	110	24	30	347
	百分比	17.3%	29.1%	4.6%	1.7%	31.7%	6.9%	8.6%	100.0%
对比研究村寨	人数	46	70	24	22	70	10	43	285
	百分比	16.1%	24.6%	8.4%	7.7%	24.6%	3.5%	15.1%	100.0%
合计	人数	106	171	40	28	180	34	73	632
	百分比	16.8%	27.1%	6.3%	4.4%	28.5%	5.4%	11.6%	100.0%

从统计表 2-11 中我们可看出，滇东南边境村寨和对比研究村寨的农民均将无经济收入视为最头疼、最要紧的事，子女上学均排在第二，数据显示滇东南边境民族地区的情况更为恶劣。由此可看出，除了扶贫开发外，降低农村籍学生的教育费用、减轻农民负担是破解边境民族地区"三农"困境的必由之路。

图片一：厨房墙上的乘法口诀

图片二：简陋昏暗的厨房

图片三：灶台

图片四：五个人一双鞋

图片五：做梦的地方

图 2—1 震撼组图

图片说明：图片一摄于富宁县田蓬镇田蓬村委会老寨村小组，拍摄时间：2009 年 8 月 12 日；图片二摄于绿春县大兴镇牛洪村委会松东村小组，拍摄时间：2009 年 8 月 18 日；图片三、四摄于马关县金厂镇老寨村委会上天雨村小组，拍摄时间：2009 年 8 月 18 日；图片五摄于富宁县田蓬镇田蓬村委会老寨村小组，拍摄时间：2009 年 8 月 12 日。

（三）基础设施、公共事业建设滞后

交通方面：由于地势崎岖、经济基础薄弱，滇东南边境民族地区的交通基础设施建设成了制约农村经济发展的"瓶颈"。公路通达率低、技术等级低致使通行和运载能力弱，加之山高路险，"晴通雨阻"的现象十分普遍，其交通状况已不能适应当前社会经济发展和国防的需要。

农田水利方面：由于经济基础薄弱，长期投入不足，滇东南边境民族地区农业水利化程度低，生产用水难，尤其在滇东南边境村寨一带，人畜饮水存在困难，群众"靠天吃饭"的局面仍未得到改变，在 2010 年上半年遭遇的旱灾过程中边境一线更是面临生存挑战。

电力方面：近年来，在兴边富民、整村推进等工程的推动下，边境地区加大了电力设施建设和农村电网改造力度，但电力生产供不应求的矛盾仍比较突出，一部分边远、偏僻或者农户居住分散的农村至今还未完全通电。河口县是红河州三个边境县中经济实力相对较强的县，但截至 2009 年 8 月课题组到该县调研时，仍有 12 个边境自然村未通电[①]，金平县和绿春县未通电的村寨就更多；文山州的富宁县和马关县共有 7 个村寨大约 310 户居民尚未通电，这些未通电的村小组几乎全为延边跨境村寨。在边远村寨中，即便通电也存在电压低、线损多、电价高等问题，许多村寨会出现几家邻居同时使用电磁炉或者电饭煲时就会电压不足等现象。这些都与边境民族贫困地区经济的快速增长和电力的刚性需求形成了强大反差，制约了农村的经济发展。

住房方面：虽然已经全面消除了茅草房，但很多贫困群众的住房年久失修，一些群众由于无劳动力、无经济收入等问题而无法自建安居房，仍有部分贫困群众居住在木楞房、杈杈房、危房之中。

教育方面：由于历史、经济基础和居住分散等原因，滇东南边境民族地区的教育仍然存在师资力量薄弱、农民对教育重视不够、贫困家庭子女教育无保障、教育质量不高、农村实用人才培养难等问题。

---

① 河口瑶族自治县人民政府：《河口瑶族自治县社会主义新农村建设情况汇报》，2009年 8 月 14 日。

医疗社保方面：虽然新型农村合作医疗制度有效缓解了农民的就医难题，但农民的健康意识依然比较淡薄，山高路远、看病难、看病贵，"小病靠拖、大病靠神"，"因病致贫、因病返贫"的问题依然存在。对于贫困户来说，50%左右的自筹比例（到县、州市级医院治疗的自筹比例更高）仍是跨不过去的槛。在进行入户调查时，我们惊诧地听到"改革开放30年，一病回到解放前"的说法。虽然这种说法既有失客观又极端偏激，但也折射出农民看病难、看病贵的问题仍然没有得到很好的解决，医疗是农民的切肤之痛。

其他社会事业方面：由于经济基础薄弱，农户居住分散，边境村寨的文化设施和文体活动十分匮乏，一些村寨虽建立了村民活动室，但存在有名无实、形式重于内容等问题。此外，在边境乡镇中，国家广播电视工程覆盖不到2/3，这在不同程度上影响了各级党和政府的方针、政策的宣传和科技文化的推广，阻碍了贫困群众科学文化素质的提高。

(四) 产业基础薄弱，农民增收致富难度大

相对薄弱的经济基础与薄弱的产业基础相互作用、相互影响。红河州和文山州均有一些地区性支柱产业，尤其是红河州，有较为知名的红云红河烟草（集团）有限责任公司、云南锡业集团（控股）有限责任公司等，文山的"三七"种植、加工企业等也比较知名。然而，课题组在调研时发现，这些在州级乃至在云南都较为知名的企业对边境县尤其是延边跨境地区的影响几乎可以忽略，绝大部分边民甚至不知道红云红河烟草集团。由于资源匮乏、人才稀缺、需求不旺、资金匮乏等原因，边境一带几乎很少见乡镇企业。对乡镇而言，服务业的发展水平可反映乡镇企业、民营企业和旅游业的发展水平。然而，课题组到过的10余个延边乡镇中，绝大部分乡镇的服务业发展也极度滞后，乡镇政府驻地竟无宾馆，只有供小商贩寄宿、条件极差的旅舍；有的乡镇落后到无商家卖纸杯的地步；由于买菜的人少，多个乡镇的菜市场仅在上午开业；由于餐饮需求有限，乡镇基本上无像样饭店，偶尔需要接待的乡镇政府只好选择政府自办的食堂。课题组到过的富宁的田蓬镇、木央镇，麻栗坡铁厂乡、麻栗镇、天保镇，马关的都龙镇、金厂镇，河口的瑶山乡，金

平县的金河镇、金水河乡，绿春的大兴镇、平河乡等乡镇中，除富宁田蓬镇是田蓬口岸驻地和马关都龙镇矿业发达使得乡镇政府所在地服务业较为发达外，其他绝大部分乡镇基本上和内地较好的村委会驻地的情况差不多。总之，在缺乏乡镇企业和特色产业的情况下，农民本地增收致富极其困难。

（五）受中越战争影响深远，社会治安、国防等问题突出

所有边境地区都具有与他国接壤的共同特点，但与众多边境地区不同的是，滇东南边境民族地区曾数次成为战争第一线，即便在新中国成立后还经历过援越抗美和对越自卫反击防御作战。其中对越自卫反击防御作战对滇东南边境民族地区的影响最为深远：一是战争持续时间长。从 1979—1992 年，对越自卫反击防御作战期间，滇东南地区一直处于战争、战备状态，给国家和滇东南带来了极大的损失。以文山州为例，对越自卫反击和防御作战对文山造成的直接经济损失就达 19.8 亿元，间接损失更无法计算。而从 1949 年新中国成立到 1991 年的 42 年间，国家在该州的固定资产投资仅为 8.4 亿元[1]。这些地区由于战争而失去发展机遇，改革开放比内地晚了整整 14 年，这种损失根本无法计算。二是战争期间中越双方布设了大量的地雷，即便在战后还造成了大量的人员伤亡。单是麻栗坡一个县，边境一线就曾布设了 174.77 平方公里的地雷带封雷区，虽已经过 3 次排雷，但尚有 45.42 平方公里的几十万枚地雷至今威胁犹在，后患无穷。课题组到过麻栗坡县天保镇天保村一个叫苏麻湾的村小组，该村在 2008 年有一家 5 口人同到已耕种几十年的边境土地上劳作，因误踩一地雷而造成 4 人当场死亡，剩下一人后因受伤严重加精神严重受损自缢身亡，全家全部死于地雷。战争、地雷给他们的生活留下了深深的阴影，地雷的震慑使村民有地不敢耕种，对边境农民来讲，地雷是制约农村发展的重要因素之一。

由于地处边境，无天然屏障，越南籍边民出入境频繁，滇东南边境民族地区的社会治安、国防等问题突出。一是"三非"[2]问题突出。部分越南公

---

①　尹鸿伟：《雷区惊魂——中越边境线特殊贫困现象调查》，《新西部》2004 年第 4 期，第 29 页。

②　指非法入境、非法居留、非法谋职。

民借我国不断扩大对外开放之机，非法入境、非法居留、非法谋职，给滇东南地区的治安管理、婚姻登记、计划生育等工作带来诸多问题；二是边境少数民族非法通婚。边境一线的群众多为壮族、傣族、布依族、苗族、瑶族、彝族、哈尼族等少数民族，他们的语言、习惯、习俗相同，向来就有通婚、互访、互市的习惯，促成了跨国非法通婚；三是边境地区跨国拐卖妇女、卖淫犯罪活动时有发生。部分犯罪分子以拐卖越南妇女和组织越南女子卖淫为手段牟取暴利；四是边境地区走私和贩毒呈蔓延趋势。走私的商品大至摩托车，小到普通布匹。此外，贩毒也呈蔓延趋势，以马关县为例，仅2007年，马关公安局就破获贩毒案件7起，抓获犯罪嫌疑人12人，缴获毒品海洛因3565.5克，毒品鸦片98.8克、毒资33.5万余元[①]。更为严重的是，边境贩卖枪支弹药、爆炸物品、管制刀具问题突出，这给社会治安带来很大隐患。边境民族地区是国家控制力较弱的地区，又是少数民族混居的地区，情况复杂，矛盾突出，即便普通的民间纠纷在这些地区也可能上升成为民族矛盾和复杂的国际关系。此外，近年来，越南政府高度重视边境地区的发展，鼓励边民到沿边境一带建房安居，促成边民守土固边，并利用小国优势出台了一系列特殊的优惠政策，对我国边民的心理和国家稳定产生了一些影响。

总之，恶劣的自然地理条件（地势崎岖、人均耕地少、土壤质量差、交通不便）、薄弱的经济和产业基础与建设滞后的基础设施制约着滇东南边境民族地区的经济社会发展，战争和历史遗留问题延误了这一地区的发展机遇。对于诸如滇东南边境这一类优势不明显的地区而言，只有抓住新农村建设、兴边富民工程、异地扶贫、边境地区转移支付项目等帮扶机遇，发挥劳动力资源、生物资源及民族特色等优势，扶持乡镇企业、发展民营企业，做大劳务经济和边境贸易。对于滇东南边境民族地区来说，还要抓住云桂铁路开建的机遇，充分挖掘马关的矿产资源，竭力开发金平、绿春等县的水力资源，千方百计促进农民增收，提高农民的生活水平，逐步缩小与内地和发达地区的差距，才能实现富民、兴边、强国、睦邻的战略目标。

---

　　① 马关县委宣传部，马关县边境地区社会治安情况，http://www.yn.xinhuanet.com/live/2008-10/6/content_14564855.htm,2008-10-6。

第三章 边境民族地区新农村建设的
推进与实施成效

一、新农村建设的提出和推进

（一）新农村建设的提出

20 世纪以来，一些国家和地区为缓解经济社会发展中出现的农业萎缩、农村衰退、农村人口失业严重和城乡差距扩大等矛盾，大力对农村进行了改造和投入。美国和英国在第二次世界大战后分别进行了郊区新社区和农村中心村的建设，都取得了良好效果。美国缓解了交通堵塞，英国则促进了农村的繁荣。东亚韩国在 20 世纪 60 年代初发起"新村运动"，时至今日，已经坚持了四十余年，效果显著，最突出表现在农民收入已达到城市居民的水平；日本从 20 世纪 70 年代开始全面启动"造村运动"，坚持了三十余年，同样取得显著成效；我国台湾地区从 20 世纪 60 年代开始实施农村建设项目计划，收效也较大。

改革开放以来，我国进入高速发展时期，城乡差距也在逐步扩大，农村的发展逐步成为我国全面建设小康社会目标的难点和关键。步入 21 世纪，我国逐步进入以工促农、以城带乡的发展阶段，初步具备了加大力度扶持"三农"的能力和条件。为拉动内需，破解产能过剩和农村市场不断萎缩等问题，进而构建新型工农城乡关系，实现国民经济又好又快的发展，中央领导集体在 2005 年 10 月 13 日十六届五中全会上通过的《中共中央关于制定国民经济和社会发展第十一个五年规划的建议》中提出，建设社会主义新农村是我国现代化进程中的重大历史任务，明确指出了社会主义新农村建设的具体要求和内容。这是在新的历史背景下，在全新理念指导下农村综合变革的开端①。2005 年 12 月 31 日，中共中央、国务院下发《中共中央国务院关于推进社会主义新农村建设的若干意见》（2006 年中央 1 号文件），指出："'十一五'时期是社会主义新农村建设打下坚实基础的关键时期，是推进现代农业建设迈出重大步伐的关键时期，是构建新型工农城乡关系取得突破进展的关键时期，也是农村全面建设小康加速推进的关键时期。"要求"各级党委和政府必须按照党的十六届五中全会的战略部署，始终把'三农'工作放在重中之重，切实把建设社会主义新农村的各项任务落到实处，加快农村全面小康和现代化建设步伐②"。至此，社会主义新农村建设的伟大历史任务在全国各地如火如荼地开展起来。

（二）国家层面新农村建设与"三农"工作重要文件梳理

对于我国这样一个农业大国而言，社会主义新农村建设是一项关系经济社会发展全局的重大战略举措，同时也是一项繁重的历史任务和宏大的系统工程。我国幅员辽阔，地区差异大，人口众多，新农村建设不可一蹴而就。特别是地处边境和民族地区的农村，经济社会及各项事业发展都相对滞后，新农村建设更是一项具有长期性、复杂性和艰巨性的重任。新农村建设任务提出后，为促进农业又好又快发展，扎实推进新农村建设，中共中央、国务院下发了多个关于"三农"的重要文件。

2006 年 12 月 31 日，中共中央、国务院下发了《中共中央国务院关于积极发展现代农业扎实推进社会主义新农村建设的若干意见》（以下简称《意见》）（2007 年中央 1 号文件），把关注焦点锁定在"积极发展现代农业"上，指出："发展现代农业是社会主义新农村建设的首要任务。要用现代物质条件装备农业，用现代科学技术改造农业，用现代产业体系提升农业，用现代经营形式推进农业，用现代发展理念引领农业，用新型农民发展农业，提高

---

① 郑宝华：《云南农村发展报告 2006—2007》，云南大学出版社 2007 年版，第 21 页。

② 《中共中央国务院关于"三农"工作的一号文件汇编》，人民出版社 2010 年版，第 115—134 页。

农业水利化、机械化和信息化水平，提高土地产出率、资源利用率和农业劳动生产率，提高农业素质、效益和竞争力"①。该《意见》要求各地把建设现代农业作为贯穿新农村建设和现代化全过程的一项长期艰巨任务，切实抓紧抓好。文件精神为做好 2007 年农业农村工作，确保新农村建设取得新进展，巩固和发展农业农村的好形势，迎接党的十七大胜利召开和夯实现代农业发展的基础提供了有力保障。

2007 年 12 月 31 日，中共中央、国务院下发了《中共中央国务院关于切实加强农业基础建设　进一步促进农业发展农民增收的若干意见》（2008 年中央 1 号文件）（以下简称《意见》）。2008 年是改革开放 30 周年，是全面贯彻落实党的十七大精神的第一年。《意见》的焦点对准"农业基础建设"，从农业投入、惠农政策、发展形势多个方面，延续了多年的精神主线，写下了新时期的新纲领。《意见》提出了当前和今后一个时期农业农村工作的总体要求，阐述了如何加快构建强化农业基础的长效机制。《意见》强调，要按照统筹城乡发展要求切实加大"三农"投入力度，巩固、完善、强化强农惠农政策，形成农业增效、农民增收良性互动格局，探索建立促进城乡一体化发展的体制机制。《意见》明确指出，今后将逐步提高农村基本公共服务水平，包括提高农村义务教育水平、增强农村基本医疗服务能力、稳定农村低生育水平、繁荣农村公共文化、建立健全农村社会保障体系等。这充分表明中央要求从农业基础设施建设向全面的农村社会基础设施建设进行转变的深远立意。

2008 年 10 月 9—12 日，中国共产党第十七届中央委员会第三次全体会议在北京举行。会议深入分析了当前的形势和任务，系统回顾总结了我国农村改革发展的光辉历程和宝贵经验，进一步统一了全党全社会的认识。会议认为，加快推进社会主义新农村建设，大力推动城乡统筹发展，夺取全面建设小康社会新胜利，开创中国特色社会主义事业新局面具有重大而深远的意义。会议通过了《中共中央关于推进农村改革发展若干重大问题的决定》，明确提出了新形势下推进农村改革发展的指导思想、目标任务、重大原则，

---

① 《中共中央国务院关于"三农"工作的一号文件汇编》，人民出版社 2010 年版，第 135—155、156—179 页。

是新形势下指导推进农村改革发展的纲领性文件。

2008 年 12 月 31 日，中共中央、国务院下发了《中共中央国务院关于 2009 年促进农业稳定发展农民持续增收的若干意见》（2009 年中央 1 号文件）（以下简称《意见》）。这是自 2004 年以来第 6 个指导农业和农村工作的中央 1 号文件，是具体贯彻落实党的十七届三中全会精神、中央经济工作会议精神、中央农村工作会议精神的体现，是中央针对当前宏观经济形势新变化和农村发展新情况，对"三农"工作作出的重大而又具体的决策和部署。《意见》要求把保持农业农村经济平稳较快发展作为首要任务，围绕稳粮、增收、强基础、重民生，进一步强化惠农政策，增强科技支撑，加大投入力度，优化产业结构，推进改革创新，千方百计保证国家粮食安全和主要农产品有效供给，千方百计促进农民收入持续增长，为经济社会又好又快发展继续提供有力保障。《意见》指出扩大国内需求，最大潜力在农村；实现经济平稳较快发展，基础支撑在农业；保障和改善民生，重点难点在农民。《意见》明确要求，2009 年要加大对农业的基础设施和科技服务方面的投入，降低农民的经营成本，进一步加大对农业的各项直接补贴，提高政府对粮食最低收购价格的水平，增加政府的储备，合理调控进出口，加大力度解决农民工就业问题。农村民生建设重点投向农村电网、乡村道路、农村饮水安全工程、农村沼气、农村危房改造等领域，大力发展农村的中等职业教育并且逐步实行免费。此外，《意见》还强调必须落实好三中全会决定提出来的实行最严格的耕地保护制度和最严格的节约用地制度。① 事实证明，在党中央、国务院的正确领导下，2009 年各地迎难而上，奋力拼搏，巩固和发展了农业农村的好形势。粮食生产再获丰收，农民工就业快速回升，农村水、电、路、气、房建设继续加强，农民生产生活条件加快改变，农村教育、医疗、社保制度不断健全，农村民生状况明显改善。这为党和国家战胜困难、共克时艰赢得了战略主动，为保增长、保民、保稳定提供了强有力的支撑。

---

① 《中共中央国务院关于"三农"工作的一号文件汇编》，人民出版社 2010 年版，第 180—198、199—219 页。

2009 年 12 月 31 日,《中共中央国务院关于加大统筹城乡发展力度进一步夯实农业农村发展基础的若干意见》(2010 年中央 1 号文件)(以下简称《意见》)下发。《意见》要求按照"稳粮保供给、增收惠民生、改革促统筹、强基增后劲"的基本思路,毫不松懈地抓好统筹城乡发展、改善农村民生、扩大农村需求、发展现代农业、建设社会主义新农村和推进城镇化等重点工作。《意见》在保持政策连续性、稳定性的基础上,进一步完善、强化近年来"三农"工作的好政策,在对农业农村的投入、惠农补贴、农村金融创新、农民专业合作社建设、基础设施建设、户籍制度改革、农民权益保护等方面提出了一系列高含金量的原则和措施。2010 年的中央 1 号文件在提法上呈现出诸多新亮点,要求和举措方面更加务实和具体,为确保粮食生产不滑坡、农民收入不徘徊、农村发展好势头不逆转、"三农"工作开创新局面提供了有力保障。

纵观 21 世纪尤其是新农村建设被正式提出后关于"三农"的多个中共中央、国务院文件,可以发现其核心思想是城市支持农村、工业反哺农业,通过一系列多予、少取、放活的政策措施,加大支农惠农力度,改变农村面貌,促进农民增收,推动农业发展。当我们站在中华民族伟大复兴的新长征路上回眸时发现,这些重要文件虽各有侧重,但其根本点和出发点是一脉相承的,是具有连续性、稳定性和递进性的,它们共同奏响了繁荣农村经济、促进农民增收、推动农业发展的主旋律,是我国城乡社会走向和谐发展、致力于共同繁荣的时代最强音。[①] 在这些文件的引领、推动及各级政府、有关部门的贯彻执行下,新农村建设在有序推进,广大农村的村容村貌发生了根本变化,农民收入稳步增加,生活水平稳步提高,民生状况逐步得以改善。

(三) 云南省、边境地区新农村建设与"三农"工作重要文件梳理

2006 年 3 月,在中央 1 号文件的指导下,中共云南省委、省政府结合

---

①　姚润丰、董峻、王立彬:《跨越藩篱超越梦想——写在中央关于"三农"工作的第 10 个一号文件公布之际》,新华网,http://news.xinhuanet.com/newscenter/2008-01/30/content_7529284.htm,2008-1-30。

实际制定的《关于贯彻〈中共中央国务院关于推进社会主义新农村建设的若干意见〉的实施意见》（以下简称《实施意见》）下发。《实施意见》提出要牢固树立和落实科学发展观，遵循"多予、少取、放活"和"工业反哺农业，城市支持农村"的方针，以"小康、文明、生态、和谐"建设为目标，围绕"要形成产业发展新格局、实现农民生活新提高、完善公共服务新体系、建设乡村新面貌、塑造文明新风尚、健全民主管理新体制"六个新任务，实施"产业支撑打造、促进农民增收、扶贫开发攻坚、基础设施夯实、生态环境保护、社会事业发展、乡风文明建设、村容村貌整治、管理民主推进、平安和谐创建"十大工程，完善"农业科技创新和推广、农村新型社会化服务、农村现代流通、农业现代经营、农村新型社会保障、农村基层组织保障"六大支撑体系，强化"统筹城乡建设规划、统筹国民经济收入分配、统筹城乡发展措施、统筹农村各项改革、统筹农村区域布局、统筹城乡工作机制"六大统筹措施，突出"加快农村经济的发展、加强农村基础设施建设、发展农村公共事业、加大改革力度、推进平安创建、加强农村基层组织建设"六个工作重点①。《实施意见》为我省新农村建设的实施和推进提供了指导，指明了方向，确定了目标。在目标方面，《实施意见》明确提出了未来15年的建设指标，即："通过15年左右的努力，把我省绝大多数村庄建成：产业稳步发展，集体经济实力增强，农业生产总值翻两番，农民人均纯收入达到6000元左右的小康村；农村人口平均受教育年限为9年，乡乡有文化站，60%以上的行政村有文体活动室，广播、电视人口综合覆盖率达到95%以上，农村合作医疗覆盖率达到100%，养老等社会保障体系基本建立和生活方式科学健康的文明村；人与自然和谐统一，基础设施完善，人居环境优良，村容村貌整洁的生态村；村党组织坚强有力，村务管理民主规范，社会治安良好，人与人和睦相处的和谐村。"②

　　为贯彻落实中央关于"巩固边防、睦邻友好、兴边富民、维护稳定"的战略方针，加快云南省边境地区经济社会发展，进一步促进云南25个

---

　　① 中共云南省委、云南省人民政府：《关于贯彻〈中共中央国务院关于推进社会主义新农村建设的若干意见〉的实施意见》2006年2月23日，云发［2006］5号。

　　② 郑宝华等：《云南农村发展报告2006—2007》，云南大学出版社2007年版，第21页。

边境县（市）经济社会又好又快发展，实现兴边、富民、强省、睦邻的目标，中共云南省委、省政府结合前三年①"兴边富民工程"所取得的成果和现实，于2008年5月制定下发了《关于实施新三年"兴边富民工程"的决定》（云发〔2008〕12号）。这是继2005年3月云南省委、省政府《关于实施"兴边富民工程"的决定》后的第二个新文件，确立了实施新三年"兴边富民工程"的交通、水利、电力、社会事业、产业基础、县域经济、边境贸易、生态建设和环境保护以及和谐等方面的具体目标，提出了基础设施建设、温饱安居、产业培育、素质提高、社会保障和社会稳定、生态保护与建设六大工程和要办好的30件惠民实事，具体包括：沿边干线公路连接工程；通乡公路路面硬化；病险水库除险加固建设工程；界河治理项目；农村人饮解困工程；山区'五小水利'工程建设；县城电网改造；农网改造工程；农村能源建设；森林防火建设；自然保护区建设；扶贫重点村整村推进工程；茅草房、杈杈房改造；国家民委、财政部"兴边富民工程"重点县建设；边境民族贫困乡扶贫开发；劳务输出；农村寄宿制学校建设；农村中小学危房改造；县乡文化基础设施建设；广播电视村村通；乡镇卫生院基础设施建设；农村卫生室基础设施建设；计划生育服务站达标建设；禁毒及艾滋病预防项目建设；县城总规修编及小城镇建设；原战区恢复建设；边境城镇和口岸基础设施建设；口岸联检设施建设；工业经济项目；优势特色农业发展项目。此外，为确保工程的实施，《决定》还从组织领导、舆论宣传、规划、资金保障、对口帮扶、监督等方面提出保障措施。

2005年与2008年云南省委、省政府关于"兴边富民工程"的两个《决定》以及相关配套政策措施的落实对边境地区基础设施建设、特色产业发展、群众生产生活条件改善、国民经济发展、对外开放、社会事业发展以及新农村建设总目标的实现起到了积极的促进和保障作用。

---

① 2005—2007年，云南省在8个州市25个边境县（市）实施了第一轮"兴边富民工程"。

二、边境民族地区新农村建设取得的成效——以滇东南地区为例

自《中共中央国务院关于推进社会主义新农村建设的若干意见》下发后，全国各地按照"生产发展、生活宽裕、乡风文明、村容整洁、管理民主"的要求，积极推进新农村建设。滇东南边境民族地区以兴边富民工程、边境地区转移支付项目、整村推进等帮扶、惠民工程为契机，充分整合整村推进、易地扶贫、居民抗震改造、村容村貌整治、沼气建设等各项资金，合力推进新农村建设。在2006—2009年四年间，单是文山州的富宁、麻栗坡、马关3个边境县在整村推进和新农村建设过程中总投入的资金就达76050.5万元（含农民投工投劳折现），共实施整村推进新农村建设项目959个村（组），帮扶农民新建和改造房屋8879间，建改乡村公路528千米，硬化村内道路2357847平方，在无自来水源的村寨新建和修缮水池、水窖807个，修筑灌溉沟渠149千米，架设和安装人畜饮水管道520千米，新建沼气池15391个，实施厨房、厩舍、厕所改造30781间，新建和改建村民活动室623间，建改村卫生公厕666个，安装卫星电视接收站6057座，推广清洁灶台17991户，先后开展科技培训农民85092人次。①

随着新农村建设的深入，滇东南边境民族地区农村生产得到发展，农民增收渠道得以拓展；村内基础设施和公共事业建设取得显著成绩，农民生产、生活更加便利，村容村貌、人居环境以及收视和通讯状况得到明显改善，一些村寨还建起了村民活动室，为科技推广、文体活动的开展以及农村精神文明建设提供了硬件支持；村民文明程度和素质观念得到提升，村内治安、秩序有所好转；随着基层组织的不断完善和惠农工程的不断落实，村干部、基层组织乃至政府的管理服务水平和政府形象得以提升，农民生产的积极性也得到提高。这些都在课题组的调查统计中得到证实。

---

① 资料来源：三县新农村建设领导小组办公室。

（一）生产得到发展，农民增收渠道得以拓展

在课题组深入基层政府和人民群众的调研过程中，均能体会到基层政府和农民始终把发展生产、促进农民增收放在新农村建设的首要位置。当调查员问及"新农村建设主体工程完成后，您家的收入渠道有何变化"时，13个滇东南边境村寨和13个对比研究村寨的接受调查的人中，有半数以上的人认为"更多"，从统计结果来看，两种类型村寨无明显区别。见表3—1：

表3—1　村寨类型 * 收入渠道

村寨类型	统计方式	收入渠道			合计
		更多	无变化	减少	
滇东南边境村寨	人数	196	122	29	347
	百分比	56.5%	35.2%	8.4%	100.0%
对比研究村寨	人数	151	117	17	285
	百分比	53.0%	41.1%	6.0%	100.0%
合计	人数	347	239	46	632
	百分比	54.9%	37.8%	7.3%	100.0%

经了解，农民主要通过如下一些方式拓展收入渠道：

1. 新知识、新技术为农民收入渠道的拓宽提供了新机遇

一部分农民掌握了科学的种养技术，其粮食、牲口、家禽产量的增加使得收入增加。首先，在新农村建设、兴边富民工程、现代农业推广等惠农工程实施的过程中，边境民族地区的诸多职能部门进行现代农技推广，使得农民的种养技术得以提高；其次，部分村民外出务工时，在用工单位或政府职能部门组织的培训活动中学习到了一些知识和技术，其中一些村民把在城里学到的技术带回农村；再次，新农村建设主体工程完成后，村村寨寨建起了村民活动室，使部分村民在村民活动室学习科学技术知识，共谋发展成为常态；最后，近年来，在政府的大力支持下，各延边地区结合自身实际，成立了各种各样的行业协会，共享了科学种养经验和技术。这些都为提高粮食、牲口、家禽的产量提供了支持。

2. 农村产业和乡镇企业发展增加用工需求

部分地区的乡镇企业和村寨产业得到了发展，本地就业机会增多。近年，国家对农村的投入逐渐增多，这为一些乡镇企业和村寨产业的发展提供了资金、资源和发展空间。而乡镇企业和村镇产业的发展又为农村富余劳动力提供了更多的就业机会，为有家庭牵累的村民提供了更多的选择，使"农闲时打工，农忙时务农"的生活方式成为可能。多一份机会，多一种选择，自然也就多一份收入。当然，乡镇企业的发展虽然对周围村镇产生经济辐射作用，但对较为偏远的地区，其作用甚微。

3. 新农村建设本身激起更多的材料、食物和用工需求

新农村建设是一项"耗资、耗时、耗力"的工程，农民不仅在国家"多予少取"的政策中得到直接的实惠，而且在各类工程建设的过程中也得到许多间接的好处。一方面，它激起了新农村建设中对更多的建材、食物需要。新农村建设中群众筑路、修蓄水池、房屋修造和装修等都有大量的水泥、石灰、皮管、木材等建材需要，施工队、考察团等大量人员进村也需要更多食物；另一方面，新农村建设需要大量的本地劳动力。农民是新农村建设的中坚力量，本地劳动力有价廉、可靠、便于沟通、熟悉本地情况等优势，所以新农村建设激起了大量的本地劳动力需求，这种需求使一部分农村富余劳动力实现本地创收。

4. 农村富余劳动力进城务工创收

近年来，各级政府积极把农村富余劳动力的培训及转移作为重要工作来抓，大批农村劳动力转移到城市务工，这对拓宽农民增收渠道、推进地方经济发展和城市基础设施建设起到了积极的促进作用[1]。在调研过程中，我们也了解到，有许多农村青壮年在外地务工，这在素有"云南东大门"之称的富宁尤为典型，该县的许多农村富余劳动力向广西、广东等沿海地区转移。滇东南边境的个别地区政府不仅对农村劳动力进行培训，还采用集中欢送等形式进行舆论引导，以鼓励劳动力输出。例如，在 2010 年 4 月 29

---

[1]　王俊程、武友德、赵发员：《农村青壮年劳动力过度流失对新农村建设的影响与解决对策》，《北京工业大学学报》（社会科学版）2009 年第 5 期，第 10 页。

日，省农业厅、红河州政府还在红河广场举行"农村劳动力转移就业特别行动暨输出欢送仪式"。据悉，本次参会的农民工有一千七百余人，其中一千三百余人将分赴福建、广东、广西、上海等地。另据当天参会的金平苗族傣族自治县农业局农广校校长杨宗琼介绍说，金平县农广校每年都要组织一千余人到省外务工，今年还要组织一批输出到老挝、缅甸等国家打洋工，目前金平在老挝、缅甸等国家务工人数已上千人，他们主要从事香蕉的种植和管理①。

总的来说，新农村建设确实拓宽了农民的增收渠道，促进了农民增收。而且，随着科学技术的进步、经济作物的种植、村镇产业的培植和新农村建设的进一步推进，大部分人对增收充满信心。但也有一部分人认为新农村建设没有拓宽增收渠道或认为收入渠道反而减少，这部分人可能是忽略了新农村建设工程本身的刺激和拉动作用。此外，任何村寨均会存在一小部分好吃懒做、眼高手低的闲人，他们无所事事，对增收创富机会视而不见，对这类人，只能寄希期于更多的带动和教育。

虽然在增收渠道方面的调查结果离人民日益增长的需求和政府的预期还存在一定差距，但在新农村建设推进的前几年，取得这些成绩实属不易。一是新农村建设工程是全国一起铺开，安排到各村寨的资金有限，在产业扶持方面实属杯水车薪；二是农村产业的培植周期比其他行业长。而我们的调查选点主要是 2007 年或 2008 年列为新农村建设的自然村，农村产业的见效尚需时日。此外，从统计数据看，边境村寨和对比研究村寨在增收渠道的拓展方面无明显差别（边境村寨的 347 个受访者和对比研究村寨的 285 个受访者中认为收入渠道增加的人数比例分别为 56.5% 和 53.0%），这说明，在促进农民增收方面，滇东南边境村寨和对比研究村寨处于相似的局面。

（二）基础设施、公共事业建设取得新成绩，农民生产、生活更加便利

在政府的大力扶持下，边境民族地区抓住了新农村建设的契机，大力推进了水、电、路、气、房、通信等农村基础设施建设和教育、科技、医疗、

---

① 任锐刚：《金平上千人出国打洋工》，《春城晚报》2010 年 4 月 30 日，B12 版。

卫生、体育、文化等公共事业建设，人居环境大有改善，农民生产、生活更加便利。

1. 水电方面

随着新农村建设的不断深入，边境地区加大了对项目示范村的农田水利设施、人畜饮水工程、电力设施的建设和农村电网改造的力度：在有水源、有沟渠的地区，政府投入经费对沟渠进行了疏通、加宽、加固，最典型的是沟渠"三面光"①工程。在水源稀少的干旱地区，在田间地头新建了小水窖和旱地水浇池。这些工程有效解决了一部分农业灌溉用水难的问题，在云南遭遇旱灾期间也有效削弱了旱灾带来的危害。人畜饮水工程方面，在有条件的项目示范村实现了绝大部分家庭通自来水；无自来水源的村寨，政府也帮扶农户打水井、修小水窖。此外，基层组织还通过宣传和管理等手段加强对水源地的规划和管理，保障和改善饮用水的质量。课题组的统计结果也充分证实滇东南边境民族地区项目村用水用电更加便利，当课题组调查员问及"新农村建设主体工程完成后，您家用水用电情况有什么变化"时，分布于26个调研点的632个受访者中，83.4%的人认为更加方便。比较有意思的是，滇东南边境村寨对用水用电的改善状况认可度更高，89%的受访者认为新农村建设主体工程结束后用水用电更方便，而对比研究村寨的这一比例为76.5%（对于此现象，课题组在后文有阐述）。见表3—2：

表3—2 用水用电情况

村寨类型	统计方式	用水用电			合计
		更方便	无变化	更不方便	
滇东南边境村寨	人数	309	32	6	347
	百分比	89.0%	9.2%	1.7%	100.0%
对比研究村寨	人数	218	60	7	285
	百分比	76.5%	21.1%	2.5%	100.0%
合计	人数	527	92	13	632
	百分比	83.4%	14.6%	2.1%	100.0%

---

① 一般水渠呈倒梯形，为保障水质，加快通水速度，加固水渠，有条件的村寨均在水渠底部、梯形的两边涂上一层水泥，村民简称"三面光"。

2. 道路、交通方面

边境地区的政府和当地居民都深刻认识到"要想富，先修路"的硬道理。对于滇东南的边境地区来说，交通道路工程主要分为两个部分：一是乡镇的进村道路，二是村庄主干道和入户便路。在有的地区，政府除统一拨款修筑入村道路外，还给每户村民提供价值200元左右的物资作为补助，帮扶农户修筑自家入户道路；在有的村寨，入户道路也由政府承包的工程队统一施工，村民则通过投工投劳的方式参与修筑。较为特殊的是，这些地区的进村道路修筑难度普遍大于村庄主干道和入户便路，这也是村庄主干道和入户便路硬化率反而高于进村道路的原因。

从各县职能部门了解到，滇东南边境6县绝大部分新农村建设项目示范村都已修通进村公路，条件较好的村寨还修通了水泥路或弹石路。对于村庄主干路和入户便路，项目村基本已完成硬化工程。与新农村建设前相比，这些工程的完成在一定程度上缓解了群众出行时人多车少、路难行、费用高的局面，更加便捷的交通条件也方便老百姓运农作物到乡镇乃至县城销售，这有助于增加村民的收入，进一步促进经济的发展。农民也深切感受到了这一点。当课题组调查员问及"新农村建设主体工程完成后，您觉得交通道路状况有什么变化"时，滇东南边境村寨的347个受访者中，94.5%的人认为更好；对比研究村寨的285个受访者中，84.9%的人认为更好。见表3—3：

表3—3　村寨类型 * 交通道路状况

村寨类型	统计方式	交通道路			合计
		更好	无变化	更差	
滇东南边境村寨	人数	328	13	6	347
	百分比	94.5%	3.7%	1.7%	100.0%
对比研究村寨	人数	242	35	8	285
	百分比	84.9%	12.3%	2.8%	100.0%
合计	人数	570	48	14	632
	百分比	90.2%	7.6%	2.2%	100.0%

3. 沼气池建设方面

经了解，在新农村建设过程中，滇东南边境民族地区大力鼓励和推广沼气池建设。在森林覆盖率低、生态环境恶化严重、地势条件允许的村寨，基本实现户均建有一口沼气池，并与改厩、改厕、改厨相结合。在2006—2009年间，滇东南边境6县帮扶农民建成三万余口沼气池，完成"一池三改"工程四万九千余户①。这不仅有利于缓解生态压力，还有利于降低农民的生活成本和提高农民的卫生水平。

4.住房和人居环境方面

住房是人类生活的基本保障，只有安居才能乐业。课题组在深入调研的过程中发现，由于特殊的地理条件和发展滞后，在新农村建设前，滇东南边境农村地区的危房、木楞房、杈杈房随处可见。随着新农村建设的不断推进，这一现象有所改观。滇东南地区各级政府积极推进安居工程的实施，在项目村已基本清除危房和木楞房、杈杈房，实现人畜分离，居住安全、卫生，村民的居住环境得到很大改善。在条件较好的村寨，甚至出现统一规划、连排建房的崭新景象。

此外，在典型示范村还实施了绿化、亮化和净化工程。绿化：在村内道路两旁，公共场所和农户房前屋后院内栽树种草，进行美化绿化；亮化：将危房改造、墙体改造（粉刷）与民族特色相结合，改造后的房屋具有鲜明的民族特色和地方特色，墙体有文化图案或文字，注重堂屋亮化，力争做到农户家中物品摆放整齐、整洁、明亮；净化：村内猪鸡牲畜不乱放养，"四堆"②堆放整齐规范。公共场所卫生有人经常打扫，保持干净。这些工程，有效改善了民生。当问及"新农村建设主体工程完成后，您家的居住环境有什么变化"时，滇东南边境村寨的347个受访者中，85.9%的人认为更好；对比研究村寨的285个受访者中，76.8%的人认为更好。见表3—4：

表3—4　村寨类型 * 居住环境

村寨类型	统计方式	居住环境			合计
		更好	无变化	更差	
滇东南边境村寨	人数	298	38	11	347
	百分比	85.9%	11.0%	3.2%	100.0%
对比研究村寨	人数	219	59	7	285
	百分比	76.8%	20.7%	2.5%	100.0%

① "一池"为沼气池，"三改"为改厩、改厕、改厨。数据由6县职能部门数据相加而来。
② 柴堆、草堆、粪堆、垃圾堆的简称。

村寨类型	统计方式	居住环境			合计
		更好	无变化	更差	
合计	人数	517	97	18	632
	百分比	81.8%	15.3%	2.8%	100.0%

5. 收视和通信方面

步入 21 世纪，信息、知识呈爆炸式增长，"三农"知识、市场信息、社会见闻等在丰富农村精神文明生活、提高全民素质、推广现代农业等方面扮演的角色越来越重要。对边境地区而言，广播电视是农民获取外界信息、了解国家政策方针、丰富业余生活乃至学习农业科技和经营管理知识的主要渠道，而包括手机、座机等在内的通信设施则是农村和外界交流信息的主要通道。总之，农村的通信收视对信息闭塞、观念落后的边境民族地区的经济社会发展起着至关重要的作用。

为方便"三农"政策、信息知识、农业科技的普及和现代农业的推广，落实电视的感化、教育功能进而缩小边境地区农民与内地、沿海地区的思想差距，从中央到地方均十分重视农村的收视和通信的改善，诸如村村通工程、移动联通电信的农网及无线机站建设乃至 2009 年实施的财政补贴家电下乡等活动均使得农村的收视和通信状况大为改观，为丰富农村精神文明建设、提高农村人口综合素质和信息传递等提供了支持和保障。

经了解，滇东南边境的新农村建设项目示范村基本都已安装地面卫星电视接收站，一般都能收看 8 套以上电视节目，条件较好的村寨还安装了闭路电视网络。在有的未架通有线电话、无手机信号的边远山村，还安装一部"致富通"[①]的固定电话。当课题组调查员问及"新农村建设主体工程完成后，您觉得通信状况（包含收视状况）有何变化"时，滇东南边境村寨的 347 个受访者中，77.2% 的人认为更好；对比研究村寨的 285 个受访者中，58.9% 的人认为更好。见表 3—5：

———————

① "致富通"是中国电信针对未通电话的边远山区开发的一款产品，外形像固定电话，但不需要布设电话线，在有信号的地方，接通电源就可以使用。"致富通"的优点是可减少电信建立农话基站的破路费和基站土地占用费。

表3—5　村寨类型＊通信状况（包含收视状况）

村寨类型	统计方式	通信状况			合计
		更好	无变化	更差	
滇东南边境村寨	人数	268	71	8	347
	百分比	77.2%	20.5%	2.3%	100.0%
对比研究村寨	人数	168	113	4	285
	百分比	58.9%	39.6%	1.4%	100.0%
合计	人数	436	184	12	632
	百分比	69.0%	29.1%	1.9%	100.0%

从上文的几个图表中我们均发现，在基础设施建设方面，滇东南边境村寨比对比研究村寨的认同度要高。但实际上，无论是用水用电、交通道路还是收视通信状况，对比研究村寨的状况都要好于滇东南边境村寨，最初我们为之不解，但通过深入了解和分析，课题组找到了原因。原因之一是由于滇东南边境村寨在新农村建设前的基础设施状况太差，许多边境村寨基础设施的改善是"从无到有"的过程，因此村民认为改观明显。而在对比研究村寨，由于新农村建设前交通和经济状况本就有一定的基础，他们中的一些是经历"从有到优"的过程，因此，在一部分村民心目中，改观不是那么明显；原因之二是课题组在滇东南边境村寨调研时一般都有职能部门或乡镇政府工作人员甚至是领导陪同，在这种场合，农民的回答更为客观一些。因为新农村建设主体工程实施后，项目村的基础设施建设有根本性的改变是不争的事实，我们在各县新农村建设领导小组办公室均看到建设前后对比鲜明的照片。而在对比研究村寨的调研只有调查员单个前往，某些问题可能会得到更为真实反映，但某些问题有可能得到较为偏激的回答。

6. 公共活动场所方面

在新农村建设过程中，项目示范村的村级公共活动场所建设是主要的亮点工程之一。包产到户后，几乎所有村寨都已把以前的公房分配或是变卖到户，许多村寨没有公共活动场所。为方便群众，几乎所有被列为新农村建设的村寨都建了集议事、活动、学习、娱乐等功能为一体的公共场所。在滇东南一带，这个公共场所一般被称之为村民活动室。这种活动室一般包括会议室、图书室、娱乐室、陈列室等，与之同时建造的一般还有卫生公厕、运动场，有些村寨的村民活动室里还添置了影像广播系统、图书资料等。虽然滇东南边境民族地区村寨的许多村民活动室建设有形式重于内容等问题，但其功能和作用还是比较明显。

第一，村民活动室为政策宣讲、现代农业推广提供方便。随着科技的发展，现代农业推广的深度和广度逐步加大。村民活动室为职能部门宣讲政策，讲解、演示先进技术提供了场地支持。此外，影像系统和图书资料室在科普和技术推广方面提供了很大便利。职能部门采用图书、音频、视频材料推广知识和技术不仅效果好，还能减少人力、物力、财力的投入。而农民素质的提高、现代农业技术的进步会对促进农民增收和缓解农村"穷吵饿闹"现象起到积极的作用。

第二，村民活动室为村寨举行庆典、农户操办婚丧等大事提供便利，为改善民生打下坚实基础。在绝大部分农村，农户在农忙、婚嫁、丧礼时等均有办酒宴的习俗，对少数民族来说，村寨进行节日庆典时也常常大操大办，俗称"打拼伙"。例如，壮族就是节日、仪式较多的民族，一年歌婆节①、娅拜节②就要举行多次聚餐。在没有村民活动室前，村级庆典、农户婚丧时都不得不露天开饭，雨天冒雨吃饭、晴天尘土飞扬已是习以为常。露天开饭既不便利，也不利于卫生和健康。建了村民活动室后，村寨庆典和农户酒宴均可集中在村民活动室操办，既利于集中管理，又利于改善卫生。在个别村寨，村小组还买了炊具、桌椅，为防止遗失，他们还在公用设施和器具上标有记号。

第三，村民活动室为推动农村民主发展的进程进而实现管理民主提供支持。村民活动室为村民集会提供了便利，为民主决策、村务信息公开、民主投票等提供了方便。便利的条件也为农民共享信息和集思广益提供可能。

第四，村民活动室为农民强身健体和开展文化、娱乐活动提供场所。近年来，随着广播电视、影碟机的普及和升级，农户间的走访越来越少，村民

---

① 壮族人民的歌婆节一般在每年农历的正月十五、三月初三、四月初八、五月十二举行。它是壮族地区传统性的群众活动，壮语称"窝埠坡"或"窝坡"。届时，青年男女从各地汇集到固定地点，每次一天或数天不等，一般有数百乃至数千人参加。有时参与者还凑食物进行聚餐。

② 一些地区的壮族每年四月属兔的那天，都要杀一头牛、一头猪、两只鸡和48条鱼，到娅拜山上祭奠壮族传说中的妇女娅拜，礼仪十分隆重。

之间缺乏沟通，感情淡漠、气氛沉闷、邻里关系紧张等问题日益突出。如今，几乎所有村民活动室都配备了一个运动场，有的运动场还安装了篮球架，活动室还配备了篮球，这为农村开展活动提供了便利。娱乐室添置影像系统、麻将、象棋、扑克等常规娱乐器具，不仅能让特困户看到电视、给村民聊天进而降低老年人的孤独感提供可能，还能为村里的文艺表演队提供排练表演的场地和音响器材，对丰富农村生活、促进农民间情谊与合作，乃至推进农村精神文明建设方面起到积极的作用。

第五，村民活动室为民族传统和文化遗产的传承提供了支持。滇东南边境民族地区民族众多，文化独特。在新农村建设过程中，有的村寨新建了陈列室，专门用于陈列民族服饰、村寨特产等物品，有的村寨还把"镇村之宝"放到了陈列室。这不仅能振奋精神，还能增强农民的自豪感和信心。课题组到麻栗坡县麻栗镇红岩村南朵小组调研时，发现该村的展览室内陈列着许多村妇的刺绣作品，这对传承刺绣艺术和秉承妇女勤俭自强的民风有积极的意义和作用。

7. 教育、医疗、卫生、社保等方面

除上述落实到项目村与广大农民生产、生活直接相关，并且具有建设周期短、见效快的工程外，农村的教育、医疗、卫生、社保等方面也取得新成绩。随着新农村建设的推进，农村义务教育的投入和支农惠农力度在不断加大，农村义务教育的质量也在不断提高，尤其在2008年汶川地震后，国务院出台《全国中小学校舍安全工程实施方案》，并在教育部成立了全国中小学校舍安全工程领导小组办公室，各级政府先后采取多项措施进行抗震加固，提高综合防灾能力建设，使学校校舍达到重点设防类抗震设防标准，并符合对山体滑坡、崩塌、泥石流、地面塌陷和洪水、台风、火灾、雷击等灾害的防灾避险安全要求。滇东南边境民族地区属于山体滑坡、泥石流高发区，在中央政府、地方政府的支持下，中小学校舍的安全隐患在逐一排除，校舍的综合防灾能力得以加强。

2009年以后，以教育和卫生系统为主的基层事业单位工作者的工资待遇也上调到基本与同级公务员相同的水平，这在一定程度上调动了教育工作者和卫生事业工作者的积极性，为基层教育和卫生工作质量的提高提供了物质保障。由于云南近年来向建制村或自然村大规模下派新农村建设指导员，并要求指导员工作队在项目村驻村。一些务实的指导员在走家串户和召开群众会的过程中，传导新理念、新思想，使得新农村建设示范村村民的教育、健康意识明显强于还未列为新农村建设项目示范村的村寨。在这些村寨，"新农合"参合率和疾病防治意识也更高。此外，新农村建设项目示范村的低保户、五保户、伤残户①等的信息更新和补助落实一般都在新农村建设的过程中由指导员完成。由于新农村建设指导具有身份中立、驻村时间长、了解村情等优势，在这些事务的处理上更能做到公开、公平、公正。而在未列为新农村建设项目示范村的村寨，数据更新和补助落实等方面存在信息滞后、落实缓慢等问题。

（三）村民观念、文明程度和素质有所提高

"乡风文明"是新农村建设的五大目标之一。随着新农村建设的实施和推进，滇东南边境民族地区的农村治安、秩序等均有好转，这说明村民的素质、观念和文明程度均有所提高，这在我们的调查中也得到证实。当调查员问到"新农村建设主体工程完成后，您觉得村内吵架、酗酒事件有什么变化"这一问题时，滇东南边境村寨的 347 个受访者中，70.9% 的人认为"减少"；对比研究村寨的 285 个受访者中，64.9% 的人认为"减少"。也同样存在滇东南边境民族地区认同度高于对比研究村寨的情况（上文已做分析，此处不再赘述原因）。见表 3—6：

表 3—6　吵架、酗酒事件

村寨类型	统计方式	吵架、酗酒			合计
		增加	无变化	减少	
滇东南边境村寨	人数	40	61	246	347
	百分比	11.5%	17.6%	70.9%	100.0%
对比研究村寨	人数	16	84	185	285
	百分比	5.6%	29.5%	64.9%	100.0%
合计	人数	56	145	431	632
	百分比	8.9%	22.9%	68.2%	100.0%

---

①　在滇东南边境民族地区，政府定期给因中越战争伤残或战后误踩地雷致残的农民发放生活补助，根据伤残程度的不同，补助额度也有所不同，一般在 300—1500 元 / 年。

此外，现代农具使用、科学种养的比例在逐年提高，也侧向说明农民的素质和技能有所提高。我们认为，村民的观念、文明程度和素质的提高除受到《村规民约》、《安全文明管理公约》、《卫生管理制度》、《农村工作守则》等规章制度及"云岭先锋"工程、"十星级文明户"创建的促进和影响外，还受到多种因素和力量的推动。

1. 农村基础教育的间接影响

随着义务教育的深入推广，农村基本实现扫除青壮年文盲的目标，许多家庭均有孩子在上小学、初中乃至高中、大学。随着社会对教育的重视，许多父母不得不在晚上督促和辅导子女完成家庭作业，这在客观上促成全家学习的局面，尤其有高中生或大学生的家庭更会受到综合影响和对学习热情的提高。

2. 广播电视使村民受到潜移默化的影响

随着"村村通"工程的推进和广播电视的普及，村民的生产、生活越来越多地受到外界影响。新闻联播和地方新闻使"农民知晓天下"成为可能；农业频道给农民学习农业知识和现代农业推广提供支持；经济频道给部分上进村民提供经营方法和致富思路；历史剧、宫廷剧普及了农民的历史常识；现代剧潜移默化地影响农民的思想观念和习惯；介绍性、观光性的节目开阔了农民的眼界；《法制在线》等节目让许多农民具有了基本的法律、法制意识，对农村治安的好转起到促进和保障作用；焦点访谈、新闻调查、每周质量报告等节目在提高农民维权、质量、安全意识方面起到了举足轻重的作用。

3. 外出务工人员在农忙或探亲时带回新理念、新技术

几乎所有村寨均有外出务工者，一部分人闲时务工、忙时务农，一小部分无家庭牵挂的农民甚至几年才回家探亲一次。进城务工者在用工单位或政府职能部门组织的培训活动中能增长见识，在城市中生活时间长了会受到现代城市文明的熏陶，视野也会更加开阔，更重要的是他们的人生观、价值观、生活方式、思维方式均会有所观。这部分人虽然回家农忙或探亲的时间不长，但其中的一些精英会对村民的思想观念和生活造成很大冲击，一些积极上进的村民会在和他们的交往中受到触动，进而产生行动。一小部分进城务工者还会带回新的生产技术和生产设备，为现代农业的推广提供支持。

4. 群众会、培训会促进农民素质和能力的提高

在新农村建设过程中，诸如县级扶贫开发办公室、新农村建设领导小组办公室、科技局、水务局等职能部门以及乡镇政府的工作人员均会根据需要到各自然村开群众会，宣讲知识、政策、致富思路等。一些部门在农技推广时还需对农民实施培训和教育，比如农机局、科技局、烟草站等。计生局对于早婚、非婚生育、超生等家庭除需进行政策宣讲外，还要进行思想教育，民政局在推进丧葬制度改革的过程中需要对农民进行大量的讲解和动员。这些工作都会对农民的观念、素质和技能的提高起到积极的促进作用。

5. 新农村建设指导员带文化、知识、理念进村

2007年以来，云南省委从省州县乡四级党政机关、企事业单位、大专院校和中央驻滇单位选派中共党员干部，到全省建制村担任新农村建设指导员，每年共选派新农村建设指导员约1.35万名。位于滇东南的文山州自2003年以来，就从州、县、乡党委和政府派出驻村工作队进驻自然村。这些人在驻村期间为了开展工作，需要走家串户，有时还需开动员会。其中一些指导员来自省、州、县级部门，思想理念先进，文化知识全面；还有一部分指导员来自文教卫生系统，他们是高学历和知识分子的代表，往往能带知识和文化进村。总之，工作队员和指导员长期驻村开展工作，对村民的理念和素质能起到积极的促进作用。

此外，村民活动室配备的图书资料为普及农民知识和促进农民提高素质也起到间接的作用。再有，新农村建设主体工程完成后，大部分家庭的新建安居房在安防方面有所改善，从客观上使得农村小偷小摸等事件减少，这也是农村治安好转的一个因素之一。

（四）基层组织管理服务水平和政府形象得以提升

1. 农村基层干部作风、工作能力有所改善

随着新农村建设的不断推进，农村基层组织建设、村干部作风和工作能力方面有所改善。当调查员问到"新农村建设主体工程完成后，您觉得村干部作风有什么变化"这一问题时，滇东南边境村寨的347个受访者中，

76.9% 的人认为"更好"；对比研究村寨的 285 个受访者中，57.5% 的人认为"更好"。见表 3—7：

表 3—7　干部作风

村寨类型	统计方式	干部作风			合计
		更好	无变化	更差	
滇东南边境村寨	人数	267	61	19	347
	百分比	76.9%	17.6%	5.5%	100.0%
对比研究村寨	人数	164	87	34	285
	百分比	57.5%	30.5%	11.9%	100.0%
合计	人数	431	148	53	632
	百分比	68.2%	23.4%	8.4%	100.0%

　　课题组认为，虽然村民对此项的认可程度不如其他的高，但从客观现实来看，即便村干部还有很多问题，但相较新农村建设前，他们的工作态度和工作能力确实有较大提高。出现此变化主要有如下一些原因：一是政府把"管理民主"作为新农村建设的一项重要目标来抓，虽然在有的村寨这项目标只提上议程，但至少村干部在议事、决策方式、工作量和工作扎实程度方面与之前有本质的区别；二是近年来各地加强了村党支部和村小组班子建设，把一些责任心强、能带领群众发家致富的能人选入班子，使班子成为带领群众发展生产、建设新农村的组织者；三是农村基层组织领导干部的选举进一步程序化、规范化，这一方面有利于农村优秀人才的胜出，另一方面也客观上使得基层领导干部必须在工作和生活中实实在在做到"从群众中来，到群众中去"。当前基层干部队伍的直选模式在有监督、程序科学的前提下，可有效避免暗箱操作等人为因素，有利于德才兼备的人才胜出，进而为基层组织的人才建设提供保障；四是村政务、财务公开及民主议事等制度使得村干部转变工作作风，改进工作方法。例如，在新农村建设过程中，就明确要求适时公开村小组的政务、财务，特别是专项资金、物资补助、分配、使用和结算情况都要求采用展板等形式公示，以便群众知晓和监督，确保扶贫资金落到实处。

　　此外，课题组就村民对村干部作风好转的认可度低于其他成绩事宜进行了深入访谈和研究，最终找到了以下几个原因：一是即便有些村干部积极性稍差，但他们始终是新农村建设的组织者、推动者，在此过程中，不得不为村寨的大局利益而得罪个别村民。而在新农村建设前，大多数干部多年处于无事可做的状态，自然也就不会得罪人。事实上，整个社会均是如此，有为的人会比无为的人更容易招致争议和反对，对此我们应该有清醒的认识，应合理疏导农民的消极看法；二是基于当前村干部基本处于义务奉献的现实，为了对村干部在新农村建设中付出的时间和财物进行适当补偿，新农村建设主管部门往往会在物资安排上向村干部适当倾斜，而村民更多的是看到村干部得到的好处，对其付出却关注较少。关于这一点，课题主持人在任新农村建设指导员时就有较多感悟。一些积极、热情的村干部有时不得不为驻村工作队、职能部门的工作人员尽一下地主之谊，比如职能部门工作人员进村遭遇大雨或驻村工作队员因无交通工具无法到达乡镇或县城时，村干部会主动为他们解决饮食、住宿问题，从而不得不有所付出。如果遇上不自觉的驻村工作队员，单是食宿就会给村干部带来不小的负担。这些问题，只有村干部自己和会为他们着想的人才能感受到；三是无论在什么场合总会有一些问题和矛盾，社会本身也就是在不断解决问题和矛盾的过程中发展的。部分村民在回答此问题时也可能存在一种迁怒心理，他们可能把对社会的不满转嫁到村干部身上。总之，村干部总体素质和工作作风有所改观是不争的事实，农民的意见和反馈也应当重视，但应当辩证对待，对于误解和偏见要适时、合理地疏导，对于村干部的不正、不实之风要进行不断纠偏和改正。

2. 基层政府的形象得到提升，农民积极性得以调动

课题组在调查走访中都能很好地感受到项目示范村的群众对政府的感激和认同。在调研时，一般都由职能部门的工作人员带领我们前往，农民都把我们当成政府的工作人员，对我们的热情和关心程度明显高于没有项目的村寨。虽然有一小部分村民对农业生产成本增高、看病贵及新农村建设中出现的问题颇有微词，但绝大部分村民对帮扶政策几乎一致说好，他们都客观承认现在的"三农"政策好，免农业税、给农民补贴、援助建房修路等民生工程是历朝历代没有过的。当调查员问到"新农村建设主体工程完成后，您的感觉是怎样的"这一问题时，滇东南边境村寨的347个受访者中，85.6%的人认为更有干劲；对比研究村寨的285个受访者中，67%的人认为更有干劲。

见表3—8：

认为更有干劲的大部分人都在积极响应新时期的扶贫开发政策，大部分村民都有发展畜牧、养殖业或其他优势产业以及外出务工等想法。他们都打算积极响应号召，抓住机遇，发展经济，增强实力，改变现状。访谈中我们能感受到农民的积极性得以空前调动，他们对农村经济的发展满怀希望和信心。

表3—8　村民积极性

村寨类型	统计方式	更有更无干劲			合计
		更有干劲	无变化	更没干劲	
滇东南边境村寨	人数	297	37	13	347
	百分比	85.6%	10.7%	3.7%	100.0%
对比研究村寨	人数	191	80	14	285
	百分比	67.0%	28.1%	4.9%	100.0%
合计	人数	488	117	27	632
	百分比	77.2%	18.5%	4.3%	100.0%

经了解，认为无变化或是更没干劲儿的人中，一部分是由于近年家庭遭遇变故，心灰意冷；一部分则是由于自身积极性不足，懒惰成性；一小部分觉得没干劲儿的人则是为了替自己开脱，将自身消极归因于对村干部有意见，而没认识到生活是自家的事。另外，极个别人认为无变化或是更没干劲，则是因为新农村建设中对村公共设施占地的补偿以及建设资源的配置不满而对基层干部和政府有意见。课题组认为，对于个别农民将自身问题迁怒于政府的认识，有必要进行有效劝导和教育；对于物资分配和占地补偿等问题造成的不满，应结合实际，完善规则和机制。在注重公共利益的前提下，也要兼顾个体的利益，尽量做到合情、合理、合法，以树立和巩固干部和政府在村民心目中的形象，为持续调动农民积极性、推进新农村建设奠定坚实的群众基础。

第四章 边境民族地区新农村建设持续推进的
难点分析——以滇东南地区为例

一、自然地理条件和基础设施、公共事业制约着新农村建设的持续推进

对农村来说，地理、自然条件对粮食产量及其发展潜力起着关键性的作用，而基础设施建设的好坏不仅反映一个地区的经济社会发展水平，更关键的是直接影响农民的生产和生活质量。滇东南地区恶劣的地理、自然条件影响和制约了当地的农村基础设施建设，滞后的基础设施又制约了这一区域的经济社会发展。

（一）恶劣的地理、地质条件制约着农业的产量

滇东南边境民族地区95%以上的国土面积是山区半山区，属典型的喀斯特地貌。在调查组进行入户调查时，我们看见多个村寨都有在石缝中种玉米的情形。如图4—1所示。

问卷统计的结果也充分说明滇东南边境民族地区恶劣的自然条件是许多"靠天吃饭"的边民致富无望的原因之一。当问及"您家主要经济收入来自什么（最多选三项）"时，卖粮食、卖牲口、经济作物、务工、做生意、其他这六个答案中，滇东南边境村寨卖粮食、卖牲口的提及率远低于对比研究村寨，见表：4—1。

图 4—1　石缝中种玉米

2009 年 8 月 12 日摄于前往富宁县田蓬镇田蓬村委会老寨小组的路上

表 4—1　村寨类型 * 主要经济来源

经济来源	村寨类型	访谈人数	提及次数	提及率
卖粮食	滇东南边境村寨	347	36	10.4%
	对比研究村寨	285	94	33.0%
	小计	632	130	20.6%
卖牲口	滇东南边境村寨	347	68	19.6%
	对比研究村寨	285	160	56.1%
	小计	632	228	36.1%

　　这充分说明三个问题：一是边境地区农民有余粮的比例远低于对比研究地区，差不多只有对比研究村寨的 1/3（10.4% ∶ 33%=1 ∶ 3.17）。如果我们把有牲口可卖的家庭也视为有余粮户（该题为多选题，卖粮食的也可能卖牲口，所以有余粮户的比例应适当低于卖粮食＋卖牲口的比例），其比较结果也基本处于这种高悬殊的比例（19.6% ∶ 56.1%=1 ∶ 2.86）。

　　这侧向说明滇东南边境民族地区在人均土地面积、土壤质量、粮食单产、耕种技术等方面至少有一个要素远低于对比研究地区。经了解，课题组发现主要是前三个客观要素导致了滇东南边境民族地区有余粮户的比例低下；二是滇东南边境村寨的粮食种植和牲口家禽饲养至多处于自给自足状态。统计表明 80% 左右的家庭无余粮可卖，按正态分布规律，我们可推断，还有一部分家庭粮食短缺；三是在无余粮可卖的情况下，靠饲养牲口赢利也基本不可能。这也决定这一区域的农民单靠传统种养殖业致富的空间十分有限，必须从拓广农民的田地空间、改良品种、科学种植提高单产等方面下工夫，才可能扩大种养殖规模。

此外，红河州的绿春等地属于季风气候，在雨季还时常会遭遇山洪、泥石流、山体滑坡等自然灾害，每年都有部分土地被冲毁，部分公路、沟渠等交通、水利基础设施受到严重破坏，一些村寨一到雨季就成为"孤岛"，这不仅会影响和制约农业的发展，还可能给人民的生命财产带来损失。

（二）建设滞后的基础设施影响和制约农村、农业的进一步发展

1. 道路交通方面

在新农村建设过程中，虽然大部分示范村寨的进村道路和入户道路得以改善，但由于受恶劣的自然地理条件制约加之公路网规划布局不尽如人意，这一地区的交通等基础设施建设与新农村建设的目标和内陆或发达地区相比还存在相当大的差距。主要表现为断头路多、技术等级低、质量差、通行和运载能力弱、"晴通雨阻"。一些边境村寨的机动车路尚未修通，还靠牛马驮来运往，过着"雨天出门两脚泥，晴天出行满身灰"的生活。恶劣的交通基础设施状况不能适应当前社会经济发展和国防的需要，成为制约这一地区农村经济发展的"瓶颈"。课题组从滇东南边境六县职能部门了解到，截至2009年7月我们第一次前往调研时，6县还有1096个村小组未修通进村公路。

课题组在滇东南边境村寨进行入户调查时，曾遇到即便出高于乡县路程两倍的费用当地司机还是不愿带课题组入村的情况（这类村寨全都是新农村建设主体工程已经完成的村寨），无奈之下，课题组只能通过省级部门协调，最终才在当地乡镇政府的支持下完成调研。此外，仅课题组在河口、绿春两县调研期间，就遭遇三次由于山体滑坡致使交通中断而延误调研的情况。在富宁县田蓬镇田蓬村委会老寨村小组，课题组惊奇地发现该村啤酒瓶的收购价只需要2分钱一个，经了解，才知道是由于运输成本太高所致。调查过程中我们还了解到，通常新买的摩托车要三四年才会出现车辆损耗较大的情况，但在老寨村小组，屈指可数的几辆摩托车才使用一两年就已经损耗得不成样子。恶劣的交通状况使得外地流通商品难运进来、本地农产品难运

出去，加大了农民的交通运输成本进而提高了各项建设及生产生活成本，这不仅制约了这些地区的经济发展，甚至连孩子上学也因为交通而受到影响。近年来，新农村建设和"兴边富民"等工程惠及滇东南边境民族地区，但恶劣的交通状况加大了这些地区的帮扶和发展难度，使得即便在这些地区户均投入远高于非边境村寨也收效甚微，影响和制约这些地区新农村建设的持续推进。马克思曾经说过，交通运输业是国民经济中除了采掘业、农业、加工业之外的第四物质生产领域。交通是信息传播的重要途径，也是连通外界的主要通道。交通的不便常常会带来信息的闭塞、观念的落后，人民不能更好地接受新事物也跟不上时代的步伐，导致贫困。所以，对于交通极度不便的地区，交通在承担着物质运输的同时也影响着人与人之间的交流，当外界已经用科学的方法发展种植业或养殖业时，信息落后的山区还习惯原始的刀耕火种，耗费着更多的资源却过着事倍功半的生活。

2. 农田水利和人畜饮水方面

虽然滇东南地区水资源丰富，但边境地区多处于岩溶斜坡地带，山地与河谷纵横交错，90%以上的水资源集中在低洼河谷地带，山区饮用水源较少，水源保证率较低，一旦遭遇持续高温少雨天气，大多数村寨都存在着不同程度的人畜饮水困难。在新农村建设中，农田水利建设投入有限，农业水利化程度低，生产用水难，有的村虽然有引灌沟渠，但由于建设规模小、年久失修，有效灌溉面积逐年降低。"大灾大减产，小灾小减产，风调雨顺增点产"，雨养农业的状况突出，边境地区群众"靠天吃饭"的局面难以改变。一些滇东南边境村寨仅能靠水窖解决人畜饮水困难，在遭遇旱灾时，这些地区农作物的存活面临极大挑战，农田水利设施仍较大程度地制约着农村的经济发展。以文山州为例，目前在 16 个边境乡（镇）中，尚未解决人畜饮水问题的村民小组有 1065 个，占边境村寨总数的 35.3%[①]（此数据为 2008 年 9 月统计，估计现在比例有所降低）；有些村寨人畜饮水未经规划管理，上游基本清洁，下游浑浊，肉眼都可断定其中细菌严重超标，而一些群众还不得不在下游洗菜做饭，从实地调研的情况看，这一现象还比较普遍。

---

① 文山州政府研究室:《文山州加快边境乡镇发展的对策建议》，2008 年 9 月。

3. 电力和农村电网方面

近年来，边境地区加大了电力设施建设和农村电网改造的力度，但电力生产供不应求的矛盾仍比较突出，尤其在枯水季节，边境县电网电力需求缺口仍然很大，而一部分边远、偏僻或者农户居住分散的农村至今还未完全通电，部分村寨即便通电也存在电压低、线损多、电价高等问题，这与边境民族贫困地区经济的快速增长及电力的刚性需求形成了强大反差，同时也制约农村的经济发展。课题组进行入户调查的村寨中，半数以上村寨的电价超过滇东南城区居民生活用电的平均价格①，农民用电负担十分沉重。文山州尚未通电的村民小组 53 个，占边境村寨总数的 1.8%。富宁县的木央镇有 166 个村民小组尚未实施电网改造，占该镇所辖村民小组总数的 42%；有的村民小组电费高达 3 元/度。红河州的金平县和绿春县尚有 2186 户未通电。滇东南边境 6 县中，除麻栗坡和河口县外，均还有部分村小组尚未通电。有的家庭为节约电费，购置功率特别小的灯泡，加之离变压器远，电压低，每当夜幕降临，微弱的灯光仿佛让你置身古代；有的家庭为省电而早睡早起。还有极个别的村委会连新农村建设过程中建起的村民活动室也无法正常运转，对缺乏经费的村小组来讲，音响系统等设施的电费也不得不尽量节约。

（三）建设滞后的公共事业制约着农村民生的持续改善

如果说基础设施与生产关系密切的话，那么公共事业则和生活的关系更为密切一些。滇东南边境民族地区建设滞后的公共事业影响和制约了当地人民生活水平的提高，这些问题和难点主要体现在教育、卫生、社保、文化活动等方面。

1. 教育方面

2007 年 6 月以来，边境地区大力推进"兴边富民"工程，落实了农村义务教育"两免一补"政策，寄宿生生活费补助标准和补助面也在逐年提

---

① 在滇东南城区和完成农网改造的地区，居民生活用电一般为 0.483 元/度。一些地区为鼓励农民用电，在超过一定用电量后，每月给每户一定电价优惠。例如：单月生活用电超越 80—180 度之间的部分视为居民生活炊用电，每度价格为 0.363 元；80 度以下或超越 180 度部分仍然按 0.483 元/度算。

高，这直接推动了边境民族地区义务教育的普及。据了解，目前滇东南边境的所有村委会均有"完全小学"，一些较大的偏远村寨还另设了教学点，但边境贫困地区农村家庭送子女上学难的问题仍然还很突出。由于受地理环境的限制，农户居住相对分散，一些边境村寨距离村委会完小或增设的教学点远达十余公里，崎岖的山路给学前班和一二年级的学生带来很大的困难，在夜长昼短的冬季，离学校远的低龄儿童在尚未天亮就得赶去学校，存在诸多安全隐患。如果遇上泥石流或山体滑坡等自然灾害，更是会影响到学生的生命安全。在个别教学点，由于山高路远、师资匮乏，一个教师同时给几个年级上课的情况依然存在，教学质量得不到保障。一些边远地区中小学教师的办公用房和生活用房简陋且严重不足，部分教师仍然在 20 世纪修建的砖木结构的瓦房中教学、生活，这使得教师无法安心教学，造成边境地区的师资不稳定。此外，许多增设的教学点和部分完小的校舍安全存在不同程度隐患，这些都成为制约边境民族地区的基础教育发展的客观因素。即便农村义务教育已实施了"两免一补"政策，但截至 2010 年 8 月我们第二次前往调研时，滇东南边境六县仍有 552 个自然村存在上小学难的问题，而这些问题在延边跨境一带就更为突出。

2. 医疗社保方面

在边境民族地区，由于贫困程度深、社保力度不足等原因，农民看病贵、因病致贫、因病返贫的问题更为突出。受地理环境限制，农户居住相对分散，部分村寨离乡村医生驻地和乡镇卫生院的距离超越十余公里，部分村民还保留"小病靠拖、大病靠神"的传统习惯。由于资金投入不足，医技人员匮乏，医疗设备落后，药品缺乏，边境地区群众看病难的问题还很突出，一些本有抢救希望的病人可能因此而错过机会。在村委会和自然村，许多乡村医生是半路出家，不具备执业医师资格证，由于卫生监督缺位，一些村寨存在非法行医的私人诊所，有部分"医生"是通过自学成才或在普通的中专卫校接受过简单培训后就以卖药的借口非法行医，还有一些是"子承父业"。这些开设在缺乏健康意识的民族地区的诊所存在很大的安全隐患，一旦发生医疗事故往往就可能激化宗族矛盾，给民族团结和社会稳定注入不安定因素。另外，由于乡镇卫生院管理不力、缺乏竞争，基层医生服务态度差、素质不高的情况也普遍存在。

在滇东南边境民族地区，新型农村合作医疗制度（以下简称"新农合"）已基本覆盖所有农村，农民群众逐渐树立起风险共担、互助共济的意识，农民就医难的问题在一定程度上得以缓解，"新农合"得到了绝大部分老百姓的支持和拥护。但在实践过程中也存在一些问题：一是部分农民思想过于传统和保守，质疑过多，参与的主动性不足；二是有部分农民认为"新农合"用药目录少，报销限高太低，对"新农合"仍然有诸多抱怨；三是信息化水平低，工作效率低，交通不便及农村人口变动大，导致"新农合"基金征收成本高、工作开展困难重重；四是对一部分抗风险能力弱的贫困家庭来说，50%左右的自筹比例仍是跨不过去的台阶，因病致贫、因病返贫的现象较为常见。此外，据了解，在绝大多数乡村医生、乡镇卫生所以及其他一些基层农村合作定点医疗机构，存在为了高额利润而钻"新农合"空子的现象，假处方、假病历、假住院等事件层出不穷。

在入户调查过程中，有农民向我们反映，有的家庭甚至过分到牲口用的药也从"新农合"定点医疗机构开人用药加剂量使用的情况。还有的乡村医生为提高做假水平，常年将其信任的亲友的"新农合"证件留在办公桌内，定期不定期地用不同笔迹在不同的时间开方、记录，至于假门诊还是假住院则任凭他的意愿，让上级检查人员无可奈何。课题组为之震惊，曾一度怀疑其真实性，直到后来从亲人口中得以证实这类事情确实存在，这在农村已是公开的秘密。许多农民确实与乡村医生、基层"新农合"定点医疗机构相互勾结圈套报销资金，这一方面加大了国家的财政负担，另一方面助长了农民的"等、靠、要"思想，还会大大降低"新农合"资金的效用度，使有限的资金无法落实到最需要支持和帮扶的农民身上，有悖于"新农合"主要着力于解决农民看病贵、因病致贫、因病返贫的宗旨。总之，在提高广大边境民族人民的健康水平、构建农村医疗保障体系、缓解医疗服务供需矛盾方面，边境民族地区仍然面临极大的挑战。

3. 文化事业方面

边境村寨中成规模的文化设施十分匮乏，一些村寨虽建起了村民活动室，但只摆了几张桌子、几把椅子；有些村寨的广播电视系统由于电压太低无法启动。相当比例的村民小组尚未实施国家广播电视工程，个别村寨群众甚至无法收看到中国的电视节目，但能够直接收看越南的节目。文山州的 16 个边境乡镇中，移动信号和固定电话均未覆盖到的村民小组有 473 个，占总数的 15.7%[①]（2008 年 9 月统计数据，现在比例应当有所降低）。对边境地区来说，收视和通讯状况的改善是守土固边的现实需要。调查组了解到，在北高南低的部分滇东南地区，部分边境群众不能收听、收看到国内的广播电视，却能够很清晰地收听收看到越南的广播电视节目，边民一般都通晓两国语言。境外广播电视的干扰不同程度地影响各级党和政府的方针、政策宣传和科技文化的推广，阻碍贫困群众科学文化素质的提高。再有，中国籍边民长期收看越南电视或电台不利于国家的稳定和长治久安，从意识形态的角度来说，中国中央电视台、广播电台及滇东南地方政府电视台、广播电台的信号以及手机信号工程是稳定我国边境的一项重要工程。

此外，由于娱乐、文体活动缺乏，一些自制力差的村民染上不良的生活习气，以打麻将、赌博、喝酒消度时日。一方面，这些不良习气会耽误生产；另一方面，也会给村寨带来不安定因素，滇东南民族地区人民喜欢喝酒的习惯是导致家庭矛盾和疾病甚至意外事故的重要原因。

二、农村缺乏产业支撑，农民持续增收困难

生产发展是新农村建设的首要目标和要求。新农村建设，促进农民增收是关键，甚至可以说，农民增收渠道得不到拓广、农民收入得不到增长就背离新农村建设的根本和宗旨。在边境民族地区，农村产业和乡镇企业十分有限。恶劣的交通状况和建设滞后的基础设施使得本就有限的新农村建设的投入资金大打折扣，增加了农村产业发展和农民增收的难度。因为，生产发展、农民增收必须有产业支撑，而产业的发展既需要有资金的支持，还需要时间来培育。课题组在滇东南的调查结果显示，见表 4—2。

---

① 文山州政府研究室：《文山州加快边境乡镇发展的对策建议》，2008 年 9 月。

表 4—2 收入渠道变化情况

村寨类型	统计方式	收入渠道			合计
		更多	无变化	减少	
滇东南边境村寨	人数	196	122	29	347
	百分比	56.5%	35.2%	8.4%	100.0%
对比研究村寨	人数	151	117	17	285
	百分比	53.0%	41.1%	6.0%	100.0%
合计	人数	347	239	46	632
	百分比	54.9%	37.8%	7.3%	100.0%

统计结果表明，无论在滇东南边境村寨还是在对比研究村寨，都有半数以上的受访者认为新农村建设主体工程完成后，自家的收入渠道有所增加，两种类型村寨的认同度无明显区别。本来，半数以上的农民认为收入渠道增加已是非常显著的成绩，但与此同时，还有近 10% 的受访者反倒认为收入渠道有所减少。另外，通过对一部分受访者进行深入访谈，课题组了解到，大部分认为收入渠道有所增加的人对持续增收怀有相当大的不确定性，原因是这部分人增加的收入大多是得益于新农村建设本身的拉动：一方面本村或周边村寨的新农村建设激起了更多的食物、建材需要；另一方面，新农村建设需要更多的本地劳动力，而新农村建设的持续拉动时间和程度毕竟有限，要想持续增收，还需另寻渠道和出路。经分析，我们认为农村持续增收难有如下一些原因。

（一）经济作物种植比例偏低，产业结构不尽合理

由于滇东南地区交通状况差，农产品外销缺乏竞争力，又由于这些地区县域经济发展滞后，本地消费能力有限，所以农产品的需求和价格受到制约。在这种情况下，农民选择大比例种植粮食作物，而经济作物等非粮农作物的种植比例低下。即使部分地区种植了"三七"、烤烟、草果、八角等经济作物，但往往比较分散，加上生产成本高、市场化程度低、规模经济不突出，进一步使得与农作物相关的产业链的延伸、附加值的提升少之又少，导致产业结构单一、结构不合理，部分农民处于"盼致富、无门路"的尴尬局面。例如，红河州的金平和绿春两县盛产香蕉和菠萝，在城市售价高昂的水果在这些地区价格非常低廉，滞销时农民只能将这些水果用于喂牲口。其原因除了运输难外，还与本地需求有限有密切关系；又如，文山州的富宁县田蓬镇庙坝村委会和平村小组是本县的苹果基地，但由于离州府文山有200余公里，离省会昆明530公里，虽然富宁是云南的"东大门"，可以运往两广，但在云桂铁路未开通之前，高昂的运费消减了种植户的效益。总之，滇东南边境民族地区农产品品种单一、价格低廉、产品滞销、农业比较效益低下等矛盾突出，许多农村甚至处于自给自足的自然经济状态。

（二）地区潜在资源未得到充分挖掘和有效开发

滇东南边境民族地区民族文化资源、红色旅游[①]资源以及部分特产资源没有得到充分挖掘和有效开发。在入户调查中，我们了解到村民们普遍认为本村有一至两项甚至更多可供开发的特色产业，而目前要么只停留在口头上或寄希望于未来，要么即便已经开发，但发展十分缓慢。边境旅游与红色旅游是当地经济社会发展的一大亮点，如果得到有效开发，则既可以向外展示少数民族的灿烂文化，带动相关产业的发展，拓宽农民增收渠道，进而促进农民增收，又能加强民族文化交流，增强民族凝聚力。然而，由于产业发展滞后、对外宣传力度不够、招商引资工作不力等原因，目前相关资源的开发还处于缺失状态。

（三）乡镇企业发展相对滞后，农民持续增收难度大

生产发展、农民增收必须要有产业支撑，而在滇东南边境民族地区，产业基础十分薄弱，农村产业和乡镇企业有限，农民增收面临缺乏产业支撑难题。乡镇企业是农村经济发展的龙头，是沟通城乡的桥梁和纽带，是农村工业化、城镇化的重要载体，是转移农村富余劳动力的主要阵地，是增加农民收入的重要途径[②]。然而，在滇东南边境民族地区，由于政策执行边际效应

---

① 红色旅游，是指以革命纪念地、纪念物及其所承载的革命精神为吸引物，组织接待旅游者进行参观游览，实现学习革命精神，接受革命传统教育和振奋精神、放松身心、增加阅历的旅游活动。

② 王俊程、武友德、赵发员：《农村青壮年劳动力过度流失对新农村建设的影响与解决对策》，《北京工业大学学报》（社会科学版）2009年第5期，第6页。

递减以及农业产业结构不合理、产业结构单一、商品化程度不高等原因，乡镇企业发展还相对滞后，对于有效转移农村富余劳动力、拓宽农民增收渠道、促进农民增收的作用不是很明显。究其原因，是由于滇东南地区产业基础薄弱，这不仅体现在基础设施、公共事业上，还体现在经济基础、金融、物流运输、信息流等方面。以产业发展依赖较强的金融业为例，滇东南边境民族地区存在农村金融机构不健全、金融机构网点少、涉农产业资金饥渴、效益差等问题，这短期内造成农民借贷难、产业发展难，长期则制约了农村经济的发展，进而拉大城乡差距。

另外，随着市场经济的发展，目前乡镇企业的发展遇到了企业改制、结构调整、产业升级、融资难、抵押难等方面的问题。其原有的产业结构和企业制度同当今的经济发展步伐的矛盾日益突出，产品的雷同化、加工的初级化、布局的分散化、管理的低效化都阻碍了乡镇企业的发展。

（四）边境贸易发展相对缓慢，市场发育不成熟且市场化程度低

从地理区位来看，滇东南边境民族地区具有口岸贸易的优势，成熟的边境贸易既可带动区域经济发展，又能促进农民增收。然而，滇东南边境的交通、口岸等配套基础设施建设还相对落后，边境口岸开放程度不够高，口岸贸易发展较为缓慢。另外，边民自给自足的小农意识根深蒂固，商品意识严重缺乏，再加上市场化组织程度不高，作为单个个体的小农生产零星分散，其规模经济效应无法体现。在边境民族地区，至今仍然保留着大量的自然经济、计划经济的行为模式，自给自足的农业生产占主导地位，农民增收无门的现象普遍存在。

三、边境民族地区人口素质低、人才匮乏，影响科教兴国和农民增收致富

虽然新农村建设主体工程完成后，农民的观念、文明程度和素质有所提高，但边境民族地区农民的人口素质和农村人才的质量数量与内地和发

达地区相比仍存在很大差距，教育资源的长期不足导致农民综合素质低下进而致使其接受新技术和新观念的难度大。此外，农民职业技能的缺乏，制约了农村的劳动力输出和创业致富。近年来，虽然农民进城务工有大幅增长趋势，但相当比例的农民即便进了城也仅能从事体力工作，而且由于从事的工种缺乏核心竞争力而不具稳定性。客观来讲，由于农民工缺乏知识和修养、观念落后，在城市往往也成为弱势群体和安全隐患的代名词，一小部分由于愚昧无知，甚至遭人行骗或被非法组织利用。上文提到农村接受中高等教育的人数比例严重偏低，进一步使得边境地区发展缓慢。课题组认为，边境民族地区人口素质低、观念落后、人才数量和质量偏低主要有如下一些原因：

（一）计划生育政策落实不到位，优生优育无保障

课题组在调研中发现，虽然国家实行了奖优免补等一系列政策措施，但在滇东南边境民族地区，早婚早育、多生超生现象普遍，相当数量家庭的生育间隔期也不符合政策规定，部分农民对计划生育政策不理解，存在抵触心理。

经分析，课题组认为，其主观方面的原因是观念落后。由于受自然条件、文化传统、宗教习俗等因素的影响，边境民族地区农村"重男轻女、养儿防老"的传统观念短期内难以改变。客观上，是由于边境民族地区的计划生育政策相对宽松。20世纪70年代末以来，由于部分少数民族人口少、新生婴儿死亡率高等原因，我国对少数民族地区实行较为宽松的计划生育政策，这种差异化政策的长期延续导致了我国少数民族人口增长速度远远高于全国平均水平。事实上，改革开放以来，随着经济社会的快速发展、教育水平的提高和医疗卫生条件的改善，少数民族新生婴儿死亡率已经明显下降，对于大多数少数民族来说，已经不存在种族繁衍的数量问题。其次，农村生、养孩子的成本低也是农民敢于多生的一个重要原因。当我们为他们养育孩子感到忧虑时，大多数受访者持有"养儿不算饭食钱"的观点。一些青年在连自己的生活都尚无着落之时就结婚生子，而且为数不少的人未办理合法手续就先结婚生子。早婚早育、非婚先育、近亲结婚、

节育避孕意识差，这些都使得优生优育无从落实，人口出生率、新生婴儿缺陷率、营养不良儿童比例高等问题在这些地区短时间内很难避免。另外，部分村寨以山地为主，农民往往广种薄收，为了生存，需要不断开荒种地，于是这些地区认同多生孩子以分担繁重农活的观点。随着孩子的增多，负担的加重，一些孩子缺乏良好的家庭教育和学校正规教育，错过了黄金教育期，最后又沦为低素质的体力劳动者，于是便陷入了越穷越生、越生越穷的恶性循环怪圈。

（二）农村教育资源缺乏，制约人口素质的提高

课题组调研过的 13 个滇东南边境村寨中，有近 10 个村寨新中国成立至今没出过一名大学生，高中生的比例也远低于内地村寨。边境民族地区的教育问题仍然十分突出：一是"普九"落实难，尤其在滇东南边境村寨地区，即便"普九"已得到落实，教育质量也难以保障；二是直接面向农民的科技和创业培训的广度、深度不够，一些职能部门虽然举办了一些讲座和培训，但有流于形式的倾向；三是真正对促农增收有针对性、可行性的职业教育学校少，师资不强，使得农村教育处于"基础教育无保障、成人教育在观望、职业教育无希望"的局面。经分析，课题组认为，滇东南边境民族地区基础教育问题仍然突出的原因除教育资源不足、居民居住分散致使学校离家远、家庭经济困难、社会风气等影响和制约外，还与一部分家长认识不到位、观念落后密切相关。而认识不足、观念落后反映出的深层问题是人口素质的低下。职业教育和农村成人教育培训缺乏的原因主要是层面上重视不够、政策不实、落实不力等。

（三）农村资源匮乏，吸引人才的机制欠完善

农村穷是表象，缺产业才是本质，而缺产业的背后是缺人才、缺资源，缺人才的根本原因则是农村地区缺乏吸引人才的各类资源和相应机制。

首先，从历史角度看，边境地区的形成与这些地区自然地理条件恶劣、资源匮乏、不便管理有极大关系。边境地区往往是历史上两邻国都对其缺乏

占有欲的地区，一些地区甚至不适宜人类生存，这类地区对人才的吸引力注定不如内陆和资源丰富的地区，即便是本土人才，在边境地区创业也可能陷入收益少、风险高的困境，外地人的机会成本就更高，在有些艰苦地区，甚至存在"英雄无用武之地"的窘境。

其次，边境地区交通等基础设施建设滞后，物流、资金流、信息流不畅等会间接增加生产、生活成本。课题组到边境一带调研时发现，多个边境乡镇和县城的日用品及饮食的价格反而高于云南省省会昆明，起初我们以为这是由于歧视"外地口音"，经本地朋友解释，才明白运费高、当地粮食蔬菜产量低和规模经济不突出才是边境地区物价反而高于省会城市的主要原因。这种情况在文山州的富宁县、麻栗坡县和红河州的绿春县都非常突出，而这些地方的收入水平是无法和省会城市相比的，这也是这些地区难产出有竞争力产品、难吸引人才的主要原因之一。主持人的学生算过一笔账：就算能顺利到富宁县国有单位工作，工资至多 2000 元 / 月，但富宁县城的饮食价格高出昆明近 50%，在富宁县的生活成本差不多要 1000 余元 / 月。所以，当主持人问到这个学生毕业回富宁工作还是要在昆明时，他毫不迟疑地回答"在昆明"。

再次，越是落后的地区，人才意识越是淡漠，这几乎是全世界共有的现象。人才是优质的人力资源，具有趋利性，要让人才为我所用，必须给予其相应的待遇和地位，特别是用人单位对人才的尊重程度直接左右着人才的选择。对人才的漠视问题在边境地区更为严重，这使得有更好选择的本地人才都很不愿在当地扎根，吸引或留住外地人才为边境地区服务就更是难上加难。

最后，虽然许多地方政府已意识到边境地区缺乏资源、生产生活成本高，也曾经或计划出台一些补偿和优惠政策，但苦于财政困难和机制不健全，即便落实了一小部分，也属于杯水车薪。

（四）不良风气、陈规陋习影响和制约农民观念和素质的提高

受安土重迁的文化传统的影响，边境民族地区农民不愿远走他乡外出务工，"家乡宝"意识浓。课题组在调研的过程中发现，一些农民也曾经外出务工，但是缺乏就业技能，竞争力不强，薪酬自然难以令其满意；有的农民因为缺乏社会阅历或贪图便宜，到城市后上了职业骗子的当，这会使他们对社会产生恐惧和不满，越是这样，不愿外出务工的边民在思想、实践等方面就越落后于内地群众；一部分家长由于家庭困难和受就业压力的影响，送子女入学的积极性不高，甚至在教师的动员下还偶有拒送子女入学的现象；一些初中学生因家庭无力支付上学所需费用而被迫辍学；一些学生受打工潮、就业导向等影响而非正常流失；一些学生受陈规陋习和封建思想等影响而过早婚嫁，这些都不同程度地阻碍了边境民族地区群众素质的提高，制约了经济社会的发展。此外，边境民族地区信息闭塞也是影响和制约农民观念和素质提高的原因之一。

综上所述，对于边境民族地区来说，少生优生优育的优越性、科学技术对生产生活的积极影响、知识改变命运等方面的宣传还需加强，改善农村基础设施、调拨资源向边境倾斜、吸引优秀师资到边境任教、扩大中等职业教育、开展农民科技培训、加强基层政府及村干部队伍建设等方面仍然存在许多需要攻坚的难题。

四、边民资金缺口大，农村金融体系不完善，农民借贷难 ①

对农民来讲，必要时借贷可缓解资金供需矛盾，满足个人与产业发展及其他急需。借贷还可加速社会资金流动和利用，乃至促进农村经济的发展。应该说，在市场经济时代，借贷是常见的经济现象。资金本身不会增值，只有在流动和转移中才会增值并创造出更多的社会效益。

课题组的调查统计表明，在滇东南边境民族地区，许多农户在新农村建设的入户工程结束后，都已将家中的积蓄用光，1/3 左右（100%—

---

① 对农民乃至个体来说，借贷比贷款或融资更恰当。因为借贷涵盖了民间借贷和与金融机构间的贷款，而贷款一般指与金融机构的借款。融资则有更多的内涵，部分融资形式不存在债务关系，比如企业上市融资。

62.2%=37.8%）的家庭还借了款，对比研究村寨的这一比例为100%—56.1%=43.9%，见表4—3。

表4—3　负债情况

| 村寨类型 | 统计方式 | 建新农村借款（元） | | | | | | | 合计 |
		0	0—5000	5001—10000	10001—15000	15001—20000	20001—30000	>30000	
滇东南边境村寨	人数	216	65	28	8	15	10	5	347
	百分比	62.2%	18.7%	8.1%	2.3%	4.3%	2.9%	1.4%	100.0%
对比研究村寨	人数	160	87	15	4	7	6	6	285
	百分比	56.1%	30.5%	5.3%	1.4%	2.5%	2.1%	2.1%	100.0%
合计	人数	376	152	43	12	22	16	11	632
	百分比	59.5%	24.1%	6.8%	1.9%	3.5%	2.5%	1.7%	100.0%

众多农民负债使得一部分农民在新农村建设主体工程结束后借贷更难。当问及"假如您家急需一笔钱，和新农村建设前相比，是更好借还是更难借？（如想扩大再生产、做生意、子女上学、家人得病等情况）"时，滇东南边境村寨的347个受访者中，31.4%的人认为更难借，37.5%的人认为更好借；对比研究村寨的285个受访者中，28.7%的人认为更难借，37.2%的人认为更好借，见表4—4。

经了解得知，认为更好借的原因主要是贷款政策比以前好，而选择更难借的人将主要原因归为亲友大多负债。这是因为新农村建设是以村为单位，农村具有同村亲友多的特点，由于全村都在搞建设，新农村建设主体工程完成后，往往会出现全村大多数农户都无余钱的现象。农民借钱的习惯一般是先向亲友借，其次才是向银行借。在能借的亲友都借了个遍的情况下，只能向金融系统求援。但当前农村金融体系存在问题：金融机构不健全，无法满足农村日益增长的资金需求；客户信誉差，坏账比例高；农户担保难、借款难；部分人为解燃眉之急求助高利贷。这些问题的存在，短期内造成农民借贷难、产业发展难，长期则制约了农村经济的发展进而拉大城乡差距，此外，还会给农村高利贷的生存留下空间，损害农民群众的切身利益，影响农村的安定与和谐。

表4—4 借钱难度变化情况

村寨类型 * 借钱难度					
村寨类型	统计方式	借钱难度			合计
		更难借	和以前差不多	更好借	
滇东南边境村寨	人数	109	108	130	347
	百分比	31.4%	31.1%	37.5%	100.0%
对比研究村寨	人数	42	137	106	285
	百分比	28.7%	34.1%	37.2%	100.0%
合计	人数	151	245	236	632
	百分比	23.9%	38.8%	37.3%	100.0%

（一）金融机构不健全，无法满足农村日益增长的资金需求

相较城市银行林立的现实，农村乃至乡镇的金融机构屈指可数，这是由于农村人口密度小、人均存贷款量远低于城市导致的，这客观上造成农民贷款难的现实。此外，目前正规的农村金融体系不健全，功能发挥较差，资金供需失衡，无法满足农村日益增长的资金需求。随着金融体制改革的不断深化，大部分银行把金融服务的眼光投向了城市中信用好的优质客户，面向农村和乡镇的只有农村信用社、农业银行和邮政储蓄银行。[①]

农村信用合作社服务网点延伸到乡镇一级，是农村金融的主力军和联系农民最好的金融纽带。农村信用合作社对农村经济的发展作出了突出的贡献，成为农民、农业和农村经济发展不可或缺的重要金融支持力量。但农村信用合作社在发展过程中也存在偏离服务农村的正轨，互助合作性质削弱等问题，这影响了农民入社的积极性。部分分社在自负盈亏、追求自身利益最大化的经营宗旨下，将其资金向收益相对高的城镇流动，贷款也主要集中于乡镇企业，需要资金贷款的许多农民难以得到金融支持，贫困农民被无情地拒之于门外。

农业银行作为四大国有银行中唯一一家面向农村发放贷款的金融机构，

---

① 胡红霞、赵发员：《试析贫困地区农村高利贷的成因、影响及对策》，《云南行政学院学报》2009年第4期，第164页。

计划经济时期，它在县域经济中担负着重要的金融服务职能，在保障支农资金需求、促进农村商品流通等方面发挥了积极作用。而目前农业银行在农村经济发展中发挥的作用并不是很明显，主要因为：

第一，自从1996年改革以后，农业银行开始走上了商业化的道路，商业银行的"盈利性、流动性、安全性"的经营原则与农业生产的"长期性、分散性、高风险性、弱补偿性"相悖，农业银行的农村金融主导地位逐渐弱化，其不愿意、也很难在经济基础薄弱的农村开展金融业务。

第二，程序复杂，农民贷款太难。一笔贷款要经过调查、担保、审批等多个环节，所需时间长，不能及时满足广大农户的需求。

农村邮政储蓄银行客观上活跃了农村经济，但其"只吸收存款，不办理贷款"的单项服务无法满足农民发展经济的资金需求，其把所吸收的存款转向城市，带给其他融资主体，客观上使得农村金融供给市场更加恶化，影响了农村经济的发展。

总之，农民在正规金融机构里的存款和贷款相比，前者远大于后者。这都说明金融机构不是在向农村输血，而是抽血，把农村本来就稀缺的资金不平衡抽离农村。① 2008年10月12日十七届三中全会通过的《中共中央关于推进农村改革发展若干重大问题的决定》和2009年12月31日发布的《中共中央国务院关于加大统筹城乡发展力度，进一步夯实农业农村发展基础的若干意见》中均提到"进一步完善县域内银行业金融机构新吸收存款主要用于当地发放贷款政策"，这也侧向印证基层金融机构对农村确实存在"抽血"倾向。

（二）客户信誉差、坏账比例高

相较城市以工薪阶层为主体的个体贷款者，农户具有信用意识低、信誉差的特点，这是农村金融机构坏账比例高的主要原因。高比例的呆账坏账致使农村金融机构有钱不敢贷，这样的现实有如下几个原因导致：（1）由于

① 李炳炎、淡炎鹏：《当前我国农村高利贷及其治理》，《现代经济探讨》2002年第6期，第7页。

没有固定收入，在农民增收难的现阶段，其偿还能力普遍偏弱，一部分主观上讲信誉但心有余而力不足的人客观上也与不讲诚信的人一样制造了呆账、坏账；（2）一些农民缺乏诚信意识和责任感，借钱时压根儿就未考虑还钱事宜，过着得过且过的日子；（3）部分农民对央行征信系统的认识不足，他们中的部分人认为不还款的代价无非是今后无法与放贷机构再贷到款而已；（4）部分农民缺乏远见，只看到眼前利益，以为今后不再需要贷款，认为大不了以后不借钱，持有这种观点的尤其以中老年人为多；（5）农民居住分散，位于乡镇或县城的网点及有限的几个业务人员客观上很难做到每放一笔贷款都上门调查，也不可能做到一一上门催款，何况绝大部分农民借款金额不高，为了几百元钱放贷银行进行入户调查或上门催都不太现实；（6）对于充其量只属于民事纠纷的金融业务来说，放贷方对农民缺乏有力的惩处方案。金融机构对贷款方直接的惩处方案是经济手段，贷款黑名单、不诚信记录对一部分缺乏远见或者预期今后不再需要贷款的农民来讲缺乏震慑力。而在城市，放贷方惩处工薪阶层的渠道更多，比如与贷款方所属单位协调直接扣发工资等，事实上，单是不诚信记录对于当前几乎人人都需贷款购房、人人是"房奴"的工薪阶层来说就具备相当大的震慑力。

农村金融客户信誉差、坏账比例高还与部分农民心存侥幸心理和扶贫政策有缺陷有关。近年来，惠农政策不断升级，除补贴外，偶尔还会有一些救济款。在有的村寨，救济款会优先赈济给有贷款的农民。在农村，贷了款的人最贫困几乎是不容置疑的公理，于是也就会给部分农民造成"不贷款、信誉好的农民吃亏，贷款、赖账的农民得实惠"印象。在这种情况下，今后不再需要贷款、目光短浅的农民在经过"博弈"后就可能会出现有钱不还的情况，当这类人达到一定的数量时就可能出现"劣币驱逐良币①"的现象。

---

① "劣币驱逐良币"，也称"格雷欣法则"或"格勒善定律"，为16世纪英国伊丽莎白铸币局长托马斯·格雷欣提出。他观察到：消费者保留储存成色高的货币（贵金属含量高），使用成色低的货币进行市场交易、流通。此后，此定理也被广泛用于非经济学的层面，许多"好事物"被"不好的事物"挤出"市场"均可用这一定理来解释。例如：假冒劣质产品在多种渠道向正牌商品挑战，作弊的学生可能比守规则的学生出路多，习惯不好的人可能比习惯好的人受欢迎等。在信用领域的"格雷欣法则"即失信者得利，守信者失利的现象。

(三) 农户担保难、借款难

农户缺乏担保条件造成了农户借款难、银行放贷难、坏账多的局面。担保难有三个原因：第一个原因是农民缺乏担保人、抵押物。愿为农民提供担保的大多是农民亲友，很多时候还存在着"愿担保的农民亲友无条件，有条件的亲友不愿担保"的现象。目前农村住房用地属于宅基地和集体用地，加之在农村未推广房屋产权登记制度前，不能作为抵押贷款，所以需要融资的农民不像城市工薪阶层一样既可用房屋产权抵押，还可以用收入证明和诚信记录贷信用贷款；第二个原因是适合于城市的担保方案在农村不适用。当前的融资担保主要有担保人和财产两种，担保人也同样需要存折等财产抵押，本质上是连带财产担保。对绝大部分需要融资的农民来说，他们一无存款，二无房产，三无稳定收入。农民具有的多是生产生活资料、土地、牲畜等，按法律，土地不可能作为担保抵押物，生产生活资料和牲口不像房产证或存单一样，可采用抵押并标记的方式就能使抵押过的物品无法上市交易。普通农民都具备的生活生产资料和牲畜的担保方案在当前还不具备可行性；第三个原因是绝大部分农民即便贷款，其额度也不高，常常在因病或购买生产资料时才会贷款，数额多集中在 5000 元以下。而这样数额的贷款从经济效益的角度来讲，放贷方不具备系统评估、审核担保条件的经济可行性，这是多家商业银行在 20 世纪 90 年代后退出农村、收缩网点的主要原因。他们的战略选择决定了其宁可放弃少量农村优质贷款也不愿承担大量无有效担保条件的农民客户的风险。总之，农民担保方式单一、借款难还是一项有待攻克的难题。

(四) 农村高利贷屡禁不止

高利贷作为民间金融中的一种形式，是指索取高额利息的贷款。高利贷的利息往往大幅超过社会公认的水平线，是民间借贷的一种扭曲形式。高利贷具有手续简便、利率高、不正式、问题多、危害大、隐秘性强等显著特征。在滇东南边境民族地区，由于农民收入少、抗风险能力低，部分农民在急需用钱又手无余钱时，向信贷部门贷款存在诸多困难，往往会求助于高利贷。加之相关部门对边境一线的农村金融体系监管难度大，农村高利贷是一个不可忽视的问题。据了解，我国农村高利贷有 0.8 万亿元至 1.4 万亿元 [1]。农村民间高利贷在一定程度上缓解了农村资金供需矛盾，对促进地方经济的发展、解决个人和企业生产及其他急需、弥补金融机构信贷不足、加速社会资金流动和利用起到了遗失补缺的金融调剂作用。但总的来讲，民间高利贷的弊大于利，在农村经济社会发展中有诸多消极影响。高利贷的发展和蔓延，干扰了国家正常的借贷秩序，扰乱了金融业的正常运行，影响了国家利率政策的实施。高利贷会引发一系列社会问题，与高利贷往往同时存在的带有黑社会性质的组织更是会影响社会的安定与和谐。对于这些我们须给予高度重视，采取有力措施加以整治，尽快完善农村金融体系，消除农村高利贷，净化农村金融环境，扫除新农村建设前进道路上的障碍，进而推动农村经济社会又好又快发展。

五、基层组织建设存在问题，在新农村建设中的作用还有待加强

　　农村基层组织处于各种矛盾纠纷的交叉点上，是党和政府联系和接触广大人民群众的桥头堡，是维护社会安定的第一道屏障。对于集边境、民族、贫困、落后、山区、原战区于一体的滇东南边境民族地区来说，加强农村基层组织建设意义重大。

　　实践证明，农村各项工作千头万绪，抓好包括村党支部、村民委员会、共青团、妇联、民兵、农村产业协会等村级组织建设是根本，是关键，是必须做好的基础工作。因为农村基层党组织是带领农民群众发展农村经济、增加农民收入的发动者和组织者，是农村各项事业的领导核心。在 2005 年 12 月 31 日《中共中央、国务院关于推进社会主义新农村建设的若干意见》中明确要求："不断增强农村基层党组织的战斗力、凝聚力和创造力。充分发挥农

---

　　① 　陈柳钦：《我国农村民间金融发展问题探讨》，《西华大学学报》2006 年第 2 期，第 39 页。

村基层党组织的领导核心作用，为建设社会主义新农村提供坚强的政治和组织保障。"① 农村基层党组织只有结合本地实际，因地制宜，规划出切实可行的发展目标，理出可行的经济发展思路，群众才会跟着走，跟着干，才能发挥其战斗堡垒作用，才能实现社会主义新农村建设的目标②。近年来，农村基层组织在基层党组织的领导下，在动员群众、上情下达、民意反馈、村务公开、民主决策、人才培养、"两委"干部选举等方面得到长足发展，在新农村建设中发挥了重要作用。在取得巨大成绩的同时，我们也客观地看到，伴随着农村的发展和人民不断增长的多元化需求，当前农村基层组织建设和运行中也暴露出许多问题，而这一切，在基础薄弱的边境民族地区更为严重。

在我们的实证研究中也反映出部分"两委"及村小组负责人疏于对国家的相关政策和"三农"知识的学习而认识不足，在政策宣讲、动员群众等方面做得不到位，部分群众对政府的决心和建设力度方面存在不信任感，甚至心存质疑，尤其是那些曾经响应过政府号召大量种植过某经济作物而失败的群众，他们对新农村建设有一些怀疑。当问及"新农村建设主体工程完了，现在您最希望政府为您解决什么问题？"时，滇东南边境村寨的347个受访者中，有10.4%的人回答"没有"，25.9%的人回答"其他"；对比研究村寨的285个受访者中，13.0%的人回答"没有"，27.4%的人回答"其他"，见表4—5。

表4—5　希望政府解决的问题

村寨类型	统计方式	希望政府解决的问题				合计
		本地就业	借钱	没有	其他	
滇东南边境村寨	人数	77	144	36	90	347
	百分比	22.2%	41.5%	10.4%	25.9%	100.0%
对比研究村寨	人数	103	67	37	78	285
	百分比	36.1%	23.5%	13.0%	27.4%	100.0%
合计	人数	180	211	73	168	632
	百分比	28.5%	33.4%	11.6%	26.6%	100.0%

① 人民出版社：《中共中央国务院关于"三农"工作的一号文件汇编》，人民出版社2010年版，第131页。

② 胡红霞：《新农村建设中的农村基层党组织建设途径探析》，《陕西行政学院学报》2009年第2期，第102页。

经了解，课题组得知，选择"没有"和"其他"中的大部分人不是真的没有问题和希望，而是认为即使有问题政府也解决不了，所以干脆说没有。这其中能感受得到对政府缺乏信任，这在深度访谈中"您怎样看待／评价新农村建设？在新农村建设方面，对政府有何意见和要求？"的回答中也有所体现。虽然绝大部分群众均高度认可新农村建设，有村民甚至说："政府免农业税，帮扶农民进行水电路气房建设，改善人居环境、村容村貌的做法历朝历代没有过，这么好的政策只有共产党干得出来。"但还是有一小部分村民颇有微词，如"新农村建设是冬天的大黑蜂——空壳"、"新农村建设是小马拉大车"之类的鲜见提法还是反映了有一小部分人对新农村建设中产生的问题进行了深入的思考，一些问题已经到达刻骨铭心的地步。此外，还有一部分人对此问题无话可说。课题组认为，除了对问卷工作不支持外，还能说明这部分人对新农村建设的投入或政府高强度的支农惠农举措熟视无睹，这类麻木的表态也折射出其"等、靠、要"思想的严重，理直气壮地认为支农惠农是理所当然，这是一种悲哀的认识。基于近年来国家对"三农"问题的高度重视和支农惠农的强大力度，出现这种说法是很遗憾的。这也说明，党中央、国务院关于新农村建设农民是主体、要尊重农民意愿、考虑农民的承受能力的提法是高瞻远瞩之举。基层组织是离农民最近的组织，在发挥优势、履行职责、宣传开导动员群众工作方面还需加强，党中央、国务院及各级政府的相关精神还需落实。

另外，课题组在入户调查过程中也了解到，部分村寨在进行公共事业建设，如修建进村道路、村民活动室、运动场、水池等需要征用、置换部分家庭的土地时，在有的村寨工作很容易开展，而在有的村寨进度却很缓慢，而且征用、置换成本较高。除情感或封建迷信等原因外，课题组认为其主要原因是部分基层组织的工作缺位，乃至不作为。经分析研究，我们认为当前边境民族地区农村基层组织主要存在如下一些问题和困难。

（一）对农村基层组织重视不够，投入不足

1.办公经费、硬件投入不足

自 2004 年以来，中央 1 号文件连续 7 年聚焦"三农"，"三农"问题是

各级党和政府工作的重中之重，我国"惠农"政策也在连年升级。但从我们的实地调研看，县、乡/镇两级政府对农村基层组织的重视还不够，还停留在口头重视，行动上有待改善、经费上有待提高的层面。政府虽然出台了一些政策，"两委"换届选举方案、工作机制也在不断完善，但在贯彻和执行的过程中还存在着一些问题，甚至对基层的"两委"这类核心组织也存在重视不够的问题。

自 2006 年 1 月 1 日我国全面取消农业税后，各地也相继取消了"三提五统 ①"，而政府对基层组织的经费追加幅度十分有限，基层组织运行经费问题随之凸显。在 1998 年 11 月 4 日第九届全国人民代表大会常务委员会第五次会议通过、2010 年 10 月 28 日第十一届全国人民代表大会常务委员会第十七次会议修订的《村民委员会组织法》中规定了村民委员会的职能职责，但没有硬性规定其正常运转的经费来源。第八条中规定"村民委员会依照法律规定，管理本村属于村农民集体所有的土地和其他财产，引导村民合理利用自然资源，保护和改善生态环境。"第三十七条中提到"人民政府对村民委员会协助政府开展工作应当提供必要的条件；人民政府有关部门委托村民委员会开展工作需要经费的，由委托部门承担。村民委员会办理本村公益事业所需的经费，由村民会议通过筹资筹劳解决；经费确有困难的，由地方人民政府给予适当支持。"从《村民委员会组织法》中可看出，法定的基层组织资金来源渠道主要有四个方面：一是村级集体财产和经济组织收益的提留；二是政府补助；三是接受政府委托而获得的经费资助；四是筹资。但是，在绝大部分边境民族地区，除县、乡/镇政府可能给予有限的资助外，其他三个方面的规定基本属于虚设：一来在边境民族地区基本没有集体企业；二来"人民政府有关部门委托村民委员会开展工作需要经费的，由委托

---

① "三提五统"是指村级三项提留和五项乡统筹。村提留是村级集体经济组织按规定从农民生产收入中提取的用于村一级维持或扩大再生产、兴办公益事业和日常管理开支费用的总称。包括三项，即公积金、公益金和管理费。乡统筹费，是指乡（镇）合作经济组织依法向所属单位（包括乡镇、村办企业、联户企业）和农户收取的，用于乡村两级办学（即农村教育事业费附加）、计划生育、优抚、民兵训练、修建乡村道路等民办公助事业的款项。2006 年 1 月 1 日起废止《农业税条例》的时候一并取消"三提五统"全面停征农业税，这一词语也就成为一个历史名词。

部门承担。"这一规定也很难落实，因为村"两委"本就有完成人民政府委托事项的义务，在乡镇财政本就吃紧的边境民族地区，即便乡镇政府有心也会无力；三来"村民委员会办理本村公益事业所需的经费，由村民会议通过筹资筹劳解决"这种方式在边境民族地区也基本上没有普遍的可行性。从我们到过的 13 个村委会看，没有一个村委会能自筹经费。

从硬件方面看，边境民族地区农村基层组织投入也是严重不足。首先是许多"两委"办公场所改造投入不力，有的地区十余年来由于经费困难无力修缮。从我们调研的情况来看，滇东南边境一带还有一些村委会的办公楼是以前的土木结构的老楼，有的还属危房之列，光线昏暗，周边环境极其恶劣。而除"两委"外的团委、计生组织、民兵组织、护林组织、农业科技推广组织、产业协会等新型组织几乎都没有专属的办公场所。设施配备方面看，部分暂无下派村官的村"两委"还未完全实现"水、电、电视、电话、电脑、宽带"六通，不能满足新时代村组织的发展需要。在调研过程中我们还发现，个别村"两委"为节约经费，虽然上级为其配备了电视，但他们竟未开通闭路电视，有些有电脑的"两委"也未接通宽带。这不利于干部的学习和成长，也不利于村干部及时了解最新政策、知晓外界信息。

另外，几乎所有我们调研过的村落都存在办公经费短缺的问题。大多数村的基层组织由 10 人到 20 人组成（包括"两委"外的其他组织），一年的办公经费在两万元以内，在没有创收项目的边境一带，这部分经费连维持正常接待和村干部到乡镇、县城开会的交通费用以及水、电、电话、电视费用都有困难。由于供求关系和边境村寨离城市较远的缘故，边境一带的物价甚至比城市还贵，加上近年来物价飞涨，使得本就有限的经费更显得捉襟见肘，这对工作的开展无疑会带来很大的不便。

基层组织运行经费缺乏，首先导致基层组织公共服务功能弱化，会逐步使得基层组织的影响力、号召力、凝聚力相应减弱。此外，经费缺乏也是部分基层组织领导在国家的"三农"扶持资金上打主意的原因之一，于是可能形成基层组织和工程承包方狼狈为奸，搞豆腐渣工程，甚至出现欺压百姓等问题，使有限的扶贫资金大打折扣。个别地区出现群体性突发事件，往往就是农民不信任基层组织、矛盾上升所致。从这些角度来说，重视基层组织、加大投入和帮扶力度、树立党和政府在农村的形象、取信于民既是天经地义之事，也是刻不容缓之事。

2. 对基层干部物质待遇投入不足

在实地调研中，几乎所有基层组织干部都向我们"叫苦、叫穷"。他们觉得当前基层组织在运行过程中，个人层面最重要的问题就是待遇低。经了解，当前滇东南 6 县的农村基层组织中，大学生村官的待遇最高，加上过年过节费用实际待遇在 1500 元 / 月左右；其次是村支书和主任，根据各县财力的不同，物质待遇也有所不同，但总体说来在各县购买力相当的情况下，在 600—900 元 / 月（支书主任一肩挑者多 10% 左右），副支书、副主任在 500—700 元 / 月，村团支书和计生员的待遇在 300—500 元 / 月，护林员的待遇在 200—300 元 / 月，武装干事、妇女主任、卫生防疫员、妇幼保健员的待遇在 150—300 元 / 月，烟草辅导员 200—300 元 / 月，农科员 150—200 元 / 月，村小组组长、会计和统计员的物质待遇在 20—40 元 / 月，其余新型组织负责人暂无待遇。

偏低的待遇与他们的辛劳付出不成正比，这一方面吸引不了能带头致富的村寨精英，另一方面会挫伤干部队伍的积极性和创造性。此外，偏低的待遇和辛劳的付出会催生他们严重的不公平感进而导致腐败。以支书主任为例，近年来随着新农村建设的持续推进，惠农政策的不断升级，基层的工作量有增无减，为开展工作他们风里来雨里去，由于边境一带地势崎岖，加之没有交通工具，在发动群众、督促工程开展、调解纠纷时基本都需要徒步进村，其辛劳程度不言而喻。支书和主任一般需要近一半的时间在"两委"驻地办公，在关键时刻、农忙时节经常需要舍小家顾大家，一无周末，二无节假日，因此党性不强、随波逐流、怀侥幸心理的基层干部往往就会铤而走险。

我们还要注意从横向比较：一是要关注市场行情，当前在滇东南县、州级普通农民工的工资在 1500—2000 元之间；二是基层干部在当选前大都是当地知晓度、美誉度较高的精英，他们的预期收入要高于一般农民群众。由此可见，"两委"主要干部的物质待遇确实偏低，其他组织领导的待遇则更低。我们在马关县金厂镇老寨村调查时，村委会主任甚至向我们表露出有请辞主任职务而进城务工的念头，主要原因来自两方面：一是自然条件太差，带领群众致富的理想难以实现，觉得英雄无用武之地；二是两个孩子在上初中，当前微薄的工资收入难以维持正常开支。另一个村小组长更为实在，他说当村小组长主要是为了奉献，一个月30元的工资还不够电话费和正常接待（村民为了村小组之事进家泡茶或喝酒），如果村委会或乡镇来人，需要接待的话，一顿饭的花销一年收入都不够。他说如果没有工程、项目的村寨，村小组组长、会计基本上没有任何实惠。他向我们透露了其中的玄机，在有工程和项目的村寨，承包方、施工方为了讨好或感谢村干部的信任和支持，会有物资或经济上的照顾。这也印证了我们对"偏低的待遇、不成正比的投入和回报会导致不良的后果"的推断。

此外，村干部与村官反差较大的待遇也在一些地区导致了一些严重问题。有的支书和主任认为，自己的职位更高，资历更老，更有工作经验，收入不该低于村官，于是他们会产生不公平和抵撬心理。在农忙或遇到棘手问题时常会将之推给村官，他们的理由是：拿得多就应该干得多。由于村官年龄较轻，缺乏实战经验，有时本该在萌芽状态就解决的事往往疏忽、控制不了，有的本该在村小组或村委会解决的事情被推到乡镇甚至县、州。更有甚者因为心里有气，抓住村官酒量不济和惧怕村中"土狗"等问题说事，以便给村官"下马威"。此外，偏低的待遇会促使个别村支书和主任寻求权力寻租，在村重大问题上，为了独占好处，他们还会联合起来排挤在他们眼里"收入高人一等，学历高人一等，能力低人一等"的村官。这些问题的出现不仅会扩大事态、造成不良影响，还会影响基层组织的团结和稳定，也严重违背了选派大学生村官的宗旨。

（二）基层组织人才稀缺，长效培训机制尚未构建

1. 基层组织干部队伍素质偏低，观念落后

边境民族地区具有居住分散、封闭落后、文化多元、多语并存等特点，使得这些地区人均教育资源短缺，文教事业发展滞后，进而导致了人才匮乏，人口素质低下，观念落后的恶性循环。虽然从某个角度来说基层干部是当地精英，但他们大都缺乏正规教育，科技意识不强，眼界不开阔，把握机

遇的能力不强，带领群众致富能力差。在交谈中，我们还发现大部分干部观念也较为落后，"等、靠、要"思想也比较严重。甚至有的干部一开始就不配合我们的调研，直到有熟人引荐，并向我们说明调研初衷是："想了解基层组织运行的现状与难点，进而探索破解对策，向政府和社会呼吁，要加强基层组织建设"，并保证我们的报告中不会出现地名和人名的情况下，他们才同意介绍一些当地的情况，但在交谈中他们还是表现得非常的谨慎。这从好的方面讲是政治成熟，但我们从中看到更多的是僵化保守。我们有"哀其不幸、怒其不争"的感觉。这种人，我们不仅怀疑他对中国国情的把握，也怀疑他如何带领群众摆脱无知和贫穷。我们认为，这样的现状主要有两个原因导致：一是由于教育资源匮乏，边境一带居民素质整体偏低，即便是当地精英也不能满足科技日新月异的知识经济时代的需求；二是由于上述基层组织待遇低，不能吸引地区首富或一流精英参与竞聘。在有的地区流传着"一流农民搞商贸，二流农民去务工，三流农民种田地，不三不四的当干部（村级）"的说法。我们认为，这种说法虽有点片面，但也不是完全没有道理，能反映出农村的一些现实。在个别地区，参与基层组织竞聘和任职的大都是家庭有牵累或缺乏闯劲的较为一般的精英。总体来讲，创新、创业型的，能够带头致富的人才进入这个行列的确实很少。

2. 基层组织工作人员缺乏长效培训机制

步入 21 世纪，科技日新月异，如果不重视学习培训，不善于学习，必将难以胜任管理和服务工作。但从我们调研的情况看，基层组织工作人员是缺乏培训，主要表现在岗前培训不足，工作中培训落实不力和对培训的投入不足几个方面。这是基层工作人员胜任力不强，难以做到与时俱进，在驾驭复杂问题时力不从心以及长期绩效不佳的主要原因之一。

虽然各级政府一向重视各类工作人员的教育培训工作，但对于基层组织工作人员来说，落实培训确实存在一些现实困难。一是大部分基层组织工作人员小农意识浓厚、见识短，对学习培训认识不足、重视不够，对于绝大多数人来说，主动学习基本没有可能性。更有甚者，即便是乡镇和县级有关部门明确要求的培训他们也会经常借故推托；二是农民们的文化层次和接受能力参差不齐，培训实施部门在培训内容的设定和培训方法等方面面临诸多困难；三是农村基层组织是一个相对来说较为松散的组织，除在换届后能较为集中地进行一次突击式培训外，很难组织日常培训；四是有的地方对基层组织工作人员的培训有"走过场"倾向，培训内容以形势政策类"假、大、空"者居多，参与培训者收效甚微；五是培训实施部门在培训师资的选择上存在问题，在与某县的人力资源社会保障局干部交流的过程中，我们得知，他们在选择培训师时一般先考虑分管的县领导、农业局长、人社局长、林业局局长、乡镇领导等正科级以上干部，官僚化倾向非常严重，至于具不具备培训资格和能力他们一般不考虑。他们认为，县级领导就是各方面的专家，权威比学识重要。其实，从实施的结果来看，所谓的培训大多搞成动员大会和领导讲话；六是由于培训投入不足和学员基本素质的参差不齐，未能将激励机制有效地运用到培训结果考核方面，致使农民参与培训的动力和压力不足，进而削弱了培训的效果；七是我们在访谈过程中，有基层干部说到很现实的问题，他们说，为了去参加培训有时把家里的活儿落下了，甚至还要自己负责来回车费，不合算，去培训也没有实惠和收获。

另外，自 2008 年以来，云南省大规模招考大学生村官，4 年来共计招录了约 18000 名村官（2008 年 2000 名，2009 年 10000 名，2010 年 3000 名，2011 年 3000 名）。虽然这部分大学生具有较强的适应能力和学习能力，但基于农村学习资源短缺、乡镇和县城对村官的培训体系尚未构建以及培训学习缺乏激励机制的现实，这类人除了上岗前经历过为期 7 天的集训外，在工作中对他们的培训往往只能用"以会代训"的方式进行。由于没有考核和激励，这种方式注定效果不佳。因此，现实情况往往是：主动好学的村官自学为主，而缺乏上进心、自学能力不强的村官，在人才本就稀缺的建制村往往会更加放松学习，从而造成了大学生村官眼高手低的现实，最终致使工作绩效不佳。

（三）基层组织相关运行机制欠完善，工作绩效不突出

1. 激励机制、运行机制欠完善

在调研过程中，我们发现基层组织运行机制存在两种突出问题：

第一类是激励机制不健全。课题组了解到，一些基层组织负责人的积极

性与主动性不高，缺乏务实精神，工作成效不明显。经分析，这与基层组织激励机制不完善有关。首先，几乎全县的基层组织的待遇是一致的，由于各建制村的面积、人口不一，环境条件也不一样，待遇一致的实质就是干多干少一个样儿，这有违多劳多得的基本分配精神；其次，为体现公平和提高分配效率，多数县分给建制村的办公经费也是一样的，大多是2万元/年。而据我们了解，人数多的村委会和人数少的村委会有时相差达到一倍之多；最后，由于缺乏有效的考评机制，这些基层干部的年终考核大都以定性和主管考评方法为主，只要不出大原则问题，结果都是合格以上，干好干差的结果基本一致，于是相当比例的基层干部选择不作为，这是自我利益最大化与监管难多轮博弈的必然结果。

第二类是运行机制欠完善。尤其是竞争共赢机制尚未构建，这主要体现在产业协会的运行上。调研中，我们得知许多村寨均结合本村实际作了产业发展规划，并建立了农村产业协会，例如养猪协会、苹果协会、草果协会、刺绣协会、香蕉协会、菠萝协会、橡胶协会等。应该说这些协会在农村产业的发展过程中起到了提供信息支持、整合资源等方面的作用。但我们也了解到，这些产业协会建设往往存在形式重于内容的问题，能起到的作用还仅限于一般的经验交流或普通的资源共享。由于农户之间存在竞争，在没有共赢和激励机制促进的情况下，核心的、有价值的经验和资源还无法真正共享，农村产业协会在产业发展和促进农民增收方面还有许多问题需要解决。

2. 各类基层组织之间配合不力、发展不平衡

从基层组织的实际看，农村各类基层组织之间存在配合不力和发展不平衡两个问题。当前，在滇东南民族地区，除"两委"外，还有团委、计生组织、民兵（武装）组织、护林组织、卫生防疫组织、妇幼保健组织、农业科技推广组织、烟草栽培辅导组织、妇女组织、产业协会、科技协会等组织。与这些基层干部交流过程中我们发现其运行机制存在一些问题，影响和制约基层组织的效能发挥。

配合不力致使组织之间的协作能力和凝聚力不强。除"两委"办公场地在一起，在管理和服务大众的过程中基本不分你我外，其他基层组织基本上处于独立运行、各自为战的状态。当然，因为职能和分工的不同，出现这种情况也可算正常，但我们认为这样的工作方式其效能不够高，与高效行政的要求不相适应。因为有的基层组织的工作具有极强的季节性，在业务集中时，若无其他组织协助，会导致无法按质、按量、按时完成。相反，有的基层工作人员在平时处于无事可做状态，也有不作为，被农民戏称为"单拿钱不干事"的组织。"两委"与这些组织之间的关系也非常微妙，人事上、业务上、经费上均不存在领导与被领导的关系。例如，计生组织在计生服务站的领导下开展工作，国防组织在武装部门领导下开展工作，护林组织在县林业局和农林水务综合服务中心的领导下开展工作。对于边境民族地区来讲，因为超生、非法生育、非婚生育的情况较多，所以计生工作显得尤为重要。应该加强对计生工作的组织领导，如果业务上接受计生部门的领导，人事或经费上接受"两委"的领导，那么村级计生员在集中统计、工作难开展时就可以求助于其他基层组织，在计生工作任务少时，"两委"就可以安排一些任务给计生员。同理，在边境一带，国防工作较内地突出，但目前边境一带的村内民兵组织和武装干事的人事、业务和经费都由乡镇武装部具体部署，这样也存在上述问题。一是"山高皇帝远"，乡镇武装部对这些民兵和干事的管理和监督存在困难，其训练和维稳的执行力如何难以确切知晓。这种情况在基层护林组织的运行中就更显得突出。国家高度重视农村林木的保护和看管，几乎每个建制村都有6—10人作为政府雇用的林业员，月总工资支出就逾千元，业务、人事、经费都由县林业局和乡镇农林水综合服务中心负责。由于管理幅度大、距离远，当前也出现林业员不作为的现状。这一方面会导致林木看管失效的问题，还存在林业员"单拿钱不干事"的恶劣现象。再如，卫生员、防疫员、妇幼保健员在每年收缴新农合经费时，由于时间紧任务重，他们在收缴新农合资金时常忙得不可开交，于是往往不得不委托给村小组长等人，这样一来会导致出错率高，二来会增加收缴成本。由于基层组织人员相对稳定、素质相对较高，经过一次培训可服务多年，如果能够调动所有基层组织参与其中，便能减少出错、降低成本，同时也能够提高基层干部的实际收入。这样就能优化人力资源配置，避免"闲时无事可做，忙时手忙脚乱"的情况出现。农科员也会遇到这种情形，在农忙时节他们还可能不得不放弃自家农活，烟草辅导员在育苗、移栽乃至烘烤和收购时节也要起早贪黑去指导民众。其他诸如武装干事、林业员等组织也会时不时地接到突击任务。在当前各组织配合不力的情况下，常会出现忙时乱七八糟，闲时无事可做的极端情形。我们认为这些问题只有寄期望于组织结构的优化甚至重构。

各类基层组织还存在发展不平衡的问题。俗话说："手指头伸出来都有长短"，有差别是正常的，但凡事有个度。我们认为目前基层组织的发展不平衡已到了应该关注的地步了。在调研过的地区，我们发现除"两委"、村卫生室和团委外，其余大部分基层组织基本处于一无场地、二无办公经费（工作人员有基本工资）、三无章程的状况，他们面临地位低下、工作开展难进而导致工作积极性不高等现实。最具潜力的产业协会以及民兵连、武装干事以及新型组织均未得到应有的重视。这些都不利于边境地区的安定团结和长远发展。

3. 基层组织缺乏有效的监督和管理

在与农民和乡镇工作人员的交流中，我们得知，乡镇乃至县有关部门对基层组织缺乏有效监督，甚至可以说几乎没有监督。虽然所有村级组织都要接受乡镇党委和政府的领导和监督，但一方面由于乡镇工作繁杂存在监督不力的情况，例如林业员的监管主要有乡镇农林水综合服务中心的林业专干来实施，但要对一个乡镇上百个村的林业员实施监管其难度可想而知，村林业员是否老老实实定期去巡山只能从民众口中知个大概，林业专干无法掌握具体证据；再如对于妇女主任工作是否积极，是否能主动开创工作基本上只能单凭她的工作总结和述职报告。另一方面，虽然部分农民有监督意识，但由于缺乏常识和时间而在维权和监督中力不从心。当然农民们最为诟病的主要集中在对工程项目质量、款项以及村财务无法监督方面。这主要有几个原因，一是款项信息公开有限，大众所知有限；二是大众缺乏专业知识，对材料价格、工程造价等方面不具备监督能力，加之所有灰色和违规的事项均有隐秘性；三是行使监督权要付出时间和精力，即使监督立功也未必能得到补偿，何况从现实看，民告"官"很难成功；四是对于集体的事情很少有人愿意站出来，大家都有"搭便车"的心理，于是基本上无人监管；五是在某些地区也存在检举人受到村干部和工程承包方联合打击报复的事件，这种恶性事件一方面会对民众起到威慑作用，另一方面也使得部分群众对监管机构失去信心，致使监管机构失去公信力。此外，由于待遇偏低，也使得一些村干部在扶贫工程项目上打主意，成为与项目承包商狼狈为奸的原因之一。这会使得有限的扶贫资金、项目大打折扣，既侵害了公共利益，又会给基层组织和政府带来极坏的影响。正如海派清口创始人周立波所言，当一个人的所得与所管辖的资金远不成正比时贪念往往就会随之产生。

（四）基层组织领导选拔任用中存在不足

在实地调研的过程中，我们也了解到基层组织的干部在选拔任用乃至退出机制中还存在一些问题和不足。这在基层组织干部的政治地位方面有体现。例如，"两委"作为基层的战斗堡垒，直接与民众交互，是党和政府在农村的形象代表，但长期以来，其领导和成员的身份一直处在体制之外，公务员招考制度规范后，这类人能进入公务员系统的更是凤毛麟角，这一方面体现了公务员招考的权威和公正性，但同时也是对基层组织领导的一种歧视。

在"两委"班子的选拔问题上也存在问题。目前，全国都采用大众民主选举的方式，这是民主的进步，但这种最民主的方式也存在选举成本高、效率低等问题。当然当前在"两委"班子主要领导选举中最突出的问题主要是大姓、宗族势力影响大、拉选票、乱许诺甚至贿选等。而且，经济条件越好、预期收益越高的地区，呈越严重的态势。这不仅会影响选举结果的公正性和政府在大众心目中的形象，更会导致基层和民众矛盾重重。曾任过多年村支部书记的罗某向我们透露，在竞争过程中，落选大户大都会对当选方恨之入骨，因为落选方会将参选成本的损失迁怒到对手身上，在我们曾到过的某村就曾出现过落选方召集人员打伤获胜方家属的事件。

对于竞争稍小、未公开竞选的职位也存在一些问题，民众反映个别地区妇女主任、计生员、林业员、武装干事、团委书记存在组织内定，以乡镇或县相关领导干部亲友优先等问题。对于个别民众说农科员、卫生员、防疫员、妇幼保健员等也存在内定的说法我们认为略有偏激，因为这类有专业技能要求的岗位，不太存在不讲原则的内定，但我们发现这类人员存在长期不调整，缺乏竞争机制的问题。当然，总体而言，未实施公开竞聘、未引入很好的竞争选拔机制确实无法确保优秀农村人才的胜出，也就无法确保较高的工作绩效。

（五）基层干部年龄结构、性别结构、文化层次不尽合理

从基层组织工作人员的组成和结构上来看，基层干部存在年龄结构、性别结构不合理、文化层次低的现象。第一个问题是基层干部明显不符合干部队伍年轻化的要求，尤其在党员干部中老龄化倾向更严重。主要原因是农村年轻人对入党的积极性不高，能力较强、觉悟较高和无家庭牵累的年轻人大都外出务工致使整个农村呈现出"386199部队"①留守的状况。此外，入党的申请、学习、考察以及评议等程序对于"进进出出"的年轻人来说，也形成了一定的壁垒，这些综合因素造成村里农村党员发展难度大的现实。从我们到过的村委会来看，党员平均年龄大概在35—42岁之间。另一个原因是由于教育资源缺乏等因素导致农村人口素质总体偏低，成长慢。人的成熟需要漫长的时间积累，要获得大众的支持（选票）更是需要接受漫长的检验和人脉积累，其导致的结果就是年龄较长的人当选的概率较大。从滇东南的实际情况看，基层组织干部大都在30—55岁之间。第二个问题是整个基层组织干部有女性比例严重偏低倾向。导致这种现象出现的原因有以下几个：一是女性对政治的兴趣和"从政"的动机没有男性强；二是在农村尤其是滇东南这类边境民族地区，重男轻女的思想还根深蒂固，女性参选、当选的比例就更低；三是在农村开展工作，尤其是在山高坡陡、居住分散、安全隐患较多的边境民族地区开展工作，女性确实会有一些不便，长期的自然选择导致了这种性别比例严重失调的结果。但几乎没有女干部的基层组织又存在工作开展不便的问题，例如我们发现有好几个村委会，没有一名女性卫生员、防疫员，这给女性看一些具有性别特征的病带来很大不便，加之这些地区观念相对落后和健康意识不强，妇女小病拖成大病的事件往往也就是因为没有女乡村医生所致。再有，缺少女性的"两委"有时在做群众工作、化解群众家

---

① 民间一种对妇女、儿童、老人群体的简称。

庭纠纷的时候也会有些力不从心。因为在很多时候，女性做群众工作更具优势，尤其是在大男子主义盛行的地区，在涉及利益调整时妇女干部往往又会具有性别优势。第三个问题是文化层次低，难以完成带领人民群众共同致富的使命。从我们实地调研的情况看，在滇东南边境民族地区，上过大专、高中以上的人数本就很少，加上受到打工热的影响，绝大部分青壮年都到城里打工，于是参与竞选、最终当选的"两委"等村干部基本只有初中学历，只是偶尔会有极个别具有高中和大专学历的农村精英当选。

六、中越战争与越南的相关政策影响和制约边境民族地区经济社会发展

（一）战争给滇东南边境地区带来的损失和影响

与许多边境地区不同的是，滇东南边境民族地区除了存在当前的发展难题外，在这块土地上还发生过多次战争。20 世纪 40 年代以来，滇东南边境民族地区先后经历了援越抗法、援越抗美和对越自卫反击防御战，战争不仅使人们付出血的代价，还会对一个地区的经济社会发展产生深远的负面影响。特别是 1979—1992 年的对越自卫反击和防御作战的 13 年时间里，为积极响应党中央、国务院、中央军委"一切为了前线，一切为了胜利，要人给人，要物给物"的号召，滇东南边境的广大干部和各族群众全力投入支前参战，配合参战部队取得了一次又一次的胜利，保卫了祖国领土的完整，捍卫了祖国的尊严，军民用鲜血和生命铸就了以"艰苦奋斗、无私奉献"为核心的老山精神。滇东南边境民族地区尤其是边境乡镇付出了巨大的牺牲。课题组曾到过富宁县田蓬镇田蓬村委会，该村委会在对越自卫反击防御战期间处于抗战第一线，沙仁寨"87 人 78 条腿"[①]见证着历史的沧桑与现实的无奈。而在富宁、麻栗坡、马关、河口、金平、绿春 6 个边境县中以麻栗坡县最为典型。在 19 世纪 80 年代的抗法战争、20 世纪 40 年代的抗日战争、20 世纪

---

① 由于在战争中踩中地雷等缘故，许多人腿被炸断或受伤后截肢。

50 年代的援越抗法战争、20 世纪 60 年代的援越抗美战争、20 世纪 70 年代末至 90 年代初的对越自卫反击和防御作战期间，麻栗坡都处于支前参战的前线。单是 1979—1992 年的对越自卫反击和防御作战期间，麻栗坡全县因战和不慎触雷伤残边民 4148 人，其中死亡 585 人，因战毁坏民房 1688 间，毁坏茶叶等经济林果 1.2 万亩，炸毁农田沟渠 87 条 488 公里，毁坏和荒芜耕地 2.3 万亩，有 129 个村寨 3000 余户两万余人被迫搬迁①。战争造成直接和间接经济损失数 10 亿元。

对越自卫反击和防御作战的 13 年，是内地和沿海地区集中精力谋发展，轰轰烈烈大搞改革开放和经济建设的最佳时期，而滇东南边境民族地区为了国家整体战略利益，积极响应党中央、国务院和中央军委"两个一切"的号召而错失了发展良机，经济社会发展长期落后于内地。1992 年，省政府战后恢复、发展经济现场办公会在文山召开后，边境地区开始把工作重心转移到发展经济的轨道上来。然而，机不可失、时不再来，尽管上级给予了巨大的支持和帮助，二十多年来滇东南边境民族地区也确实实现了较快的发展，但与内地尤其是东部沿海发达地区相比，差距很大，至少要落后数十年。

（二）战后遗雷对滇东南边境地区的深远影响

中越边境在战争和战后布设的雷区至今还在给边民带来威胁。地雷作为一种常规武器，自美国南北战争发明以来，被广泛应用于各种战争中。对越自卫反击防御战中，由于山地不利于大规模的行军作战，我国和越南在中越边境的森林和山地中密集埋设地雷，用于阻碍对方进攻和消耗对方战斗力。截至目前，中越双方均无法统计地雷的数量，云南省军区边防某团的中校副团长、勘界扫雷保障队负责人傅秀堂说："没有人知道，在中越边境到底有多少地雷。有人说有 100 万枚，有人说可能有 200 万枚。"②中越战争结束后，

---

① 麻栗坡县人民政府扶贫开发办公室：《麻栗坡县关于沿边跨境民族地区加快发展问题的专题调研报告》，2008 年 3 月 6 日。

② 黎云：《中越勘界背后的扫雷兵》，《瞭望东方周刊》2009 年 1 月 21 日。

虽然我国分别组织了三次大规模的排雷行动①，但由于地雷种类多，布设方式、排雷手段不一；滇东南边境山高林密，雨水较多，泥石流和山洪频发致使地雷埋藏位置、深度发生改变；时间久远，地雷和爆炸物已经严重锈蚀等原因，加大了排雷的难度。总之，时至今日，在中越边境存在地雷和爆炸物的159.46平方公里②（此数据指包括与广西接壤的整个中越边境）地雷带、封雷区对人民的威胁仍存，后患无穷。

第一，地雷危害人畜生命。据不完全统计，自1979年以来，单是文山州因不慎触雷，导致伤亡人数已达6000余人③，动物牲畜死亡更是不计其数。而因触雷导致的伤残带来的经济困难更是加剧了农民的贫困程度，很多因触雷伤残装假肢的农民生活更是举步维艰。时至今日，部分边民在田地间劳作时还有踩到地雷的风险。课题组曾到过麻栗坡县天保镇天保村委会苏麻湾小组的边境村寨，该村在对越自卫反击和防御作战中作为战争的前沿阵地，曾长期处于战乱动荡之中。该村现有住户23户，109人，其中有8人耕种时误踩地雷致使伤残，就在时隔不久的2006年、2008年，还有村民在自家耕种过多年的山地中踩上了地雷，虽安装了假肢，但经常发炎，行动不便。见图4—2。

图4—2　2006年被炸断腿的妇女

2009年8月15日摄于麻栗坡县天保镇天保村委会苏麻湾小组

---

① 1992年至1994年，第一次中越边境大扫雷主要是清除边境口岸、通道，还有边防部队巡逻道路上的地雷。从1997年开始，云南和广西边境地区又展开了世界军事史上最大规模的扫雷行动，即通常所说的第二次扫雷行动。第二次扫雷同样是为边贸、老百姓服务的。2008年，第三次扫雷，主要是为中越两国勘界服务，打通勘界通道，扫除新立界碑点以及周围的雷场，保障中越勘界人员顺利完成勘界立碑任务。

② 黎云：《中越勘界背后的扫雷兵》，《瞭望东方周刊》，2009年1月21日。

③ 尹鸿伟：《雷区惊魂——中越边境线特殊贫困现象调查》，《新西部》2004年第4期，第29页。

第二，雷区制约农村经济发展。大面积的雷区使得边境很多地方有地不能种，农业发展受限。在文山、红河两地，受喀斯特岩溶地貌和山地石壤的限制，耕地面积狭小，而雷区的存在更是加剧了人多地少的矛盾，耕地资源更加匮乏，这使得边境地区农业发展受到很大限制，脱贫致富更加困难。这样的村寨在中越边境极为常见，对边境农民来讲，地雷是制约农村发展的重要因素之一。对滇东南边境民族地区来说，守土固边和农民用地（扫雷、排雷①）之间的关系和解决措施是有待研究的一项重大课题。

第三，地雷会使土质退化，影响生态环境。随着时间的推移，地雷会分解出有害物质，流入江河后，会造成水质、土质的污染。课题组在文山中越边境战争受害区发现，这些地区的农作物普遍存在广种薄收的现象，除了受地形条件的影响之外，战争破坏了土质，地雷分解重金属、化学物质也致使土壤污染、土质退化、肥力下降，从而影响收成。

从地雷的危害性来看，排除地雷是有必要的。从现实角度看，雷区的存在给边境农民心理上带来威胁，也使得边境的农业发展受限；从长远看，雷区的存在还影响到人与自然的和谐。

（三）越南边境农村政策对我国边民产生消极影响

1. 越南边境优惠政策概况

近年来，越南政府高度重视边境地区的发展，利用小国优势出台了一系列特殊的优惠政策，对我国的边境稳定产生了一些影响。越南的优惠政策概括起来大致有如下几个方面②：

---

①　在中国领地内的地雷一部分是越军入侵期间越军布设的，一部分是中国军队收复失地后出于战略需要由我军的不同部队在不同时期埋入地下的。据了解，地雷大小型号不一，安装的规律不同，加之多年来经历山水冲动、山体滑坡等缘故，在延边跨境地区地雷可能无处不在。从守土固边的战略角度看，这些地雷不排除更好；但从边民的安全和发展需要来看，排除地雷等于排除危险，让村民安全有保障，有地可种。这两者之间一边是民生，一边是国防，如何排除地雷、排除到什么程度，需要在国防和发展之间作出取舍，需要系统论证，找到结合点。排雷更是需要军民合力。

②　越南的惠农政策主要来源于：《麻栗坡县人民政府扶贫开发办公室关于麻栗坡县边境扶贫工作情况的调研报告》，2009 年 7 月 4 日。

第一，对口岸实行特殊优惠政策。越南批准在河江省建立清水口岸边境经济开发区，每年将关税收入按比例返还用于口岸建设，并实行相关优惠政策；给予在口岸投资发展5年内的客商租用土地全部免税；给予投资发展在5—10年的客商租用土地免税50%；给予在口岸经商的客户及项目投资者1—5年免缴个人和企业所得税；对在口岸投资加工、生产和组装出口的产品，实行增值税全免；对在口岸经营、生产的所有企业，均实行税收优惠。

第二，加大对边境地区交通基础设施建设投入。越南河江——清水河口岸二级公路和河江——中越边境二段10号界等6条边境柏油公路已全部建成通车；越方与天保口岸和边民互市点相对接的公路路面均实现了硬化；越南与麻栗坡接壤的5个边境县之间的县际油路已全面贯通。

第三，加大对边境地区扶贫开发投入。越南政府在边境地区加大了以实施茅草房改造为主的扶贫开发工程建设，给予每户群众折合人民币5000元的资金补助；鼓励群众迁往边境地区居住守护边境，给予每户折合人民币1000—1500元的建房补助；全额拨款在高寒缺水山区修建小水池，解决边民的人畜饮水困难问题；凡到边境一线定居的越南边民，政府将一次性发给每人折合人民币3000元的安家补助费。

第四，加大对边境地区教育事业投入。越南政府鼓励教师到边境地区从事教育工作，边境一线教师月平均工资比内地同等教师高20%，3年后可以无条件地调回内地安排工作；对边境地区实施教育"三免费"政策，小学四年级直至大学毕业，学生衣食住行费用均由国家负担。

第五，加大对边境地区社会保障事业投入。越南政府对1979年以来参战受伤的民兵按月发给生活补助，阵亡者发给其家属抚恤费；越南边民在医疗保障方面享受基本医疗保障待遇，边境地区学生享受免费就医待遇。越南政府每年仅用于支付边境地区群众的医疗费用就达5500多万美元。

第六，加大对边境地区文化事业建设投入。越南政府在边境沿线村（社）免费安装"211"站和卫星地面接收站及中波发射台，以增强收视效果和发射功率，并免费给边民发放收音机等生活设备。

第七，对边境地区群众实行特殊照顾。对边境群众实施特殊的信贷政策，给予边境地区农户发放由政府贴息3—6年的无息贷款500元人民币，最高可贷 6000 元，鼓励边民大力发展种植业和养殖业；对边境一线贫困山区无耕牛户发 150 万越盾（折合人民币 1000 元）购买耕牛饲养，每年无偿供给农户 5—10 公斤优良种子和两包尿素，缺粮少粮户及特困户每月可得到 20 公斤的救济粮和 50—70 元（人民币）的补助费；边民凭证每月领取 1 斤煤油及其他生活用品，对一些未通电的村寨采取配发小型发电机的办法解决照明问题。

2. 越南边境优惠政策对我国边境的影响

越方实施这些优惠政策有效地促进了越南山区特别是与我国毗邻的北部边境地区的经济社会发展，使该地区群众的生产生活条件得到了改善，生活水平有了提高。越方的惠农政策有利于共同抵制西方敌对势力利用民族、宗教等问题在边境地区进行分裂和渗透活动，也有利于促进中越双方边境贸易和旅游发展，形成中越边境地区民族团结、经济发展、社会进步的局面。但由于中越边境扶持政策存在差异性，受越方优惠政策的负面影响，给我国边境地区带来不安定因素。近几年来，已有一小部分边民迁居或联姻到越南居住，造成了不良的政治影响。边境地区自然条件恶劣，群众生活水平低，部分边民容易被境外别有用心的组织利用，极大地影响了边境地区的社会稳定。越南发挥小国优势，针对边境地区出台和实施较为系统的惠民政策，可看出越方政府深远的战略意图。这些惠农政策一方面会使我国的一些边民产生不平衡心理和失落感，另一方面还会助长我国边民的"等、靠、要"思想。在他们看来，他们是中越战争的受害者，国家理应给予他们更多的照顾。而这部分村民只看到了越南惠农政策好的一面，没有考虑到我国对边境农村的投入和地域辽阔、边境农村农民数量众多的现实。边境地区历来是民族问题和边防问题交织在一起的敏感地区，反渗透、反分裂的任务十分艰巨。以上这些问题若得不到认真解决，势必会影响党和政府在边境民族地区的威信，影响社会安定和边防巩固，甚至危害国家安全和祖国统一。对此，我们必须要有一个清醒的认识。

七、相关政策、机制欠完善，影响和制约
新农村建设的实施和持续推进

政策是组织为实现一定时期的路线和任务而制定的行动准则，在任何一个系统中，政策和机制都起着基础性的、根本的作用。在新农村建设过程中，帮扶机制和政策会对帮扶的效率和效果产生深远的影响。从课题组调查的情况来看，当前滇东南边境民族地区的帮扶机制和政策方面存在一些不足和问题。

（一）帮扶机制欠完善

1. 二十字方针主要落实在"村容整洁"

建设社会主义新农村，"生产发展、生活宽裕、乡风文明、村容整洁、管理民主"这二十字方针的核心是生产发展，只有以生产发展为基础，农业才可能持续增产，农民才可能持续增收，农民的物质生活水平才能持续提高。然而通过对边境民族地区新农村建设情况的调查，课题组发现，各地普遍存在村容整治先于产业扶持的情况。

在针对职能部门工作人员的深度访谈中，虽然几乎所有访谈对象均回答其所在地区在新农村建设中主抓"生产发展"这项目标，但大部分身份中立的新农村建设指导员①认为"村容整洁"仍然是职能部门主抓和考核的主要

---

①　2007 年 3 月起，云南省委按照省级 5%、州市级 15%、县市区级 50%、乡镇 30% 的比例，采取个人自荐、单位推荐、党委（党组）决定的方式，从省州县乡四级党政机关、企事业单位、大专院校和中央驻滇单位选派政治素质好、有一定组织协调能力、作风踏实、身体健康、有两年以上工作经历、年龄在 45 周岁以下的中共党员干部，到全省建制村担任新农村工作指导员。一年一轮换，时间暂定 5 年。每年共选派新农村工作指导员 1.35 万名，组建新农村工作队 1312 支，每支新农村工作队设队长、副队长各 1 名。从 2010 年起，云南省委加强和完善新农村建设指导员选派工作，新农村建设指导员原则上从省州县三级后备干部中选派，加大了定点扶贫的落实力度，甚至达到了量化要求派出单位给予挂钩点的资金或项目支持。

指标。即使职能部门工作人员一致认为主抓"生产发展"是促进农村经济发展、提高农民收入的有效途径。但当课题组在问卷中问到"贵县在新农村建设中主要取得哪些成绩？"时，绝大多数人回答"村容村貌及交通状况有较大改善，道路硬化等基础设施建设取得很大成绩，村民衣着饮食有了较大改善以及人民群众的观念素质有较大提高"。只有很少一部分人提到基层组织建设取得新成绩，村干部作风有改观；农村精神、文化生活更加丰富；生产得到了发展，乡镇经济发展水平有了提高等。这说明新农村建设职能部门的工作重点实际落实在村容村貌整治上。

在针对村民的问卷中，当课题组问及"政府在新农村建设中主要做了哪些事？"时（课题组故意使用通俗的语言设计针对农民的问卷），村民提到的主要有道路硬化、援建新房、危房改造、人畜饮水工程、建村民活动室、运动场、卫生公厕、沼气池、电网改造等。这说明，村民认可的新农村建设工程主要集中于水、电、路、气、房等基础设施建设和村容整治方面，这与新农村建设的目标还存在一定偏差。

经分析，课题组认为，这种情况的出现是职能部门无奈的选择。几乎所有职能部门的工作人员均认为新农村建设"生产发展"最重要，生产发展是带动农村产业升级、促进农民增收的关键，但基于资金有限、农村产业基础薄弱、产业培育周期相对较长、农村缺乏产业领军人、考核需要等现实，基层政府和职能部门不得不在有限的时间内把有限的资金投入到易实施、见效快的水电路气房等基础设施建设和村容整治上。此外，"要想富，先修路"对于滇东南边境民族地区来说是大众公认的硬道理，政府也充分意识到制约边境村寨发展的直接瓶颈就是交通，所以，狠抓道路交通基础设施建设，致力破解运输不畅、信息阻塞等难题也是为农村的长远发展服务。总之，基于边境地区的现实，"先筑巢，再引凤"的战术步骤不是无知，而是无奈，也有些必然。

2.扶贫开发主要以"输血式"为主

由于财政拨款有限，职能部门和当地政府需要短期出成绩，加上边境民族地区的产业基础薄弱等现实原因，许多地区均将有限的资金安排到水、电、路、气、房等基础设施建设和村容整治上，上级部门倡导的开发式扶贫、造血式扶贫难以得到落实，农村产业发展大多处于酝酿和会议议程上。在课题组针对职能部门工作人员的深度访谈中，2/3 左右的人认为他们所在地的新农村建设模式属于"输血式"或"输血式＋造血式"的组合模式，至多只有 1/3 的人认为是"造血式"。课题组认为，这种回答是相对客观的。单纯的帮扶和补贴就是"输血式"帮扶，没有从实质上为农村建立造血器官——增收产业。"输血式"扶贫与"造血式"扶贫有本质的区别，"输血式"扶贫只能缓解边境民族地区贫穷的一时之痛，不是长远之计。以"输血式"兼"普惠式"的帮扶模式对农村进行基础设施建设和村容整洁，不仅会降低帮扶资金的使用效率，还会助长农民的"等、靠、要"思想。课题组在入户调查时了解到，有些村民本来可以靠自己的努力逐步致富的，但为得到政府的帮扶而故意装穷、投机，若在新农村建设中得不到资助，有些人就会消极怠工，把本来可以自己实施的工程搁浅，还有一小部分有创业想法的人也可能在等待扶贫资金中错过商机。

一直以来，中央高度强调新农村建设应以人为本、以自身发展为中心，"输血式"扶贫忽略了新农村建设中农民主体的作用，只能算是推动新农村建设的外部因素。外部因素必须配合内部条件共同作用才能更好地发挥作用，促进发展，纵使在环境恶劣、产业基础薄弱、教育水平落后、人才短缺的边境民族地区，"造血式"扶贫的难度与周期均比"输血式"要大得多，但"造血式"扶贫更能从根本上解决农民贫困问题是毋庸置疑的，总之，克服众多的难点进行"造血式"扶贫是必须攻克的难题。

3. 部分地区帮扶物资分配缺乏灵活性

在实地调研过程中，课题组发现个别滇东南边境村寨存在半成品房，如图 4—3 所示。

经了解，这种情况主要是由于农户贫困、政府帮扶物资有限和资助方式有缺陷等原因所致。由于资源有限，政府只能帮扶一定比例的建筑材料，农民需要自筹一部分。一些村民为了得到政府的补助，在自筹能力不足的情况下就开始施工。他们以为政府迟早会帮扶他们将半成品房建完，高估了政府的帮扶力度。由于资助额度有限，部分村民在用完政府资助的物资后被迫停工。当然，这其中有一小部分村民则是在职能部门的"动员"下被动施工。

图 4—3　中断施工的半成品房

2009 年 8 月 12 日摄于富宁县田蓬镇田蓬村委会老寨小组

总之，农民的"等、靠、要"思想、有漏洞的资助机制和"一刀切"的政策是半成品房出现的主要原因。事实上，将先资助、农民再自筹的顺序改成农民先自筹、政府后资助，就可以避免半成品房的出现。

4. 部分地区忽视农民的承受能力和主体地位

由于时间紧、建设任务重，有的地方也存在忽略农民的意愿、忽略老百姓的承受能力致使部分群众在新农村建设中出现负债返贫的情况。如果近年农民家中有人得大病或孩子上大学，一部分家庭将无力承担；如果想扩大种植、养殖规模，连前期投入的资金都有很大困难；如果想从事经营活动，连本钱也无力投入。① 这无疑会致使部分农民陷入抗风险能力降低、后续发展能力不足的尴尬境地，这也是部分村民在新农村建设主体工程完成后没有很好地借助新农村建设的东风搞活生产、农村产业得不到优化和升级、农民增

---

① 胡红霞：《西部贫困村落新农村建设及其后续发展的难点与对策》，《经济问题探索》2008 年第 6 期，第 56 页。

收徘徊的原因之一。

中央一再强调农民是新农村建设的主体,"管理民主"是新农村建设的五大目标和要求之一,然而许多村寨在落实这一目标的过程中存在不足,这有多个原因导致。一是村民素质低,缺乏参与管理的意识,对各项政策关注度也不高;二是农民参与新农村建设的制度也不够完善,村民的意愿表达机制存在缺陷,农民即使有意见也没有发言权,有的村寨领导甚至还有很浓厚的官僚习气,即使村民有意见也得不到解决;三是基层组织与政府协作、配合不力,存在政府热、基层冷的现象,在群众积极性不高的村寨甚至出现政府为了开展工作不得不居于主导地位,进而形成新农村建设主体错位的现象。

(二) 政绩考核注重硬指标和短期目标

为了加快新农村建设的步伐,同时也为了进行督促和激励,各地均对列为新农村建设示范村的村寨进行检查、验收和考核,也是为了防止出现领导干部为了个人或某团体利益不顾实际情况和群众利益抓住机会大搞"政绩工程"的有效措施之一。出于管理和现实需要将新农村建设的成绩作为职能部门和当地政府的重要考核项目之一是正确的,也是必需的。但课题组发现,新农村建设的考核项目中,硬指标大多与基础设施和村容整治有关。虽然这种以基础设施、村容整治等硬指标为主的考核体系有利于项目开展和加快新农村建设的进度,但是生产、生活、乡风、管理等方面的考核指标大多具有主观、笼统、泛化倾向。这样容易致使地方政府和职能部门注重短期目标而忽视"生产发展、生活宽裕、乡风文明、管理民主"等软指标的落实,甚至催生一些门面粉刷、农村公厕贴瓷砖、建设豪华村民活动室等华而不实的形象工程、政绩工程。

新农村建设是覆盖农村生产、生活、乡风及管理等多个方面的系统工程,不等于村庄建设,不能做表面文章。从长远来讲,发展农村经济是新农村建设的第一要务,教育、村容、科技、交通、村风等建设都得以发展经济为基础,各级政府和职能部门应该全面理解其实质内涵,制定合理的政策考核机制,以确保农民的利益和农村经济的可持续发展。

（三）新农村建设指导员的选派、工作机制有待完善

为加强和改进党对农村工作的领导，扎实推进社会主义新农村建设，2007 年 3 月，云南省委在借鉴广西等地区新农村建设经验的基础上，作出了向全省各乡镇派出新农村建设工作队、向建制村派驻新农村建设工作指导员的决定，这是在新的历史条件下加强"三农"工作、加快推进社会主义新农村建设的重大举措。据了解，大多数指导员能深入基层，放下架子，安心驻村，用心做事，许多指导员成了驻地居民的好参谋，也有一些成了当地政府的得力助手，省委、政府的举措得到人民的广泛好评。在取得巨大成绩的同时，课题组也发现，在新农村建设指导员的选派和实际工作中也出现了一些问题，如：部分指导员出勤率低、个别指导员脱岗现象严重、部分指导员适应能力差且不胜任工作、部分指导员不愿作为或不敢作为、部分派出单位对选派工作和对指导员支持重视不够、部分地区存在指导员人力资源浪费等。这些问题在课题组进行入户调查时也有所"察觉"。当课题组向农民问及"新农村建设指导员为你们村做了哪些事？"时，大部分村民答不上来，甚至有的村民不知道有指导员这个角色，只有少数村民说指导员介绍外界信息、传递先进思想、协调物资等。这说明，需要对指导员的贡献加大宣传。此外，指导员对农民直接的帮扶不够，作用还没有得到有效发挥，选派和工作机制还存在不足。所以，发挥新农村建设指导员的特长和身份优势助推新农村建设，也是今后职能部门要加强的工作之一。

第五章　持续推进边境民族地区新农村建设的策略与机制

一、开发乡村产业，促进农民增收

生产发展是新农村建设的首要目标，新农村建设，促进农民增收是关键。对于滇东南边境民族地区来说，要使农民增收不徘徊，要促进农民增收，就必须抓住新农村建设和兴边富民工程的契机，加大产业扶持开发力度，构建促农增收产业支撑体系和发展劳务经济。

（一）优化产业结构，拓展农民增收渠道

上海社会科学院的周振华教授在《现代经济增长中的结构效应》一书中提出了"结构效应"的理论假说，从产业结构角度分析经济增长的机理，揭示经济结构尤其是产业结构是决定经济增长的一个重要因素。目前农民增收困难，很大程度上是由于农村经济结构不适应市场竞争，不适应消费结构的升级变化，增收结构不合理是导致增收难的原因之一。[①] 以农业结构为主的产业结构调整既是农业自身发展的内在要求，也是适应农业发展新阶段、多渠道促农增收的客观需要。为夯实边境民族地区新农村建设的基础，各地应该围绕农业增产、农民增收、农村经济发展的目标，加快农村产业结构调

[①]　欧阳锋：《略论增加农民收入的新思路》，《江西社会科学》2000 年第 3 期，第 82 页。

整，扩展生产发展渠道，在有条件的地区加大劳务输出，大力发展劳务经济，多角度、多层次增加农民收入的增长点。

基于滇东南边境民族地区传统农业促进农民增收的力度有限、产业结构不尽合理的现实，建议当地政府加快农村产业结构调整，拓展农民增收渠道。在稳定粮食作物种植面积、保证增产增收的基础上，提高非农产业比重，构建以市场为中心、以农业合作组织为媒介的农业经济产业体系，让农民在提高农产品价值中增加收入，稳步发展第二、第三产业，打破传统农业自给自足单一化封闭经营的格局，进而实现农工商、产供销一体化的经营格局，拉长产业链，提高附加值，增强农业创收能力。

（二）推广经济作物，开发特色产业

传统种养殖业需要有大量的田地才能提供充足的粮食，而边境地区大多土地贫瘠，山地众多，人均耕地少，传统种养殖业的发展空间十分有限。经济作物具有单产高、经济效益好的特点，比较适合于田地少的地区推广。滇东南边境部分河谷地区土壤肥沃、降水丰沛、热量充足，可因地制宜推广经济作物种植，开发特色产业。这是挖掘农业增收潜力，促农增收的重要手段。滇东南边境民族地区可开发一批具有特色的农产品，在走专业化、基地化、标准化生产经营之路的过程中增加收入。具体而言，各地政府需要联合地质、农业科技、气象等部门，根据当地的地质、气候等条件，结合市场需求和竞争格局，为农民提供经济作物的选种、种养、加工、销售等系统方案。发展经济作物作为边境民族地区的首选致富渠道具有相对较多的成功经验，也有一定的民意基础。课题组的入户调查结果说明，无论在滇东南边境民族地区还是对比研究村寨，经济作物均是农民的主要经济来源，当问及"您家主要经济收入来自（最多选填3项）"时，滇东南边境村寨和对比研究村寨的提及率分别为49.9%和64.6%，在同类中均排第一（见表5—1）。

课题组认为，在尊重民意、充分考虑新农村建设主体——农民的情况下，优先发展经济作物是比较恰当的选择，比如富宁县田蓬镇庙坝村委会和平村小组的草果种植就值得借鉴。和平村小组地处山间小盆地，地形稍微开

阔平坦，平均海拔 1600 米，属亚热带季风气候，年平均气温 19.3 摄氏度，年平均降雨量 1210.6 毫米，年平均相对湿度 89%，适合草果喜湿怕干旱的生长习性。该村民小组境内的草果基地闻名全县，种植面积达 2863 亩。村民在镇党委和政府的领导下，建立了草果协会，采取"农户＋基地＋协会"的模式，大力发展草果种植，基本上形成了产、供、销一条龙的生产销售体系，很多农户正依靠草果种植走向共同富裕的道路。课题组对该村长远发展问题有过深入的讨论。我们认为，虽然当前本村种植草果的收益每亩每年可高达 3000 元，但草果主要用作食用调料，其深开发的潜力不大，它能作为村民脱贫奔小康的产业支撑，但对持续促进本村农民增收的作用还是比较有限。长期看来，还需要不断挖掘新的增收项目。

表 5—1　村寨类型 * 经济来源

村寨类型	经济来源	访谈人数	提及次数	提及率	本区域提及率排名
滇东南边境村寨	经济作物	347	173	49.90%	1
	卖粮食	347	36	10.40%	4
	卖牲口	347	68	19.60%	3
	务工	347	126	36.30%	2
	做生意	347	17	4.90%	6
	其他	347	28	8.10%	5
对比研究村寨	经济作物	285	184	64.60%	1
	卖粮食	285	94	33.00%	3
	卖牲口	285	160	56.10%	2
	务工	285	75	26.30%	4
	做生意	285	51	17.90%	5
	其他	285	20	7.00%	6

此外，还要大力发展地方特产。农民致富最具前景和竞争力的莫过于地方特产。顾名思义，特产就是地方特有的或从当地发源或兴起的，代表了一个地方的特色，通常能反映出民俗民风的特殊产品。这种资源具有稀缺性和不可替代性，因此，建议鼓励支持农民更多地靠发展特色产业来致富。文山州具有得天独厚的"三七"资源，"三七"全身是宝：根部是活血祛淤、通脉活络的名贵药材，可用于脑络淤阻、中风偏瘫、心脉淤阻、胸痹心痛以及脑血管后遗症、冠心病、心绞痛等疾病的治疗与预防；"三七"花具有清热、凉血、平肝、潜阳等功能，可用于由血热引起的疮疖及由肝热引

起的心悸、烦躁、眩晕、头痛、失眠等疾病的治疗和预防。文山多个地区均有"三七"种植基地，具有技术和产业化优势，建议有条件的边境地区大力发展"三七"产业。近年来，由于"三七"市场用量大，药商囤积，"三七"价格连连上扬，尤其步入2010年，云南遭遇百年不遇的旱灾，"三七"价格在短短几个月内从每公斤150元左右攀升至每公斤500元左右。据报道，2010年3月19日，李嘉诚旗下的中药制造企业广州白云山和记黄埔中药有限公司与文山"三七"研究院、云南鸿翔一心堂药业有限公司分别签订合作协议。和记黄埔中药作为"三七"原料的主要用户之一，将投资5亿元在文山州建立万亩"三七"种植基地。[①] 我们建议，政府可借机鼓励和支持边境地区在合适的地区栽种"三七"，当然，政府还要与相关企业做好市场预测和规划，以免供求突变引起价格剧烈波动而让老百姓利益受损。越是在价格大涨后，越要注意作好规划，以防止广大企业或农民大规模扩大栽种面积致使短期供过于求带来的风险。由于药材的生产需要极高的资质认证和临床实验，短期在滇东南边境县生产药品的可行性不强，因此，建议文山州引入或鼓励创建以"三七"为主要原料的药品生产商，生产相关药品，如血塞通片、[②]"三七"胶囊等，这样可以大幅度降低"三七"的运输成本，进而提高"三七"产品的附加值。

课题组选择调研的13个滇东南边境村寨中，绝大部分村寨有适合本地种植的特产，如红河州的河口、金平、绿春的边境村寨都提到香蕉、菠萝、橡胶、茶叶；在文山州的马关、麻栗坡、富宁分别提到核桃、杨梅、小粒咖啡（规划阶段）、草果等。虽然对这些特产进行深加工的可能性不高，但脱贫还是很有希望。此外，为提高经济作物或特产的经济效益，必须推广现代

---

① 周平洋：《李嘉诚投资5亿元来滇种"三七"》，《春城晚报》2010年3月20日A11版。

② 血塞通片主要成分：五加科人参属植物"三七"Panaxnotoginseng（Burk）F.H.Chenrj提取的有效部位"三七"总皂甙，主要为人参皂甙Rg1、"三七"皂甙R1。药理作用：血塞通片能扩张冠脉和外周血管，降低外周阻力，减速心率，减少和降低心肌耗氧量，增加心肌灌注量，增加脑血流量，对心肌和脑缺血有一定改善作用；具显著抑制血小板聚集、降低血液黏稠度、抑制血栓形成的作用；此外，血塞通片还具降血脂、抗疲劳、耐缺氧、提高和增强巨噬细胞功能等作用。目前较为有名的品牌为特安呐。

农业。①"科学技术是第一生产力"，基于边境地区田地少、单产低的现实，当地政府可采用宣传、动员、培训等方式，着手从选种、育苗、种养、加工等方面推广现代农业。在有条件的地方，还应当加大财政补贴力度，大力推广农业机械化。为与市场接轨，政府应鼓励规模种植，同时需要引入市场运作和现代企业管理制度，优化资源配置。

（三）扶持乡镇企业、发展民营企业，做强县域经济

改革开放以来，乡镇企业的发展对促进农民增收、缓解农村就业压力、带动相关产业与县域经济发展、缩小城乡差距和统筹城乡发展等方面起到了举足轻重的作用。虽然目前乡镇企业的发展遇到了改制、结构调整和技术升级等方面的问题，但长期来看，乡镇企业、民营企业对农民工的吸纳能力要比国有企业高得多。乡镇企业在劳动力价格方面具有相对优势，在劳动密集型产业中具有极强的竞争力，边境民族地区政府应当以新农村建设和兴边富民工程为契机，大力扶持乡镇企业，发展民营企业，对于乡镇企业必须要"有条件要发展好，没有条件创造条件也要发展"的决心和气魄。应立足本地实际，挖掘潜力，发挥特色优势，将具有地区特色和市场竞争力的乡村产业通过政策倾斜、税收优惠、资金注入等方式扶持起来，发挥边境民族地区乡镇企业反哺农业、促民增收、缩小城乡差距等方面的作用，努力实现"抓好一个龙头企业，带出一个特色农业，促进一片基地建设，带动一批农民致富"的产业化经营格局，最终实现农民、财政、企业三赢的局面。

课题组的调查结果充分说明了滇东南边境民族地区乡镇企业有用工优势，当问及"如果到离家远一点的城市打工月收入是 1500 元，而在本地乡

---

①　有数据显示，我国人均耕地面积不到世界平均水平的 40%，且中低产田占总面积的 2/3 以上；接受过系统职业技术教育的农民不足 5%；农业劳动生产率仅相当于国内第二产业劳动生产率的 1/8 和第三产业的 1/4 左右。然而，我国农业不仅要解决十几亿人口的吃饭问题，还要满足工业原料不断加大的需求。据估算，粮食需求每年增长 80 亿~100 亿斤，而资源约束将更加突出。与此同时，农业还承担着农民增收、确保食品质量安全的任务。面对诸多挑战，传统的农业增长方式显然难以应对。因此，必须改造传统农业，走现代农业之路。资料来源：建设现代农业，2007 年中央"一号文件"的期待，腾讯网，http://news.qq.com/a/20070112/001920.htm，（2011-1-20）。

（镇）上，有一份辛苦程度差不多的工作，月收入是 1000 元，您更想选哪家？"时，在 13 个滇东南边境村寨的 347 个受访者中，25.4% 的村民选择到市里去打工，54.8% 的村民选择在乡（镇）上务工，后者的比例是前者的两倍多；在 13 个对比研究村寨的 285 个受访者中，16.1% 的村民选择到市里去打工，65.6% 的村民选择在乡（镇）上务工（见表 5—2）。

表 5—2　村寨类型 * 务工地点选择倾向

统计方式	村寨类型	乡镇或进城务工						合计
		市里打工	乡（镇）上务工	差不多，都可以考虑	自己有事业，都不想去	家庭牵累，都无法去	其他	
滇东南边境村寨	人数	88	190	11	13	12	33	347
	百分比	25.4%	54.8%	3.2%	3.7%	3.5%	9.5%	100.0%
对比研究村寨	人数	46	187	1	11	9	31	285
	百分比	16.1%	65.6%	0.4%	3.9%	3.2%	10.9%	100.0%
合计	人数	134	377	12	24	21	64	632
	百分比	21.2%	59.7%	1.9%	3.8%	3.3%	10.1%	100.0%

结合理性小农假设和人力资本理论，运用成本收益分析法，可以设定农民务工地点选择行为决策的数学表达式为：$D（C）=P\{（E—C）>R\}$，其中，E 为农民就近到乡镇企业（或到更远的城市）进行人力资本投资的预期收益，C 为农民就近到乡镇企业进行人力资本投资所付出的代价，R 为农民当前收益，D（C）为农民选择务工的决策函数。在模型中，农民的预期收益 E（1000 元或 1500 元）和当前收益 R 容易确定，但所付出的代价 C 由于受自身因素和外部环境的影响很难确定。理性的小农考虑到自己的性格、年龄、受教育程度等自身情况，受家庭因素或思想观念的影响，认为选择离家近的乡镇企业务工的机会成本最低，更愿意选择在离家近的地方谋生。这说明乡镇企业对人力资源具有极强的吸引力，劳动力数量充足，而劳动力价格方面具有相对优势，这为其发挥成本优势提供可能。对于滇东南边境民族地区农民在乡镇务工意愿低于对比研究村寨的原因，课题组认为主要是因为相比较而言，对比研究地区乡镇企业、民营企业数量更多，发展得更好。在这种背景下，出现对比研究村寨农民在乡镇务工意愿略高于滇东南边境村寨的

情况。

（四）狠抓招商引资，激活地区经济

基于滇东南边境民族地区既缺资金又缺技术、产业基础十分薄弱的现实，我们建议地方政府除大力扶持乡镇企业、发展民营企业外，还要狠抓招商引资，走"借鸡生蛋"之路，激活当地经济。正如当时任宿迁市市委书记的仇和所言："对欠发达地区来说，引进一笔资金，就能盘活存量；引进一个项目，则能整合一批资源，造就一个产业；引进一项技术，就能极速提高生产效率，拯救一批企业甚至振兴一个地区；引进一个名牌，就能激活一批品牌、抢占一片市场；引进一种模式，就能构建一套机制、激活一批企业。"①

为狠抓落实，可结合行业和地区特点制定具体目标，将招商引资任务下达给各职能部门。只有实现每个乡、镇"引进一个项目，打造一家以上企业"，才能达到促农增收的目标。在起步时期，可成立专门的招商引资部门，组建专业招商团队，安排适当比例的领导干部离岗招商。为狠抓落实，甚至可借鉴"全民"招商模式。在考核方面，可实施招商引资任务一票否决制。当然，在实施过程中，既要体现目标任务的艰巨性以激活招商人员的潜能，又要考虑地区现实，避免大面积惩罚以挫伤大众的积极性。总之，对于诸如滇东南这类贫困地区，应当鼓励和树立"改变落后要靠自己，敢闯敢干"的探求精神。

（五）发展边境贸易，激活农村市场

发展边境贸易是对外开放的工作重点之一，在沿边地区经济社会发展中发挥着"利民、富边、睦邻、安邦"的重要作用。一方面，边境贸易对于边境地区互通有无、调剂余缺、激活农村市场等方面具有重大的现实意义；另一方面，边境贸易对加强中外双方边民的相互了解，增进双方友谊，促进边境稳定、和谐、繁荣等方面具有深远的历史意义。边境县的优势在于与外邦接壤，每个国家、每个地区均有自己独特的资源、文化、工艺和技术，各具

---

① 包永辉、徐寿松：《政道：仇和十年》，浙江人民出版社 2009 年版，第 105 页。

特色的商品在对外贸易的过程中会增殖。中越关系正常化以来，两国贸易额也在不断扩大，从 1991 年的 3200 万美元增长至 2008 年的 194.6 亿美元，增长了六百多倍，① 为地区的经济发展起到重要的促进作用。在滇东南边境 6 县中，河口是边境贸易强县的典范。河口是我国西南进入东南亚、南太平洋地区的最近出海口，在我国与东盟建设"10+1"自由贸易区和昆（明）河（内）经济走廊建设中，处于咽喉的重要地位，是西南地区与东南亚国家发展对外贸易的桥头堡。作为国家一类口岸的河口，在边境贸易发展中，以明显的区位优势，已形成区域性经济发展枢纽，有力地推动了当地物流、人流、资金流、信息流，带动了区域经济的发展。目前，河口口岸是云南最繁荣的国家级口岸，边境贸易成了河口的经济支柱之一，这也是河口虽地处边境，但人均 GDP 多年来却处于全省 129 个县市前 40 名的重要原因。

因此，滇东南边境民族地区应发挥麻栗坡的天保、河口县的河口、金平县的金水河 3 个一类口岸，田篷、都龙两个二类口岸，21 个省级通道，27 个边民互市点② 的区位优势。在遵循相关政策的前提下，大力发展边境贸易，带动边境地区经济发展，促进边民增收。当然，发展边境贸易不可一蹴而就，必须从国家战略利益的高度出发，遵循互惠互利的原则，建立健全相关政策和法规，坚持严格试点，循序渐进，在不断探索中前行。为建立长期稳定和可持续的关系，两国的外交、商务等部门应着眼长远，加强沟通，达成共识，并签订相关协议，按国际惯例和世界贸易组织相关规则开展双边贸易。

（六）开发边境旅游，繁荣农村经济

开发边境旅游业是促进边民增收、间接教育边民的良好途径。靠近旅游区的村庄一般都比较富裕，而且村民思想意识较为进步，这一方面是因为经

---

① 罗铮：《中国驻越大使：中越两国战略互信提升至更高水平》，《解放军报》2009 年第 6 期，第 8 页。

② 富宁县的田篷口岸、马关县的都龙口岸是二类口岸；红河州有 8 个省级通道，文山州有 13 个省级通道；文山州有 19 个边民互市点，红河州有 8 个边民互市点。数据来源：文山州、红河州商务局口岸科，2010 年 5 月 13 日。

济发展会间接带动思想的进步；另一方面，村民的思想意识也会受到游客潜移默化的影响。① 随着人民生活水平的不断提高，人们对生态旅游的需求越来越强烈。滇东南边境民族地区具有开发边境旅游的独特区位和优势，这一区域具有沿边跨境、战区背景、民族特色等几大卖点，如文山州富宁县是土地革命时期创建的"滇黔桂边区游击队根据地"中心；麻栗坡是对越自卫反击和防御作战的最前沿，建有老山作战纪念馆。发展边境红色旅游，既是一项经济工程，也是一项文化工程、政治工程，是利党利国利民的重大举措，具有重要的现实意义和深远的历史意义，它既有利于加强革命传统教育，弘扬和培育民族精神，又有助于带动革命老区经济社会协调发展。因此，边境民族地区可以充分挖掘和开发边境旅游资源，培育农村经济新增长点，以繁荣农村经济。

课题组认为，边境民族地区旅游资源开发必须立足地区实际，突出特色，提升品质，强化品牌，从"特"字上做文章，强化边境民族地区的区位、民族特色与生态优势；在"优"字上下工夫，发展高效、生态、优质的农业生态旅游、观光旅游；在"名"字上搞创新，培育一批集历史、民俗、山水、田园、休闲为一体的生态旅游、红色旅游品牌。我们建议政府扶持自然资源好、有民俗特色的地区和村落开发旅游产业，紧紧抓住边境、战区背景和民族特色等重要题材，从爱国主义、革命精神和历史文化方面做文章。2009 年 12 月 31 日发布的 2010 年中央 1 号文件《中共中央国务院关于加大统筹城乡发展力度进一步夯实农业农村发展基础的若干意见》中提出："推进乡镇企业结构调整和产业升级，扶持发展农产品加工业，积极发展休闲农业、乡村旅游、森林旅游和农村服务业，拓展农村非农就业空间。"边境民族地区应以此为契机，大力发展边境旅游业。此外，还要注意到，孤立的乡村旅游点吸引力小，除地处交通要道外，如果一个景点方圆 100 公里内没有吸引力相当或超越该点的景区或休闲场所，孤立的景点其市场会极为有限。因此，我们还建议滇东南边境县联合开发旅游业，以形成线甚至面的优势，

---

① 胡红霞:《西部贫困村落新农村建设及其后续发展的难点与对策》,《经济问题探索》2008 年第 6 期, 第 56 页。

增强吸引力进而扩大市场。再者，如今城市拥挤，工作压力大，吃惯大棚蔬菜和饲料养殖动物的工薪阶层喜欢到农村去放松。针对这个市场，建议政府扶持有民俗特色或绿色食品丰富且交通相对便利的村庄开发"农家乐"。课题组在麻栗坡县进行入户调查时到过麻栗镇红岩村南朵小组，该村所处位置交通较为便利，距离县城约四公里，经济基础相对较好，村中妇女擅长刺绣，该村还被列为"两个文明双丰收"奔小康示范村。由于沿途风景较好，饮食资源较丰富，有几户人家开设"农家乐"，调研期间课题组曾经在其中一家用餐，大家都觉得饭菜口味正宗，是地地道道的绿色蔬菜，而且价格相较县城便宜。课题组认为，这种忙时务农、闲时经营的半农半商模式能降低农户的风险和运营成本，很适合在有条件的地区推广。

二、有序转移农村富余劳动力，发展劳务经济

农村富余劳动力向城市转移是世界各国城市化进程的共同特征。农村富余劳动力向城市合理有序转移不仅能促进农民增收，还能加快城市化的进程。课题组认为，对于相当一部分条件恶劣、产业基础薄弱、不具备发展较高经济效益的特产或经济作物的村寨，合理有序转移富余劳动力、做大做强劳务经济是一种较好的促进农民增收的方式。2010 年中央 1 号文件《中共中央国务院关于加大统筹城乡发展力度进一步夯实农业农村发展基础的若干意见》（以下简称《意见》）中提出："加大农民外出务工就业指导和服务力度，切实维护农民工合法权益，促进农村劳动力平稳有序转移。"《意见》中还提出"深化户籍制度改革，加快落实放宽中小城市、小城镇特别是县城和中心镇落户条件的政策，促进符合条件的农业转移人口在城镇落户并享有与当地城镇居民同等的权益。多渠道、多形式改善农民工居住条件，鼓励有条件的城市将有稳定职业并在城市居住一定年限的农民工逐步纳入城镇住房保障体系。采取有针对性的措施，着力解决新生代农民工问题。"这一系列含金量极高的支农惠农指南为我们解决滇东南边境民族地区农村劳动力转移困境提供了强有力的指导和支持。

　　基于滇东南边境民族地区经济发展滞后、就近转移富余劳动力能力极为有限的现实，课题组建议，要把加强技能培训和促进劳动力转移作为提高农民素质、拓宽就业增收渠道的一项战略任务抓实、抓好，确保贫困户均培训转移 1 名劳动力，努力实现贫困农村"输出一人，脱贫一户，带动一片"的目标，不断提高农民的经济收入。这可短期解决一部分农民"盼致富，无思路；想致富，无技术；求致富，无门路"的尴尬局面。由于滇东南边境民族地区交通不畅、信息闭塞、教育资源不足，相较内陆或发达地区，边境民族地区的农民无论是在观念、外出务工意愿、外出务工的数量和质量还是在技术和就业竞争力方面均存在很大差距。加之输出和输入地的职能部门引导和接纳农村富余劳动力时，在培训、管理方面存在一些问题，致使农村富余劳动力在转移过程中未能做到合理、有序，绝大部分农民工只能从事脏活、辛苦、价廉的工作。此外，农民工的合法权益和受歧视等问题也尚未得到有效解决。① 为此，需要立足现实，由劳动力输出地和输入地职能部门合作，从加强宣传、组织、培训、管理、成立农民工工会、立法乃至司法援助等多方切入，齐抓共管，才能有组织、有计划、合理有序地转移农村富余劳动力，持续促进农民增收，使农民通过外出务工掘得"第一桶金"成为可能，为日后创业提供支持。

（一）舆论先行，鼓励农村富余劳动力输出

　　为消除滇东南边境民族地区对农村剩余劳动力输出的成见和误解，地方政府应当在新闻媒体开辟专栏，大力宣传转移农村富余劳动力的积极意义，使广大边民认识到发展劳务经济是增加收入的好途径，外出务工可以学先进技术、文化，可以通过务工提高谋生技能，可以将能力直接转化为经济效益。地方政府或基层组织可以利用宣传品进行宣传，如：印发各种宣传资料、手册、典型事迹材料，发布宣传标语等。通过宣传，使边民明白外出务工的好处，了解外出打工注意事项，通晓学习技能的途径，掌握劳动纠纷的

---

　　① 胡红霞：《试论西部贫困地区农村劳力转移与人才回流》，《经济问题探索》2009 年第 1 期，第 32 页。

解决办法等，激发边民外出务工的积极性。政府还可以利用典型现身说法进行宣传，组织致富早和离乡创业的先进典型深入村寨，用自己"跳出农门闯天下"挣钱的亲身经历，鼓励青壮年外出务工。

与此同时，为消除城市对农民工的歧视，应大力宣传从农村转移出来的农民工为城市繁荣、农村发展和国家的现代化建设作出的重大贡献，宣传党和政府培训和转移农村劳动力的有关政策，让农民工感到自豪，使全社会形成理解、关心、尊重和保护农民工合法权益的良好氛围。

（二）加强培训，提升农村劳动力的就业竞争力

随着市场经济的发展和科学技术的进步，社会对劳动力素质的要求越来越高，现有富余劳动力要更好地就业，就必须具备较高的素质，以适应经济社会发展的要求。为提高农村劳动力的综合素质进而提高就业竞争力，应建立先培训后就业的农村富余劳动力转移就业制度，尤其要加强新生劳动力的教育和培训。职业技能培训是增加人力资本积累、减少素质偏低的农业劳动力供给、解决农业剩余劳动力出路的治本之策。[1] 通过培训，逐步使农村劳动力的输出结构由体力型向技能型转变。在培训时，尤其要强化职业技术培训，从基础教育、职业教育和成人教育三个环节同时入手，各有侧重，紧紧围绕农村劳动力素质提高的目标来进行，以提高培训的针对性、实用性、有效性。在内容方面，除专业技能外，还要结合农民工的特点和社会现实，加强对性病、艾滋病、外出务工基本知识、注意事项等方面的培训。各级政府还应当按照城乡经济社会协调发展的需求，对农村职业教育基地、师资力量、教学手段和培训教材等合理规划，完善管理和加大投入，形成与当地农村经济发展相适应、为农民服务的职业教育新模式。[2] 另外，坚持农民培训与农民就业、提高农民收入相结合，建立以市场为导向，以订单、定向、定岗培训为重点的培训机制，针对不同行业、不同工种、不同岗位，进行对口

---

① 顾海英：《新农村建设过程中农村剩余劳动力有效转移的途径和对策》，《社会科学》2006 年第 7 期，第 118 页。

② 李爱：《农村劳动力转移中的政府行为分析》，《山东社会科学》2005 年第 9 期，第 69 页。

职业技能培训，开展如建筑、家政、餐饮等形式多样的农村富余劳动力转移就业培训工作，使培训和就业对接。

（三）加强组织引导，促成农村劳动力有序转移

为实现边境民族地区农村富余劳动力的有序转移，政府相关部门要像抓城镇下岗职工再就业那样抓好农村富余劳动力的转移工作。第一，应建立大区域的信息网络，以劳动部门为中心，以县市为单元，延伸至乡，充分发挥报刊、网络、广播电视等媒体的作用[①]，及时获取省内外的用工信息，主动与输入地沟通联络，互通信息，制定需求预测和输出计划，据此招募民工，组织工源。第二，要加强劳务市场建设，发展壮大劳务中介组织并规范其行为。第三，实行"一站式"服务，农民外出务工所需各种证件手续在一个窗口集中办理。第四，搞好跟踪服务，加强与务工者的通信联系，及时了解农民工在务工过程中遇到的困难和问题，为农村劳动力转移提供简便快捷的服务。第五，加强政府对劳动力市场的预测、规划、调控，使劳动力转移具有组织性和有序性，降低农民工盲目流动的概率，降低农民工就业和转移的成本。

另外，基于包括滇东南边境民族地区在内的许多劳务输出地区均存在男性外出务工比例远高于女性的现实，课题组建议，在组织引导农村富余劳动力转移时，要鼓励农村女性走出去，缩小农村和进城农民工男女严重失衡的比例，缩小由于劳动力转移导致的农村籍男女见识和能力的差距。如果高比例女性长期留守家园，会导致农村妇女更加保守、僵化，还会导致许多家庭问题。为此，我们还建议，在提高农民工预防艾滋病知识水平的同时，鼓励有条件的家庭转移劳动力逐步从以个人为单位向以家庭为单位过渡，这样可避免许多家庭矛盾和名存实亡的婚姻，也可有效降低由进城农民工产生的嫖娼需求，以避免进城农民工实际收入降低、嫖娼染病、家庭破裂等事件的

---

① 余曙光、余小平：《新农村建设与西部民族地区人力资源开发——大理州农村劳动力流动和转移的调查与思考》，《西南民族大学学报》2006 年第 12 期，第 248 页。

发生。① 只有这样，农村富余劳动力才能有计划、有组织、合理、有序地转移，才能实现人力资源的优化配置，才能实现统筹城乡以及农村家庭的和谐发展。

（四）成立农民工工会，规范用工关系管理

由于目前没有建立起有效的农民工工会，暂无组织能够代表农民工利益，这会引起诸多后果，如：农民工的权益持续受到伤害；在农民工、用人单位之间缺乏平等有效的沟通平台；农民工权益受到侵害时不能及时引导其依法解决，引发恶性事件发生，影响社会稳定。

课题组建议，在各城市建立单独的农民工工会，并将农民工工会加入所在城市总工会，接受其领导。农民到城市打工，可以直接加入所在城市的农民工工会。农民工工会针对农民工开展的所有活动都应当是免费的。农民刚刚到城市时，对维权实务知之甚少，农民工工会应当积极针对上述内容开展对农民工的培训。同时，农民工工会应当积极开展农民工维权活动。

（五）加快法制建设，切实维护农民工合法权益

为提高农村富余劳动力的转移就业率，进而保障农民工的合法权益，政府应加快法制建设，完善《中华人民共和国劳动法》，加快制定《进城农民

---

① 据 2009 年 11 月 28 日《长江日报》报道，截至 2009 年 9 月底，湖北省崇阳县共发现 73 名艾滋病感染者，其中 72 人是农民，59 人是外出打工期间感染的。从感染途径来看，有 3 例是吸毒和输血感染，其余 70 例全是经性途径感染。卫生部艾滋病防治专家咨询委员会委员刘康迈在清华大学健康传播研究所举行的农民工防艾报道研究班上披露："在 2008 年报告的艾滋病病毒感染者和病人中，17.5% 是流动人口。"而据清华大学社会学系教授景军估算，在流动人口中，80% 感染者应为农民工。我国目前有 1.2 亿以上农村外出务工流动大军，农民工群体保护自己远离艾滋病的状况令人担忧。很多专家认为，农民工是感染艾滋病的"脆弱群体"。他们远离家乡和亲人，大部分处于青壮年期，夫妻长期两地分居，找不到正当的途径解决个人生理问题。而有些农民工由于文化程度较低，缺少必要的性科学知识，没有自我保护意识，又不采取安全措施，这种行为很容易成为艾滋病、性病等的受害者。一旦感染艾滋病，农民工返乡后传染给配偶，将导致更大范围的传播。信息来源：王晓晶：《关爱农民工共防艾滋病》，中国农业新闻网，http://www.farmer.com.cn/news/jjsn/200911/t20091128_502674.htm，（2010-2-25）。

工社会保障法》、《反歧视法》等相关法律，规范农民工劳动管理。要求用工单位严格遵守劳动合同制度，加强对用人单位订立和履行合同的指导和监督；依法保障农民工职业安全；严格执行最低工资制度，制定推行小时最低工资标准；严格规范用人单位工资支付行为，建立工资支付监控制度和工资保证金制度，确保农民工工资按时足额发放。另外，政府应采取相应措施保证进城农民工享有"国民待遇"，在入城子女的义务教育、户籍管理、城市公共物品使用、民主参与等诸多领域，逐步取消对农民工的歧视和限制。鼓励有条件的城市将有稳定职业并在城市居住一定年限的农民工逐步纳入城市廉租房和经济适用房等城镇住房保障体系；改革和完善现行社会就业保险制度，逐步建立进城农民工的医疗、失业、养老等社会保险制度，依法将农民工纳入工伤保险范围，解决农民工大病医疗保障问题。

三、加大投入，动员全社会关注、支持边境民族地区基础设施和公共事业建设

基础设施和公共事业建设是公共服务的重要内容，随着改革开放的不断深入，滇东南边境民族地区基本生活资料短缺的问题已逐步得到解决，但是正在快速增长的基本公共需求与基本公共产品短缺、公共服务不到位之间的矛盾逐渐凸显，并逐渐成为滇东南民族地区发展的新矛盾、新问题。从理论角度分析，实行基本公共服务均等化是体现以人为本和弥补市场公共产品供给失灵的制度安排；从实践角度分析，实行基本公共服务均等化是缓和当今社会矛盾和实现区域发展的现实需要。基础设施和公共事业建设不仅关系民生，还关系到地区经济的发展。只有生产生活便利了，生产成本才能降低，生产率才可能提高，人民的生活水平也才能得到保障。滇东南边境民族地区长期陷入资金短缺→基础设施和公共事业建设滞后→生产生活成本高→农民贫困→缺乏教育→缺乏人才→缺乏产业→财政收入低→资金短缺的恶性循环。从循环图可知，短期内，加强基础设施和公共事业建设、改善民生、扶持产业、促进增收是上策，从中长期看，还需教育资源倾斜，科教兴边、固

边才是根本。

（一）政策上倾斜，加大对边境地区的资金投入力度

近年来，在整村推进、新农村建设、兴边富民工程、边境地区专项转移支付资金等项目的推动下，边境民族地区的基础设施建设取得了显著成绩，但也存在一些特殊的难题。当前，新农村建设的投入机制是主要采用拼盘式，即：省、州／市、县各投入一部分资金。而在边境地区，绝大部分都是国家重点扶贫县，县财政十分困难，只能部分完成拼盘式投入任务，因此，在短期内，还需要省、州／市乃至更高部门出台倾斜的投入政策。此外，由于地势崎岖、居住分散等原因，滇东南边境民族地区的交通状况相较内陆和发达地区的差距还十分显著，上文已有所阐述，一部分边境村寨还未通路，许多边境村寨的进村道路还是土路，"晴通雨阻"的状况还得不到改善，出行难、运费高、提速难严重制约着边境民族地区的经济发展和人民生活水平的提高，致使这些地区新农村建设和扶贫开发的效果不明显。

课题组了解到，在许多边境村寨，钢筋、水泥、砖等的进村价高出零售价将近一倍，原因主要就是运输难。因此，要想致富、必先修路在滇东南边境民族地区是深入骨髓的硬道理。只有破解"出行难、运费高"的难题，农村的水、电、气、房建设的成本才能降下来，帮扶的效率才能提高。当前对边境地区的资金投入虽然已高于非边境地区，但基于边境的特殊性，这些资金仍是杯水车薪，边境民族地区的艰辛和帮扶效率的低下只有到过现场的人才能感受到。因此，建议文山州、红河州的相关部门克服困难，邀请高层决策者到滇东南边境一带进行实地调研，让高层呼吁、整合更多资金，支持边境民族地区基础设施建设，改善民生，为产业发展提供必要支持。此外，课题组认为，由于这一区域帮扶难度大、资金有限、职能部门人力资源有限，为了提高帮扶的效率和效果，可以采用由点到面的帮扶策略，先集中资源重点突破农民积极性高、有帮扶条件的村寨，这样更能起到示范和激励的效果，进而调动更多人的积极性，削弱一部分农民习惯"等、靠、要"的依赖思想。在资源有限的情况下，从面上入手很难达到让农民心动的效果，农民是理性的，现实的，只有让农民看到实效、得到实惠，才能广泛调动农民的

积极性，才能为农村产业的发展注入活力和强心剂。

（二）动员全社会关注、支持原战区建设

除通过正式的政府渠道从政策上给予滇东南边境民族地区倾斜外，课题组认为，还应主动出击，四方寻求支援，动员全社会关注、支持这一特殊区域。对于向外界寻求支援，要以自然地理条件和战争历史为依据，以人道主义、爱国主义、英雄情结打动资源掌控人，以实事求是、可持续帮扶、着眼长远为原则，持不卑不亢、不屈不挠的态度，不给援助方增加困难，站在援助方的角度思考问题。对于一些目前有心无力的爱心大使、爱国人士，我们要持不求现在立即帮扶，但求一个好的口碑、一个好未来的深远立意。对于帮扶的额度，不能以需要为原则，而应以帮扶方方便为原则，要有争取一点、解决一村的人本和务实精神。

在广泛寻求支援时，要注意重点突出，其中向知名企业寻求帮扶是一种重要的方式。步入 21 世纪，企业的社会责任被提上企业经营与管理的重要议程，一些企业因为主动履行社会责任而受到广泛好评，有的企业由此进入了承担社会责任→知名度、美誉度提高→市场份额增加、利润增加→竞争力增强→有能力并承担更多的社会责任→赢得更多认可和赞誉→获得更多市场份额的良性循环。在这方面，内蒙古的蒙牛乳业集团勇于承担社会责任的气魄值得赞誉，他们略带树立品牌形象和营销运作的手法也值得企业界学习借鉴。

此外，基于滇东南边境民族地区曾是战区的特殊背景，我们建议当地政府向曾有从军背景的知名企业家求援，发挥名人效应，动员企业雪中送炭、干紧事、干实事。这部分人虽然十分有限，但其从军背景很容易与战区背景产生感情共振，向这类知名工商界人士寻求支援具有成功率高、投入大的特点，如：万科企业股份有限公司董事长的王石、华为技术有限公司的任正非、北京市华远地产股份有限公司董事长任志强、慧聪网董事局主席郭凡生等。还有一个特殊群体是当年参与过对越自卫反击战的军人，这些人现在可能身处各领域，一部分人可能已身居高位，一部分也可能弃戎从商，对于这些曾经在滇东南战场上出生入死的英雄来说，一定在这片热土上发生过许多

可歌可泣的故事，他们一定会对这片热土怀有深厚的感情，其中的一些成功人士可能正在思考如何在昔日战区做一些具有缅怀意义的事。因此，我们建议滇东南地区政府以怀念和发扬老山精神为主题，加强与这些人的沟通和交流，吸引这些人关注滇东南、支持滇东南、将爱心投向滇东南。

（三）加快边境民族地区农村基础设施建设的步伐

1. 交通方面

破解滇东南边境民族地区发展难的切入点应从改善交通状况着手，解决出行难、交通成本高的难题。上文有所叙及，制约滇东南边境民族地区经济社会发展的首要因素是交通，恶劣的交通状况增加了农民的生产生活成本，加大了新农村建设和扶贫开发的难度。在信息社会，恶劣的交通状况还会使一个地区处于信息孤岛，交通差往往会和信息闭塞、观念落后捆绑出现。因此，改善交通是滇东南边境民族地区需要攻克的首要难题。许多非边境村寨在新农村建设主体工程结束后基本实现了村村通路，有的是柏油路，有的是水泥路。但是在滇东南边境民族地区，通路工程只勉强达到村委会级，而且相当数量的建制村只通土路，"晴通雨阻"现象十分普遍，底盘矮的轿车和大车根本无法驶入一些自然村，甚至还有一些边境自然村要驾驶技术好的人才能骑摩托车进入。对于交通状况恶劣的村寨，即便在新农村建设时整合了兴边富民工程的资金后，每村投入资金已达到50万元，但仍是杯水车薪，项目实施后基础设施的改善仍然不明显，而在非边境村寨，每村投入可能不足30万，但对民生的改善效果高于边境村寨。综上所述，课题组建议滇东南边境民族地区政府重点改善交通状况，尽快达到建制村通柏油路、自然村通机动车道的水平，保障道路的畅通和运载能力，解决出行难、交通成本高的难题。课题组认为，除新农村建设和兴边富民工程项目资金外，还应多渠道整合资金，广泛求援。

（1）越级争取。滇东南边境县在获得州级主管部门的许可和支持后，可向省、部级交通、运输、农业等相关部门争取资金，改善滇东南边境民族地区农村交通状况。滇东南县、州政府应当作好相关申报资料准备，突出边境、民族、贫困、落后、原战区的特殊性，尤其强调地势、地质导致交通的恶劣，进而影响和制约地区经济社会的发展，让上级部门认可交通是这一地区的发展瓶颈、破解这一地区发展难的首要措施就是先修路改善交通。只有这样，才能争取到更多的资源，才能改善这些地区的交通状况。

（2）跨部门整合。滇东南边境民族地区有战区、民族两个特殊背景，建议县、州政府向军事、国防部门、外交部争取资金，改善边境地区交通状况。此举一方面可改善交通状况进而改善民生；另一方面可巩固国防，防患于未然。关于这一点，我们认为很有必要，我国应当有这样的忧患意识和战略安排。课题组在调研时了解到，越方在边境地区修建的巡逻道在国界碑附近就能被清晰地看到，在上千米距离外的越南巡逻道能较清晰地识别出来，估计宽度不会亚于我国的省级公路。我们可以判定，这样的基础设施在和平时期是民用，而一旦处于战争时期，沿边境的巡逻道势必能为军事物资的运送提供极大便利。滇东南边境民族地区大多处于岩溶山区斜坡地带，山地与河谷纵横交错，山高坡陡，属于典型的喀斯特地貌，军事供给往往成为战争主动权的关键因素之一。此外，滇东南边境地区是典型的民族地区，因此建议县、州政府向省或国家民委等部门争取项目和资金。

（3）跨地区、跨行业争取。近年来，国家安排发达地区政府和企事业单位对贫困落后地区进行对口帮扶援建，滇东南边境民族地区一直是对口帮扶的受益者，上海虹口区、松江区、闵行区、长宁区的政府部门、企事业单位均对滇东南边境6县进行过对口帮扶。如上海多家建筑施工企业以"白玉兰"①扶贫重点村的方式对文山州、红河州援建了多个示范村。我们建议，在新时期，为攻克出行难的问题，滇东南边境民族地区可向统战等部门求援，向更多的发达地区如北京、深圳、苏州、义乌、东莞等地的政府、企事业单位争取资金对口帮扶，同时结合"3＋1"对口帮扶②和兴边富民工程，动员更多的社会力量支持边境地区的交通事业。

（4）发动筑路义工，发动群众、学生投工投劳。由于受到地势和地质条

---

① "白玉兰"是由上海市建筑施工行业协会发起，企业自愿参加的一个具有行业权威性组织。以该组织冠名的"白玉兰"奖是上海市级优质工程最高荣誉。

② "3+1"对口帮扶即由1家大型企业、1家科研院校、1家金融企业对口帮扶1个边境县市的模式，是配合兴边富民工程实施，动员社会力量支持边境地区发展的有效措施，是云南省委、省政府为配合实施兴边富民工程、推进边境地区加快发展的一项重大决策。

件的制约，改善滇东南边境民族地区的交通是一项耗资巨大的工程。为提高有限资金的使用效率，我们建议广泛发动以公务员、企事业单位工作人员和学生为主的义工和人民群众投身于滇东南边境民族地区的通路工程中。现任云南省委常委、昆明市委书记仇和在江苏沭阳县主政时大规模发动义工参与环境整治和道路建设的经验值得学习借鉴，这是"无条件创造条件也要上"的精神写照，是在新时期继续发扬艰苦创业、无私奉献精神的重要举措，无论从地区发展还是民众身心锻炼和改造来讲，都是值得提倡的做法。

　　基于边境民族地区的现实，我们建议发动义工和群众投工投劳时，应遵循"公务员、事业单位、企业工作人员先安排，领导干部、党员挂帅，最后发动广大农民群众和学生"的顺序，路段选择应遵循先农村后乡镇再到县州的原则。义工和农民群众、学生投工投劳路段主要安排在乡村级道路，有如下一些原因：一是近年来，随着市场经济的发展，无论公务员还是农民的吃苦精神和奉献精神都有所减弱，基层政府的公信力受到质疑，先发动以公务员、事业单位、企业工作人员为主的义工在双休日去修筑乡村公路，可以取信于民，让农民群众看到成绩后，能为更广泛地发动农民群众投工投劳打好基础；二是义工、农民群众和学生毕竟不是专业的建筑工人，主要负责技术等级低的乡村公路能扬劳动力密集之长、避缺乏专业技术之短；三是以公务员、事业单位、企业工作人员为主的义工人数毕竟远少于农民群众和学生，以就近原则安排农民群众和学生，可提高工作效率，还可降低客运成本和风险；四是农民群众有无法根除的小农意识，只有修筑能为自己提供直接便利的道路，他们才更可能会尽心、尽力。除上述发动顺序和路段安排外，还需注意几个重要细节：一是狠抓宣传。由于宣传的最主要目标群体是农民，宣传的主要目的是削弱他们的劣根性，激起他们的奉献精神和积极性，因此，建议在县级电视台上广泛宣传农民参与修筑乡村公路的意义和作用及群众修路中的典型事迹，同时注意从点上切入，让农民看到义工和农民群众修筑好的路为农民自身带来的便利和实惠；二是狠抓以公务员、事业单位、企业工作人员及领导干部为主的义工的纪律。这部分人虽然不多，但他们能起到引领和表率的作用。要坚决杜绝义工作秀和虎头蛇尾等行为，从机制上严格落实义工的劳动时间和工作量，必要时，可根据工作类型、性别、年龄段将工作定量化，避免滥竽充数。群众的眼睛是雪亮的，如果领导干部有作秀嫌疑或是出工时间短，人民群众就很难发动。仇和在沭阳大规模发动义工的初期也曾遭到群众的质疑①，在以仇和及其领导班子等众多领导干部的坚持下，人民群众看到了成果，享受到了实惠，后来积极投身到基础设施建设中，基本达到了人均出 8 日义工的工作量，为沭阳县的环境整治、交通改善作出了巨大的贡献。此外，还应当专门成立以纪委和监察局工作人员为主的纪检小组负责督察，同时对好人好事进行奖励和表扬，对偷工减料、冒名顶替等事件进行严惩。尤其要注意员工顶替领导干部的恶劣行为，这种行为影响极坏，只有领导作表率，当好模范带好头，普通义工和农民才会苦干。对于义工的宣传，要以县级电视台和机关报为主要媒体。此外，在安排义工时要保证原单位的正常运行，尽量安排在双休日中的某一天，要有严谨、成熟的方案和预案，作好打持久战的准备。只有作好打持久战的准备，才能消除作秀和虎头蛇尾的猜疑；也只有这样，才能取信于民，才能发动广泛的农民群众和学生投工投劳，创造奇迹，打赢新时期的交通"人民战争"。

2. 水、电、气、房方面

（1）农田水利、人畜饮水。农田水利建设关乎农民生产乃至农村产业的效益，人畜饮水关乎人和牲畜的健康。滇东南边境民族地区水资源多集中在低矮河谷地带，山区饮用水源少，水源保证率低，大多数边境村寨存在着不同程度的人畜饮水困难；农业水利化程度低，生产用水难，有效灌溉面积逐年降低，边境群众处于"靠天吃饭"的局面。课题组建议，在持续推进边境民族地区新农村建设的过程中，要加大农田水利和人畜饮水的建设力度，全面解决人畜饮水困难。有水源的村实施管道引水，无水源的村建小水窖或安装小型抽水机。有条件的要结合产业发展，建设旱地水浇池，使就医难的边境群众能喝上达标的饮水，减少可预知的消化系统疾病。至于资金投入困难的问题，可借鉴上文的多渠道争取思路，除已提及过的部门外，还可向水利、农业以及卫生等部门争取。对于涉及人民大众的基础设施和公共事业建设，均可采用发动义工和人民群众投工投劳的思路，如下文将叙及的电网建

---

① 包永辉、徐寿松：《政道：仇和十年》，浙江人民出版社 2009 年版，第 66 页。

设、村级小学的建设等，为避免重复，下文不再赘述。

（2）电网建设。电力作为一种清洁、环保、输送和维护成本低的重要能源，在社会发展中处于变革性的地位。根据课题组的调查，文山州的富宁、麻栗坡和红河州的河口、绿春四县中，农村电力存在的问题相对较多；在电网建设方面的难度相对较大。一部分边远、居住分散的边境村寨至今还未完全通电，部分村寨还未完成农网改造，电压低、线损多、电价高等问题突出。为满足近年来边境民族贫困地区日益增长的电力需要，建议滇东南边境民族地区采用市场运作与帮扶结合的模式，破解未通电、电压低、电价高的难题，尽快做到100%的农户通电率。在农民居住分散、输送距离远、电压低的地区，要做好宏观规划，合理布局变电站或增设变压器，保证电压，保证农民正常的动力用电。在未进行农村电网改造的地区，要尽快实施，实现同网同价，尽快使边民走出贫困→用电少→线损比例高→实际电价高→少用电→生产效率低→收入更低→更贫困的恶性循环，让边民尽快结束"农村比城市穷、电价比城市高"的历史。对于已进行过农村电网改造并有产业发展潜力的地区，要加快农网改造升级的步伐，为进一步降低线损、提高供电量和供电效率提供支持。电网建设主要由电力企业来完成，纯粹的市场行为不符合构建和谐社会的宗旨。电力企业属于国企，因此政府要加强对电力企业的引导与调控，对于边境民族地区，出于和谐发展和守土固边的需要，政府或企业需要具体问题具体分析，不应以赢利为第一目标，而要以民生需要为依据。电力企业要站到国家利益高度，有高瞻远瞩的目光和敢于承担企业社会责任的气魄，勇于扛起"工业反哺农业，城市支持农村"和"多予、少取、放活"的旗帜。为鼓励和支持电力企业推进通电工程和农网改造，尽快改善这些地区的民生，政府应出台税收减免、财政补贴等相关配套政策，降低电力企业在边境地区的通电工程和农网改造的投入。对于经济效益低、尚未通电的地区来说，通电工程是涉及广大农民群众的惠农工程，为加快通电工程的进度，降低电力企业的通电成本，施工期间，当地基层政府要做好农民的思想工作，对不可避免的布线占地、砍伐树木或踩毁庄稼等事项要给予支持和配合。同时，基层政府亦可在通电工程施工时发动受益农民群众投工投劳，从事一些技术含量低的工作。此外，对于一部分电压难以保证的村寨，可向村民推荐兼容 110V—380V 电压的电器，将这类电器纳入到家电下乡产品目录中；对于一部分在短期内确实无法通电的村寨，建议借鉴越南的做法，给边民适当的补偿煤油，给有一定自筹能力的农户适当补贴费用，用于购买小型发电机，解决照明问题。

（3）沼气池建设。沼气作为一种清洁、可再生、环保、经济的生物能源，具有多种优势，尤其适合在电价高、森林少的地区推广。基于滇东南边境民族地区电价高、农民贫困程度深、战争和排雷期间森林植被遭到严重破坏和森林覆盖率低、生态环境恶化、农民卫生水平低的现实，建议滇东南边境民族地区在推进新农村建设过程中，大力推广沼气池建设，确保户均建有 1 口以上沼气池，并与改厩、改厕、改厨相结合。在调查过程中，课题组了解到，虽然国家对沼气池的建设投入了物资和技术，但普及率不如想象的高。我们认为，沼气池建设基本只需农民投入劳动力，惠农力度已相当大，其普及率尚且不高的主要原因在于宣传动员不够、技术有待攻克。因此，对于沼气池的建设，我们认为有如下几个方面需要高度重视：首先，抓好宣传和动员，让农民普遍知晓沼气的优点和价值；其次是结合地区的气候和资源，加强研究，争取技术上取得新突破，提高沼气的产气率；再次是严格落实沼气池建设的各项优惠政策，严禁出现各种因建沼气池致使农民增加不必要开支的事件，尤其要严惩补贴或物资发放部门以及技术人员变相索贿或提供劣质材料致使沼气产气率降低的恶性事件。

（4）房屋建设

房屋是人类生理需要衣、食、住、行中的一个重要组成部分，只有安居才能乐业，让居者有其屋是新农村建设的一个重要目标。然而，课题组在调研过程中发现，滇东南边境民族地区未列为新农村建设项目示范村的村寨中危房林立、杈杈房随处可见，我们多次被农民的家徒四壁所震惊。（如图 5—1 所示）：

基于一部分边民住在木楞房、杈杈房、危房之中和一部分农民无力自建安居房的现实，我们建议对这部分农民给予适当的建房补助，达到项目村全面消除危坏房、农民居住安全卫生、人畜分开的目标。关于建房补助，课题

图 5—1　四处可见的危房

2009 年 8 月 16 日摄于麻栗坡县天保镇天保村委会南洞村民小组

组了解到，在一些地区，为了体现公平，建房户的补助是按户核定而不考虑人数和农户自筹能力；其次，为了整齐划一，在规划时几乎所有新建房屋的设计和大小完全一样。课题组对这种未充分考虑农户自筹实力和居住需要而实行一刀切的补助和短期内一步到位的政策有一些不同的看法。我们认为，一刀切的补助和不考虑实际过分追求整齐划一的做法一来会导致部分农民深陷负债，二来会使得承受能力低的农民产生不满。因此，建议政府帮扶农民进行安居房建设时，一要根据农户人数考虑实际需要；二要结合农民的经济实力充分考虑农民的自筹能力和承受能力；三要对确实存在困难的低保户、五保户、残疾人等弱势群体特殊对待，以安全、经济、实用为原则，可将这部分人数少、无力自建的特殊群体联合建盖成连体户型。这样既可降低人均帮扶成本，又可集中安置这些鳏寡孤独的特殊群体，既方便他们相互照应，又便于他们共情。

图5—2 杈杈房

2009年8月17日摄于河口县瑶山乡梁子村委会岩头村小组

图5—3 家徒四壁

2009年8月12日摄于富宁县田蓬镇田蓬村委会保上村小组

（四）加大边境民族地区农村公共事业建设的投入力度

新农村建设，物质文明、精神文明必须两手抓，两手都要硬。如果说基础设施建设偏向于硬件建设，那么公共事业建设则偏向于软件建设。建设新农村，必须扩大公共财政覆盖农村范围，形成城乡经济社会发展一体化的新格局；必须大力加强边境民族地区农村教育、文化广播通讯、医疗卫生、社保等公共事业建设，使广大边民学有所教、病有所医、老有所养。

1. 教育方面

百年大计，教育为本。从现实情况来看，滇东南边境农村地区能接受中等以上教育的人数比例不超于10%，因此，在短期内，基础教育对于提高这一落后地区的人口素质起着决定性的作用。基于滇东南边境民族地区受地理环境的限制，农户居住相对分散，一些适龄儿童上学难、校舍年久失修，有安全隐患等现实，课题组建议滇东南地区要高度重视基础教育的地位（必须比内地和发达地区还要重视），加大对基础教育的投入和支持。

第一，要合理布局农村学校，必要时，要以方便学生上学、保证学生安全为原则，增建完小，同时继续实施中小学校舍安全工程；第二，对边境乡镇义务教育阶段在校学生全面实行免费教育，严格实施"两免一补"和"三包（包吃、包住、包学习费用）"政策，兴办寄宿制学校，使确实需要寄宿的学生能够进入条件较好的寄宿学校学习，保障经济困难家庭儿童、留守儿童特别是女童完成学业，并逐步改善贫困地区农村学生营养状况，促进城乡义务教育均衡发展；第三，在巩固提高"普九"成果的基础上，全面提升义务教育的质量和水平，培养造就有文化、懂技术、会经营的新型农民；第四，巩固和完善农村义务教育经费保障机制，落实好教师培训制度和绩效工资制度，吸引内地优秀教师和优秀应届毕业生到农村第一线工作。当前，高校学生实行生源地贷款，为吸引优秀毕业生回乡任教，可对到农村履行服务期的毕业生代偿学费和提供助学贷款；第五，健全农村教师培养培训制度，提高教师素质，健全城乡教师交流机制，继续选派城市优秀教师下乡支教。关于这一点，我们认为可借鉴越南的做法。越南边境一线教师月平均工资比内地同等教师高20%，在边境工作3年后可以无条件地调回内地安排工作。可以肯定，基于我国乃至滇东南地区的就业背景，即便将要求提高，即：边境地区教师工资与内地持平、在边境从事基础教育工作满 5 年的、综合排名处于同级同类前 80% 的教师调回县城一级以上的地区工作，恐怕也会出现乡镇优秀教师争先恐后地投身到边境农村基础教育事业中来的情形，竞争可能会使边境教育系统成为"藏龙卧虎"的地方。我们可以推定，"藏龙卧虎"的滇东南边境教育系统势必会成就一番伟大的事业。

2. 文化广播电视通信事业方面

社会主义文化建设是社会主义新农村建设的重要内容和重要保证，文化广播电视通信事业建设是满足农民日益增长的精神文化需求、提高农民思想道德素质的基本保障。基于当前滇东南边境民族地区文化广播通信事业建设滞后、农民思想观念落后、文化娱乐设施匮乏、村民活动室的建设存在形式重于内容的现实，我们建议在有条件的村建一个集议事、科技文化活动、娱乐、民族节日祭祀仪式等多功能为一体的活动室，同时建一间公厕，设一块活动场地。一个自然村分为 2—3 个村民小组的，可根据实际情况，本着适用、实效和村民自愿的原则合建活动室。要狠抓村民活动室的内容建设，对于新农村建设主体工程结束的村寨，要购置相关文化活动设备，添置农业科技相关书籍或音像制品。建议村村添置农村致富典型事迹的纪录片或科学种养殖教程，为专业户或致富带头人提供知识和技术储备。在广播电视方面，要扎实推进广播电视村村通工程，安装地面卫星电视接收站，确保能收看 8 套以上电视节目；条件允许的，要安装闭路电视网络。同时，在民间可对越南广播电视信号进行屏蔽。通信方面，在不通固定电话和手机信号未覆盖的边远山村，有条件的村寨至少安装 1 部"致富通"固定电话。此外，在有条件的村寨应推进文化信息资源共享、乡镇综合文化站和村文化室建设、农村电影放映室、农家书屋等重点文化惠民工程。与发达地区或省、州级对口帮扶单位建立文化科技卫生"三下乡"长效机制，支持农民兴办演出团体和其他文化团体，引导城市文化机构到农村拓展服务。重视丰富农民文化生活，帮助他们提高素质。也只有这样，才能倡导农民崇尚科学，诚信守法，抵制迷信，移风易俗，遵守公民基本道德规范，养成健康文明生活方式，为形成男女平等、尊老爱幼、邻里和睦、勤劳致富、扶贫济困的社会新风尚打下坚实基础。

3. 医疗方面

基本医疗卫生服务关系到广大农民的幸福安康，农村医疗和社保关乎农民是否能够病有所医、老有所养，必须尽快将此类工程惠及边境人民。基于滇东南边境民族地区农民健康意识不强、居住分散、看病难、看病远、看病贵、基层医疗资源匮乏、因病致贫比例高的现实，建议滇东南边境民族地区加大对农村医疗社保的宣传，同时加大农村医疗社保体系构建的投入，达到每个村委会均有合格的卫生室和乡村医生。在居住分散、规模较大的建制村，鼓励和支持村委会卫生室增设服务点，加强农村卫生人才队伍建设，逐步实施免费为农村定向培养全科医生和招聘执业医师计划。提高乡村医生补贴，构建城市医师支援农村制度。针对基层缺乏医技人才问题，我们认为，同样可以借鉴上文提及的采用提高边境地区医生的工资、在边境基层从事医疗卫生工作满 5 年的、综合排名处于同级同类前 80% 的医生调回县城一级以上的地区工作的策略来吸引医技人才。

同时，需要重点支持村卫生室建设，加大村卫生室的医疗设备投入，确保向农民提供安全价廉的基本医疗服务。整合城乡医疗资源，建立健全农村三级医疗卫生服务网络，落实乡镇卫生院人员绩效工资和乡村医生公共卫生服务补助政策，重点办好县级医院并在每个乡镇办好一所卫生院。严格落实住院分娩，逐步推行住院分娩补助政策，切实降低孕产妇的死亡率。

基于新型农村合作医疗制度在实践中的不足，我们建议从如下几个方面着力解决：第一，持续动员、宣传"新农合"的相关政策，把宣传与服务指导相结合，增强农民"参合"的主动性。通过有针对性的宣传，消除农民的后顾之忧，使"新农合"不断为农民所理解和接受，促成农民自觉"参合"的局面，争取实现"新农合"覆盖到所有边民；第二，完善"新农合"补偿机制，加大补偿力度，缩小城乡差距，统筹城乡发展。由于药价、治疗费逐年在涨，只有逐年加大补偿力度，才能让老百姓真正享受到实惠；第三，创新和完善基金征收方法和程序，降低基金征收和"新农合"组织的运行成本。当前"新农合"基金中农民自筹部分主要是由基层卫生院医务人员和村干部收取，存在效率低、成本高、出错率高等问题。我们建议，经费征收外包给农村金融机构，如中国农业银行或农村信用合作社。目前国家对农民的补贴大多直接存入农户的存折，这种存折是政府委托的金融机构为农户统一办理的。为减少"新农合"基金的征收成本和出错率进而提高效率，可以和农民签订相关协议，直接从补贴发放账户扣款。另外，随着手机的普及与手机银行服务的推广，还可采用手机银行支付的方式进行缴费；第四，针对部分乡村医生和个别基层医疗单位开虚假处方、虚假病历套现财政补贴的恶行，我们认为，须加强监管，引入问责制。严惩违规操作的医务人员，采用取消违规农民的三年参保权力等方式，来遏制这些违规事件。此外，可尝试引入大众举报、监督制度，从机制上保护和奖励检举人，让其后顾无忧；第五，提高"新农合"合作医疗点的准入资格，引入市场竞争机制，让医疗机构相互竞争，优胜劣汰，只有这样，才能让农民享受到价廉、质优的医疗服务。此外，加快"新农合"组织的信息化建设步伐，让基金征收、报销等环节在阳光下运行，确保农民的知情权和监督权，最终取信于民，让农民从"要我参加'新农合'"逐步转变为"我要参加'新农合'"。

4. 社会保障方面

由于贫困程度深，社保体系建设滞后，滇东南边境民族地区老无所养的人数比例超过内地和发达地区。当地政府应着力完善农村最低生活保障制度，加大中央和省级财政补助力度，以与时俱进的原则确定农村最低生活保障标准和补助水平；全面落实农村"五保"供养政策，确保供养水平达到当地村民平均生活水平；滇东南地区在对越战争期间以及战后触雷致使一小部分人伤亡，建议严格落实好对越战争参战人员以及军烈家属和伤残病退伍军人等的优抚政策。

经济基础薄弱常会致使一部分家庭因灾致贫，为有效解决因灾致贫的家庭困难，应完善农村受灾群众的救助制度。此外，滇东南边境民族地区还需要紧跟内地或发达地区的步伐，做好新型农村合作医疗、农村医疗救助制度的政策衔接，抓好新型农村社会养老保险试点建设。

四、完善农村金融体系，支持农村后续经济发展

农村金融系统是农村经济的核心，是社会主义的新农村的"血库"。然而，滇东南民族地区农村金融货币资金不仅"贫血"严重，而且"失血"过多。（据调查，部分乡镇的银行在利益驱动下频频回城，从农村"吸收"的存款远大于"放贷"资金。）新农村建设主体工程结束后，滇东南边境许多农民资金短缺，借贷无路，影响其生产和发展。我们认为，向生产、生活存在资金短缺的诚信农民提供贷款援助是必要的，尤其对于一些准备扩大再生产或经营投资的农民来讲，首笔投入资金将成为其成功与否的关键因素之一。

2010 年中央 1 号文件《中共中央国务院关于加大统筹城乡发展力度进一步夯实农业农村发展基础的若干意见》中明确要求："引导更多信贷资金投向'三农'，切实解决农村融资难问题。进一步完善县域内银行业金融机构新吸收存款主要用于当地发放贷款政策。拓展农业发展银行支农领域，农业银行、农村信用社、邮政储蓄银行等银行业金融机构都要进一步增加涉农信贷投放。积极推广农村小额信用贷款。加快培育村镇银行、贷款公司、农村资金互助社，有序发展小额贷款组织，引导社会资金投资设立适应'三农'需要的各类新型金融组织。抓紧制定对偏远地区新设农村金融机构费用补贴等办法，确保 3 年内消除基础金融服务空白乡镇。"[①]这些具体的指南和要求为农村金融机构和信贷市场的发展带来了新的发展契机，为农村金融系统的发展指明了方向。课题组认为，滇东南边境民族地区应当从如下几个方面入手，才能提高农村金融服务质量和水平，建立现代农村金融制度。

（一）发展小额信贷，缓解农村资金饥渴

小额信贷是小额信用贷款的简称，是面向个人或家庭为核心的经营类贷

---

① 《中共中央国务院关于"三农"工作的一号文件汇编》，人民出版社 2010 年版，第 202 页。

款，主要的服务对象为广大农民群众、工商个体户、小作坊、小业主。其宗旨是通过金融服务为贫困农户或微型企业提供自我发展的机会，促进其走向自我生存和发展。贷款的额度一般为 10 万元以下。小额信用贷款既是一种金融服务的创新，又是一种扶贫的重要方式，因此比较适合在边疆农村地区推广。

小额信贷在国际上产生于 20 世纪 70 年代，最初目的是消除贫困和发展农业生产。自 1993 年起，中国社会科学院农村发展研究所将孟加拉小额信用贷款模式引入了中国，并成立了"扶贫经济合作社"后，小额信用贷款在我国的发展经历了小额信贷项目或机构试验的初期阶段（1993 年—1996 年 9 月）、项目的扩展阶段（1996 年 9 月—2000 年）、农村正规金融机构全面介入和各类项目可能进入制度化建设阶段（2000—2005 年）以及中央管理部门鼓励民营和海外资本进入，试行商业性小额信贷机构活动（2005 年至今）[1]四个发展阶段。目前，小额信用贷款已从扶贫扩大到为农村广大农户和个体私营及微小企业服务的范围。自 2004 年以来，为弥补面向中低收入群体和微小企业的金融产品支持的空白，国家陆续推出了一系列支持性的政策法规支持小额信贷的发展。例如，2008 年的 1 号文件《中共中央国务院关于切实加强农业基础建设　进一步促进农业发展农民增收的若干意见》中，要求"积极培育小额信贷组织，鼓励发展信用贷款和联保贷款;"[2] 2008 年 10 月 12 日中国共产党第十七届中央委员会第三次全体会议通过的《中共中央关于推进农村改革发展若干重大问题的决定》中，要求"加强监管，大力发展小额信贷，鼓励发展适合农村特点和需要的各种微型金融服务。允许农村小型金融组织从金融机构融入资金。"[3]此外，上述的 2010 年中央 1 号文件中再次明确要求"积极推广农村小额信用贷款。"这些重要文件加速了小额信贷的发展。

就目前的情况看，发放小额信贷的机构有国有银行、非政府组织、社会团体、企业。目前滇东南农村地区小额信贷存在发展滞后、消费者认知度

①　杜晓山:《我国小额信贷发展报告》,《农村金融研究》2009 年第 2 期，第 37 页。

②　《中共中央国务院关于"三农"工作的一号文件汇编》，人民出版社 2010 年版，第 174 页。

③　《中共中央关于推进农村改革发展若干重大问题的决定》辅导读本，人民出版社 2008 年版，第 5 页。

低、市场比较混乱、贷款容易、利息偏高、偿还能力差、坏账比例偏高等问题。政府可以惠农政策连年升级为契机，加大贴息的投入力度，鼓励农村信用合作社、农业银行以及民间资本加大小额信贷的放贷力度。金融机构要加强相关研究，着力解决存在的问题，完善审批程序和规则。农村信用合作社、农业银行更应该发挥网点多、政策性扶持政策多的优势加快发展步伐，缓解农村资金饥渴。目前农村信用合作社鼓励农民办理"惠农卡"，简化农民贷款及还款程序的做法值得借鉴和推广。

（二）改革完善农村金融体系，构建竞争性的农村金融市场

加快农村金融体制改革，健全农村金融体系，构建竞争性的农村金融市场，纠正正规的农村金融体系偏离"三农"的行为，使其更好地为农村金融服务，真正为农村社会经济的发展提供资金支持，提升"三农"服务功能。（如图5—4所示）

1. 农业银行

相关职能部门应力促农业银行回归农村金融市场的定位，坚持农业银行为农服务的方向，强化职能，立足"三农"，面向城市，实现城乡联动，加大对新农村建设的金融支持力度，实现农业银行和农村经济社会发展的双赢。同时，按照国有银行的改革要求，深化农业银行产权制度和内部管理机制改革，积极采取相应的措施引导资金回流，使之更好地为农村金融服务。

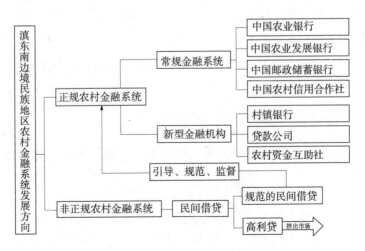

图5—4 滇东南边境民族地区农村金融系统发展示意图

2. 信用合作社

应完善信用合作社法人治理结构，发挥其为农民服务主力军的作用，使农村信用社真正成为自主经营、自我发展、自我约束、自担风险的市场主体。国家应加大对农村信用社的扶持，引导和鼓励农村信用社加大对"三农"的支持力度，提高农村金融服务水平。

3. 邮政储蓄银行

应扩大邮政储蓄银行涉农范围，充分发挥其网络优势，完善城乡金融服务功能。一方面，在放贷条件不成熟的情况下，加强与其他金融机构的业务合作，将吸收的存款委托给其他专业放贷机构向农村放贷，加大邮政储蓄资金的支农力度；另一方面，积极面向"三农"，为广大农村地区提供基础性金融服务。

4. 农业发展银行

农业发展银行作为国家的政策性银行，其职能不应仅局限在办理粮食、棉花、油料、肉类、食糖、烟叶、羊毛、化肥等收购、储备、调销贷款等方面，而应当积极拓展支农领域，在扶持农村经济发展上发挥作用，为农村发展提供低成本资金，加大对农业基础设施和农业综合开发的支持力度，引导商业金融加大对农村经济发展的长期信贷支持。

针对上述服务于"三农"的正规农村金融机构，要通过积极的政策引导，合理界定其功能定位，做到各有侧重、相互补充，积极鼓励他们提升"三农"服务功能。对服务于"三农"的农村金融机构的贷款，国家可给予减免税收以及贷款利率方面的优惠，给予支农贷款一定的财政贴息，鼓励他们在农村吸收资金，并全部用于支持农村和县域经济的发展，鼓励他们积极发展农村金融业务，实现农村供求资金的平衡。

（三）建立新型农村金融机构，提高农村的融资能力和融资水平

在农村尝试建立新型的农村金融机构，如村镇银行、贷款公司、农村资金互助社。它们对于健全农村金融体系、构建竞争性的农村金融市场、提高农村地区的融资能力和融资水平、解决农民生产生活所急需的资金等具有重要作用。

1. 村镇银行

村镇银行是依法在农村地区设立的为当地农民、农业和农村经济发展提供金融服务的金融机构。通过降低市场准入门槛，引入村镇银行，有利于竞争性农村金融市场的构建，能够在一定程度上缓解农村金融供需的矛盾。

2. 贷款公司

农村贷款公司可以充分利用其简便的手续、灵活的担保、较高的办事效率，大胆实践，积极开展小额贷款，不仅可实现资本的投资增值，而且还能够在一定程度上满足"组织化程度低、资金需求分散"的"三农"贷款资金需求。这些新型农村金融机构减少了贷款手续和环节，降低运营成本，不仅能提高农村金融服务的质量和水平，还能激活农村金融市场。

3. 资金互助社

农村资金互助社是经银行业监督管理机构批准，由乡（镇）、行政村民和农村小企业自愿入股组成，为社员提供存款、贷款、结算等业务的社区互助性银行金融机构。资金互助社通过动员并聚合农村民间金融资本，放大普通农户的融资能力，解决社员生产、生活中的临时性借贷需求，实现真正的"民办、民有、民管、民收益"。

（四）规范民间借贷行为，防止高利贷的产生和蔓延

在加快农村金融体制改革、建立健全正规农村金融体系并纠正其偏离"三农"行为的同时，还应该对日益活跃的非正规的农村民间借贷行为采取积极的措施进行规范、引导和监测，稳步推进民间非正式金融组织的发展，以满足农村经济发展多样化的资金需求。[①]为此，应做到以下四点：

（1）政府要肯定民间借贷在补充银行融资不足、合理配置资源、解决燃眉之急、促进农村经济发展中所发挥的不可替代的作用。目前贫困地区民间借贷普遍存在，这侧向说明了现有的正规金融机构不能满足农户日益增长的资金需求，资金供求双方就只能在法律规范和正规的金融体制之外从事民间借贷关系。对这种民间借贷行为的合理成分以及所取得的积极作用，政府应

---

① 栾香录、刘钟钦：《浅析我国农村民间借贷问题》，《农业经济》2004年第6期，第44页。

该首先予以肯定，进而有效地加以规范、引导和监测。

（2）规范民间借贷程序和环节，将正式合法的民间借贷记录纳入央行征信系统，逐渐将其纳入正规的金融体系，使之走上正常的运行轨道。

（3）制定并完善有关农村借贷关系的法律法规，公开、公平、公正地对待农村民间借贷，从法律上承认民间借贷市场的合法地位，对民间金融活动提供法律保障。例如，鉴于民间借贷的动态性，可以根据当地经济发展水平，对民间借贷规定最高限额，规定一个比银行基准利率稍高一点的、合理的利率范围。

（4）可指定由政府部门、人民银行或银监部门组成的机构对民间借贷进行监督和管理。通过对民间借贷主体的信用度、风险控制能力和偿还能力的监督和管理，既可以将金融风险控制在一定的范围内，也能在很大程度上促进我国民间资本市场与农村经济的发展。

（五）开展普及教育，提升农民的金融常识和诚信意识

1. 金融知识普及教育

对农民实施金融、法律普及教育，引导他们认真学习和掌握与自身利益紧密相关的《中华人民共和国合同法》、《中华人民共和国担保法》、《中华人民共和国民法通则》等经济金融法律法规，使他们能够使用规范的手续进行民间借贷活动，以增强农民的守法和自保意识，从而促进农村金融市场健康有序发展。

2. 诚信意识宣传教育

要积极面向农民，强化诚信意识宣传工作，以各种形式有针对性地开展诚信教育，提高农民自身的诚信意识，并以银行信贷登记咨询系统和个人信用信息系统为基础，加强农村基础信息系统建设，为提高农民贷款的成功率创造良好的农村社会信用环境。

（六）完善和创新担保方案，为农民和金融机构护航

上文有涉及，当前的信贷担保方案主要是基于城市工薪阶层和企业出台的，对于一无存款，二无房产，三无稳定收入的农民来说缺乏可行性。中国是农业大国，随着社会的发展，农村金融庞大的潜在市场会被逐步激活，金融机构要有前

瞻眼光。因此，课题组建议，金融机构应基于农民的实际，研究可行的担保方案，逐步推广权属清晰、风险可控的大型农用生产设备、林权、四荒地使用权等抵押贷款，接受应收账款、仓单、可转让股权、专利权、商标专用权等权利质押贷款方式。由于生产设备以及其他一些农民生产资料或财产不像房产、存折或权证类可采用很简单的方式就能避免抵押财物上市交易、流通，因此抵押这些财物时还应研究避免抵押物上市交易的方案，以降低放贷方的风险。

总体来看，如同工薪阶层一样，除了存款以外，农民最适合的担保物还是房产。基于目前农村住房用地为宅基地和未办产权证的现实，建议逐步推进农村住房制度改革，为合法建盖的农村住房办理房屋产权，让居者有其权，同时为农民贷款提供抵押条件。城市住房制度改革促进城市经济社会发展和城市建设的成功经验值得向条件较好的农村推广，贷款拉动消费和拉动经济发展的原理在农村应该同样适用。我们相信，合理、有序地推进农村住房制度改革，允许符合条件的农民用住房抵押贷款势必会促使一部分有项目、缺资金、有远见、有胆识、敢于迈出第一步的农民先富起来。对农民来说，通过抵押融资创富的示范效应与宣传动员相比，有很大的优越性，因为，事实胜于雄辩。

此外，基于单个农民偿还能力有限、诚信评估难和农民具有亲友聚居、重视亲友情的特点，建议金融机构积极探索、研究并施行农户联保制度。根据课题组的设想，给联合担保一个大致的构建思路：在遵循国家相关法律的前提下，向无不良诚信记录、通过偿还能力评估、目前暂无有效抵押财产的农民，采用多人联合担保的一种放贷方式；参与联合担保的个体按联合担保协议履行连带责任和义务；任何一个农民，只要参与一项不诚信贷款就会被列入央行征信系统的不诚信名单，需要根据责任权重承担相关后果；联合担保人数2—7人① 不等，由放贷机构根据当地经济发展水平、借款数额和信

---

① 法国的管理学者格拉丘纳斯（V.A.Graicunas）曾提出一套数学公式说明，当上级的控制幅度超过6—8人时，其和下级之间的关系会越来越复杂，以至于最后使他无法驾驭。见周三多：《管理学（第二版）》，高等教育出版社2007年版，第153页。虽然借款人与联合担保人之间更多的是合作关系，但自然界许多事间均有可借鉴的关系。因此，课题组建议联合担保人数控制在2—8人之间，以免形成联合担保人数过多、责任分散、贡献模糊、单个个体缺失责任感的局面。

用以及偿还能力确定。金融机构还需对所有成员确定贷款次数、联合担保次数以及累计担保数额上限，以降低风险。我们认为，这种模式具有诸多优点并且具有很强的可行性：第一，能获得亲友连带责任的担保本身就可以说明亲友信任借款人的诚信和偿还能力，而这一点，金融机构对借款人的了解不可能做到像其亲友一样深入；第二，严格落实的亲友连带担保模式将个体的责任额度降低，能有效降低放贷机构的风险；第三，由于任何一个成员都会受到连带责任，在绝大部分农民都讲诚信的前提下，有偿还能力、讲诚信的人为了免于受到牵连，会主动为放贷机构动员个别诚信意识不强的个体还款，甚至可能出现讲诚信、有偿还能力、借款可能性大的个别人为了避免受连带责任而会帮扶个别暂时无偿还能力的亲友还债的情况。如此不仅解决了呆账、坏账问题，还能促进亲友之间的互助，增进友谊，促成我为人人、人人为我的和谐局面；第四，联合担保严格的连带责任会对不诚信和无偿债能力的农民产生排斥，这种排斥的基础是亲友间的相互了解，具有很高的信度，这种排斥还会促使组织里的个体具有"向好"性。结合借款的数额和用途，农户联保制度可细分为父子联保、家族联保、亲友联保、村寨联保等类别。

1. 父子联保

此处的父子是泛指父辈和子女辈，"父"的确切含义是父母，"子"的确切含义是子女。父子联保是一种最具可行性、最有效率的联保模式，包含父子、父女、母子、母女四种子类型，涉及两个主体、两个家庭、两对夫妻4个（4以下）个体，适用于父子关系较好的借款主体，共同形成父债子偿或子债父偿的局面。可基本上假定，愿意共同承担责任和风险的父子是愿意同甘苦共患难的，甚至可达到不分你我的境界，如此，两个家庭可将放贷机构的风险减半。放贷机构可根据借款人档案信息，对于父子是两个独立家庭的借款人特别指定父子联保方式贷款。这尤其适合于借款人贫困，而其父或其子相对富裕的借款人。对于此模式，如果父子家庭关系较好，但不能获得父或子担保的借款人，放贷机构可直接撤销其借贷评估申请，无须进一步评估进而增加放贷成本。道理很简单，连关系较好的父或子都不愿与其共同承担责任和风险的客户，可判定其信用和偿债能力不佳，放贷机构不必要也没有义务承担比其亲人更大的风险。之所以说父子联保模式最具可行性，是因为父辈一般不愿意牵连子女，同理，子女也不愿意牵连父母，基于这样的前提假设，我们可充分肯定借款人的借款初衷和主观心态。

2. 家族联保、亲友联保

为弥补父子联保可担保数额低、涉及人数少、父子可能串通、风险较高的不足，可进一步将联保范围扩大至家族。对家族成员和亲人少的借款人，其联保范围可拓广至亲友。从理论上来讲，同一笔借款，涉及的人数越多，放贷机构的风险越小，但涉及的人越多，操作越困难，放贷成本越高。因此，必须在风险、成本及可行性之间找到一个平衡点。亲友联保模式更有利于全方位评估借款人的诚信和偿债能力，更能降低借贷风险。

3. 村寨联保

村寨联保主要针对村寨集体企业借贷担保，它是破解村寨企业发展融资难和支持农村产业发展的重要举措。基本设想是：村寨集体所有制企业在起步阶段缺乏实物担保的情况下，可采用集体企业成员联保模式，以破解集体企业担保难的困境。基本思路同亲友联保。但此种模式由于涉及个体太多，单个个体的权重太低，权责意识会减弱，会产生社会惰性现象①。

上述几种联合担保模式是课题组的基本构思，对小额借款个体而言，我们建议首选父子联保；对额度较大者，建议亲友联保（额度应结合当地农民人均收入确定）；对于村寨联保，我们认为其可行性并不强，仅供思路拓展。

为方便理解，我们举一事例：

假设红河哈尼族彝族自治州河口瑶族自治县瑶山乡水槽村委会顶平村小组张三想借新农村建设的契机承包荒地种植香蕉和菠萝，为提高产品的附加值，他准备购买一套水果罐头生产设备用于生产菠萝罐头，总共需要投入5万元。他自己拥有存款1万元，需要借贷4万元，于是向当地农村信用合作

---

① 随着组织规模的增大，个体在完成组织任务时的努力将减小，这即是社会懒惰现象。社会懒惰现象可用责任分散理论和贡献模糊论来加以解释。责任分散理论认为，随着组织规模的扩大，个体对组织的贡献越加难以分清，个体对努力完成组织任务的责任感就越小。贡献模糊论认为，由于组织中其他成员的存在，个体会感到自己的贡献可有可无或无关紧要，因此付出的努力就少。

社提出贷款申请。信用社核实了他无不良信用记录，经与村小组和村委会进行核实，得知此项目存在，而且是新农村建设规划备案项目之一，具有较高的可行性，且张三在本村具有很好的信用评价，信用社审核并通过了其项目可行性报告。由于本村经济水平偏低，农民偿债能力偏弱，考虑到张三的父母独立成户，所以确定了张三需采用父子联保和亲友联保的组合联保方式，其联保成员中必须有父母和朋友。联保主成员为上限 7 人，涉及 7 个家庭，约 14 个个体（任何一个担保方均须获得配偶的同意，并且配偶也要承担连带责任）。4 万元借款中，张三为负责人，若张三不能如期归还 4 万元，则其绝对责任为 1 万元，其余 6 个家庭共承担剩余的 3 万元的偿还义务，3 万的分配根据意愿从 3000—8000 元不等，在借款担保时确定。这样，可将 4 万元的风险分解为数个小额风险，降低了放贷机构的风险。

（七）税收和贴息帮扶，加快农村金融市场发展

鉴于农村人口密度小、人均存贷款量远低于城市、规模经济不突出、金融机构盈利难、农民借款难的现实，建议从政策和资金上鼓励金融机构到乡镇增设网点，同时，通过贴息等手段，鼓励缺资金的农民通过小额信贷发展农村产业。对金融机构而言，需要破解的难题除了担保难外，主要是经济效益低。在当前农村人均存贷款量远低于城市的背景下，主要的直接措施有税收优惠、财政补贴等，间接和根本的手段是鼓励农民多贷款，因为金融机构的盈利主要来源于存贷利息差，人均优良贷款量高，金融机构必然盈利。为此，建议在新农村建设规划时，安排资金用于农民产业发展的小额信贷贴息，以减轻农民的利息负担，鼓励农民贷款。当然，为从机制上促使农民尽快还款，贴息比例一定不能太高。农民很现实，如果他们承担的贷款利率低到一定程度，他们"博弈"后，如果利大于弊的话，就会选择延迟还款，于是会形成之前叙及的"劣币驱逐良币"的现象。总之，不好的机制会使"天使变魔鬼"，这在一定程度上是有道理的。此外，新农村建设是一个系统工程，不应该只是新农村建设领导小组办公室负责贴息发放，这应该是整个社会的系统工程，应该由多部门牵头，整合社会资源，形成合力，持续推进新农村建设。政府相关职能部门应该发挥专业优势，支持有技术、会经营的农

民发展产业，结合专业给需要贷款的专业户贴息，帮扶专业户带头致富，这样不仅能够扩大帮扶面，更能发挥专业优势提高项目的可行性和成功率。例如：想扩大烟草栽种的烟草专业户在承包土地、育苗、移栽、施肥、养护、摘叶、烘烤、分级等环节均需要投入，如果在销售环节前需要资金，烟草种植专业户向金融机构提交经过村级烟草协会、烟草站、烟草公司审核评估通过的借款申请，如果最终能获得金融机构的贷款，最后由烟草公司为农户贴息（烟草公司是国有企业，多年来一直承担扶贫开发的任务），这样，既可整合烟草公司的资源，又可发挥烟草公司的专业优势参与风险评估，还可以促使烟草公司从行动上支农，鼓励多栽种烟草实现烟农、烟草公司、财政共赢。再如：养猪专业户或养鸡专业户的贷款评估和贴息可从政策上安排给农业科技部门，一来发挥农业科技部门的专业优势促进农民科学养殖，提高经济效益；二来这种对口帮扶模式可使得农业科技部门投身到新农村建设中，持续推动农村经济社会的发展。

五、加强农村人才建设，为农村发展持续提供智力支持

边境民族地区贫困的原因是缺乏产业，而缺乏产业的最主要原因是缺乏人才。美国经济学家舒尔茨从长期对农业经济问题的研究中发现：现代化生产条件下劳动生产率的提高，正是人力资本大幅度增长的结果。但人力的取得不是无代价的，它需要消耗资本投资，只有通过一定方式的投资，掌握了知识和技能的人力资源才是一切生产资料中最重要的资源。舒尔茨还认为：对人的投资带来的收益率超过了对其他形态的资本的投资收益率。人是财富的创造者，人力资源是第一资源，而人才资源是优质的人力资源。因此，探索民族地区农村人才建设途径，破解边境民族地区农村人才建设难题，构建农村人才建设长效机制，保证边境民族地区人才供应充足、合理配置，是持续促进农民增收，持续推进边境民族地区新农村建设，促进当地经济社会又好又快发展，以及富民、兴边、强国、睦邻最强有力的支柱。

相较内陆和发达地区，边境民族地区农民观念落后，缺乏知识和技能，

人才建设任重道远。课题组认为，农村人才建设应多措并举，从严落实计划生育政策，将教育政策和资源向边境民族地区倾斜，扶持农村青壮年和成人进行职业教育和现代农业科技培训，鼓励劳动力输出和吸引人才回乡相结合，广泛落实大学生村官制，着力培养有知识、懂技术、会经营、善管理的新型农民，促成这些人才发展产业、创造财富进而改变农村的落后面貌。

（一）严格落实计划生育政策，控制人口增长，提高人口素质

我们认为，在边境民族地区施行相对宽松的计划生育政策与各民族平等、共同发展、共同繁荣的初衷有出入。人口的高增长率和优生优育落实不力会导致更加严重的贫困和落后问题，进而影响民族团结和社会稳定。另外，少数民族地区虽然人口密度相对较低，但其土地对人口的承载力较弱，生态问题突出，所面临的人口压力和生态压力较大。以滇东南边境 6 县为例，虽然这些地区人口密度不高，但可供耕作的土地资源极为有限，课题组调研的 6 个县均为山高路陡的山区，随着人类对自然资源的不断索取，生态问题逐渐凸显，泥石流、滑坡、山洪等自然灾害发生的频率也在加快。这些严峻的现实都迫使政府必须控制人口过快增长，只有这样，才能达到人口与环境的协调、可持续发展。

由此，课题组建议，在不违反我国计划生育政策的前提下，除 7 个人口较少民族外，① 其余民族应严格执行国家的计划生育政策，为控制人口增长、提高人口素质提供支持。具体操作时应多措并举：第一，落实奖优免补的相应政策，对只生一个孩子的家庭加大奖励力度，并且在社会保障、医疗保险等方面给予倾斜，提升其少生优生的积极性。对生二胎者严格按照计划生育政策推行结扎手术，尽力杜绝第三胎的出现；第二，加大宣传力度，让边民深刻理解多生带来的负担，使他（她）们明白控制人口增长、提高人口素质的意义和作用。同时，依据边境民族地区特点和少数民族的文化传统、宗教信仰等不同特点，开展不同的计划生育与医疗卫生服务，完善"新农合"制

---

①　云南省 10 万以下的人口较少民族有 7 个：独龙族、德昂族、基诺族、怒族、阿昌族、普米族、布朗族，总人口约二十三万。其中，有 5 个民族是直接从原始社会末期过渡到社会主义社会的"直过"民族，有 5 个民族主要居住在边境沿线。

度，提供大病帮扶，解决看病难、看病贵问题，最终改变"养儿防老"的传统观念；第三，大力推进晚婚晚育、优生优育，降低新生婴儿缺陷率。倡导科学的生活方式，推广节育避孕措施，完善农村文化和娱乐设施，特别是对广播电视村村通和村民活动室的建设应引起足够重视，这样既能丰富农民的生活，同时也能降低农村妇女不当怀孕的比例。对早婚生育和近亲结婚者应早发现、早制止，不让违法胎儿出生；第四，加强人口和计划生育的宏观调控政策。边境民族农村地区人口的增长率应与当地的城市化进程相衔接，做到农村既能为城市开发建设提供足够的优质劳动力资源、城市又能为农村剩余劳动力提供足够的工作机会和生存空间；第五，将帮扶政策与人口政策相结合，对违反计划生育政策的家庭要按照相关法律法规进行处罚，以树立计划生育政策的严正性。特别是公务员应以身作则，发现一起违法生育事件就处理一起，进而推广到事业单位和企业从业人员，不让超生现象出现在国家公职人员中，这样才能为社会树立起遵规履程的意识，最终把计划生育政策推广至所有人群；第六，加大对特殊家庭的照顾和帮扶力度。对因计划生育政策执行过程中出现的"独女户"或鳏寡户① 家庭，除给予已有的奖励外，还要在救济、扶贫等方面给予特殊照顾，并将其优先纳入社会养老保障、社会最低生活保障范畴。只有这样，才能打消"独女户"的顾虑，进而使他（她）们积极响应和支持国家的计划生育政策。此外，边境民族地区计划生育政策要在改革中不断创新，在创新中不断完善，以便在新的时期为农村人才培养、提高农村人口素质奠定基础。

（二）加大投入和帮扶力度，为农村人才的培养打牢基础

民族地区经济社会发展相对滞后，这不仅仅体现在经济增长的速度、结构和质量上远远落后于内地，更重要的是体现在人才存量及人才资源的开发利用方面。民族地区不能有力地促使人力资本向人力资源转化，必然在区域竞争中处于劣势，从而影响我国全面建设小康社会的进程。基于当前滇东南

---

① 独生子女户在母亲实施节扎手术后子女因各种原因死亡可能会致使其父母成为鳏寡户。

边境民族地区人口素质低、教育资源匮乏、师资尤其是高端教师力量不足、农村人才质量和数量偏低的现实，我们建议，将教育政策和资源向边境民族地区倾斜，狠抓边境地区的基础教育，为农村人才的培养打牢基础。

1. 加大资金和教育资源投入，为人才建设提供基础性保障

狠抓边境地区的教育必须从改善教育软硬件设施、减轻中小学学杂费负担入手。对于居住分散的边境地区来说，寄宿生的食宿费用也是政府在实施和加大两免一补的帮扶政策时不得不考虑的一项重大开支，此外，后文中将涉及的加大边境地区职业教育的投入力度也将需要大量的物资投入。但我们相信，在国家的重视和发达地区的对口帮扶下，边境地区的这些问题都会得到有效解决。2010 年 7 月 29 日《国家中长期教育改革和发展规划纲要（2010—2020 年)》(以下简称《纲要》) 发布,《纲要》中提出要健全以政府投入为主、多渠道筹集教育经费的体制，大幅度增加教育投入。各级政府要优化财政支出结构，统筹各项收入，把教育作为财政支出重点领域予以优先保障。保证教育财政拨款增长明显高于财政经常性收入增长，保证教师工资和学生人均公用经费逐步增长。尤其重要的是还提出要提高国家财政性教育经费支出占国内生产总值比例，2012 年达到 4% 的发展目标。[①] 总之，包括滇东南在内的边境地区应抓住新农村建设、兴边富民工程、新纲要实施、中小学校舍抗震加固等工程的契机，从如下几个方面着手，争取从教育基础设施建设和相关教学资源的投入方面为农村人才建设提供基础性保障。

一是加强边境地区义务教育相关的基础设施建设。滇东南边境民族地区是典型的山区，村寨分散，因受经济和人口条件制约，校舍分布不尽合理。在调查中，我们发现一些村寨离学校竟然有十多公里，少数村寨还存在一师一校、一校一班的现象，教育教学质量很难保障。针对这些问题，我们认为，应以便利、节约为原则，对中小学校进行重新布局，采取合并办学的思路，逐步消除布局不合理、教学质量差的中小学，尽量把办学资源统一到交通便利、通达性好的地区，实现规模化、正规化和寄宿制办学。同时，完善

---

① 《国家中长期教育改革和发展规划纲要（2010—2020 年)》，中国政府网 ttp://www.gov.cn/jrzg/2010—07/29/content_1667143.htm,（2010—7—29 ）。

和升级教学设施，对于有安全隐患的校舍要进行全方位的修缮，提高其综合防灾能力。

二是落实中小学学费减免政策，创新边境民族地区困难学生帮扶机制。随着国家对农村中小学学生减免学费政策的实施，农村家庭教育负担有所减轻。但课题组在调研时发现，滇东南农村中小学辍学的现象依然时有发生，这其中有很大原因是家庭收入微薄、无法支撑孩子上学的花费。当课题组问到"这几年来，您家开支最大的是什么（单选题）"时，滇东南边境村寨和对比研究村寨各有 28% 和 29.8% 的受访者认为是子女上学，统计结果见表5—3。

表 5—3　家庭开支

| 村寨类型 | 统计方式 | 家庭最大开支 | | | | | 合计 |
		看病	子女上学	化肥农药	生活开支	其他	
滇东南边境村寨	人数	72	97	104	59	15	347
	百分比	20.7%	28.0%	30.0%	17.0%	4.3%	100.0%
对比研究村寨	人数	56	85	53	73	18	285
	百分比	19.6%	29.8%	18.6%	25.6%	6.3%	100.0%
合计	人数	128	182	157	132	33	632
	百分比	20.3%	28.8%	24.8%	20.9%	5.2%	100.0%

得出这样的结果是一件很遗憾的事情。因为并不是所有受访者的子女都在上学，而且在实施两免一补的地区，竟还有这么多人认为子女教育费用是家庭的最大开支，这只能说明农民的贫困程度太广太深。因此，课题组建议，在短期内，为减轻离学校远的家庭的子女教育负担，应进一步加大对边境民族地区农村中小学学生的生活补助的额度和范围。此外，可以参考高等教育阶段实行的奖助学金制度，对学习成绩优异的中小学生发放奖学金，对家庭贫困的学生提供助学金，这样既可鼓励好学上进的学生又可鞭策后进生，既可体现助学金的助困帮扶功能，又能留住那些因家庭困难无力支撑学习开支的学生，进而降低基础教育阶段学生的流失率。

2. 实施政策倾斜，吸引人才到边境地区从事教育工作

强国先强教，强教先强师，强师应加薪。基于边境一带师资不足，尤其高级教师的质量和数量与内地和发达地区差距巨大的现实，我们认为必须从物质激励、职称评定等待遇上实施倾斜，才能吸引优秀师资到边境一带任教。具体来讲，可以从如下一些方面入手：

一是提高边境地区教师的待遇。人才具有趋利性，只有从物质待遇上倾斜，才能弥补地域上的劣势，才能尽量缩小边境地区与内陆地区师资力量的差距。至于具体提高多少比例，可依据地区经济发展水平和当地师资情况具体问题具体分析，只要达到县城教师也不排斥到边境从教的程度即可。

二是完善和创新边境地区的教师职称评定制度。对于教育工作者来说，职称与物质待遇同等重要。因此，建议在教师职称评定方面，在能保证质量的前提下，给予边远村寨教师适当优先，甚至对于特级或高级教师的评定可附加一条必须有 2 年延边跨境地区从教经验的条件，这样就能从制度上引导优秀教师支持边境民族地区。

三是有组织、有计划地将在延边跨境地区从教多年的优秀教师调回县城及以上的同级学校任教（上文已有说明，此处不再赘述）。这样可以打消优秀教师对支边行动"有去无回"的顾虑，进而形成优秀教师"愿意支边、进城有望"的良性循环局面。

3. 完善免费师范生服务边境贫困地区机制，吸引优秀人才到农村教书育人

自国家实行免费师范生教育制度以来，一些优秀师范毕业生逐步充实到了全国各地。但在实行免费师范生服务教育的过程中，存在招生人数偏少、优秀高中毕业生不愿选择师范专业、边境民族地区很少有学生能考上名师范院校等问题。对此，课题组认为：首先，国家应逐步扩大除教育部直属的六所师范类高校外的师范院校招收免费师范生的比例，为落后地区提供更多的优秀教师资源；其次，在招收免费师范生的过程中，应完善十年服务期的条款，制定既能留住优秀人才又让其有发展空间的人性化政策。比如，可以规定免费师范生毕业后在协议地服务 3 年，然后可以在本县自由流动；再次，建立健全奖励、激励机制，充分考虑免费师范生的发展，为其提供可供上升的通道，从事业上关心优秀教师。特别是对到边境民族地区农村工作的高校免费师范生，用人单位应为其提供必要的生活和学习设施，解除他们的后顾之忧。应该客观地看到，边境地区和内地的教育资源之间的差距在短期内很难消除，对工作实绩突出的师范生，可根据服务年限和工作绩效为其提供调回县城或是内地的机会，为免费师范生营造一个"愿意去、干得好、流得动"的工作环境；最后，为师范生提供教育培训进修深造的机会，在考研、晋升等方面出台配套政策。另外，对教育教学成绩不合格及无意潜心教育者，应建立惩罚机制，杜绝蒙混过关和混日子等不负责任的行为在教育行业蔓延，对屡教不改者按相关政策进行清退，在实践中构建起"奖励先进、鞭策后进、惩罚无为"的良性管理机制。

（三）大力支持农村适龄青年完成职业教育，培养大批农村实用人才

职业教育是直接服务于应用层面的教育，是为社会提供专业应用型人才的重要途径。其特点是投入小、见效快。中等职业教育的办学水平直接影响着整个劳动大军的质量和水平，为解决边境农村人才的制约瓶颈，提升当地劳动力的竞争力，办好职业教育是一项重要举措。而高职院校是职业院校的最高层次，是社会培养中高级技术人才的主要机构，也是各行各业实现产业升级的关键因素。

为此，各地要抓住国家大力扶持中等职业教育和高职高专教育的契机，让更多的初高中毕业生进入中等职业教育和高职高专学校接受教育。大力实施"两后双百"工程，[①] 减少盲目就业和创业。首先，要加强中等职业教育机构与用人单位的沟通，逐步建立学校与企业的信息共享机制，解决中职教育培养目标不清晰和就业难的问题，解除学生和家长的后顾之忧，进而扩大招生规模，实现初中毕业后无法升入高中的学生百分之百培训就业；其次，要完善中等职业教育奖助学金制度，着力减轻农村家庭教育支出，减少因经济条件受限而无法继续接受教育的现象；最后，职业教育发展受益在百姓、动力在学校、责任在政府，政府应为中等职业教育学生拓宽就业渠道、挖掘

---

① 即对未能升学的初、高中毕业后有培训和就业愿望的本地户籍学生进行100%的职业技能培训，100%推荐就业。

就业潜力、增强就业能力做好后勤搞好服务，对毕业后难以就业的学生提供必要的帮扶，营造起"接受教育不吃亏"的良好舆论导向，进一步吸引更多的学生走进职业院校。

对于高职教育，政府可以采用补贴的方式降低高职高专院校学费，吸引更多高中毕业生进入高职类院校。虽然受国家宏观政策影响，高职类院校招生规模和办学质量有了较大的提升，但是，由于其学费昂贵、就业难、教学质量无保障等问题使得很多高中毕业生难以进入到心仪的学校深造，而是选择过早踏入社会，最终沦为体力型农民工，这是人力资源的一大浪费。此处，我们要特别说明当前各职业学校盲目跟风升格的弊端。从当前的现实看，随着一些职业学校办学条件的改善，许多学校为扩大规模和影响纷纷进行升级，中专升为职业技术学院，职业技术学院升成本科，其实这样的做法不符合教育本身内在的规律，不利于教育事业发展。按照这样的发展逻辑，就永远不会有好的职业技术学院，也不会有好的专科学校。盲目升格会阻碍高职高专的教学改革，这样的氛围还会迫使专科学校不择手段地谋求升本，最终可能会沦为高校扩张中的"过江之鲫"，这既是教育资源的一种浪费，也会导致整个社会人力资源的金字塔结构失衡。我们认为这种错误的逻辑必须矫正，对职业技术院校的发展应加以有序引导，避免盲目的升级和跟风。

上述针对农村适龄青年的职业培训能产出许多专业型人才，而这些人才绝大多数可能选择外出务工。"三农"问题的主体是农民，从长期看，解决"三农"问题的关键还是在农民，但从滇东南边境农村的实际看，接受过中高等教育的青壮年几乎很少在家务农，这主要是因为农村缺乏吸引人才的各类资源。基于当前边境民族地区农村相对贫穷、落后、产业基础薄弱、缺乏吸引力、高级农村人才难培养、留不住人才的现实，我们认为，在大力扶持职业教育的同时，要注意重点培养家庭牵累大和外出务工意愿低的农村青壮年，将这类人打造成人才比吸引人才回乡创业更具有可行性。为此，我们建议，各县在培训输出劳动力的同时，还应大力对家庭牵累大、外出务工意愿低的农村青壮年实施职业教育，为他们日后成为专业户和致富带头人提供智力支持。

具体来讲，各州县职高、技校、中专等学校应结合地区资源、特产和劳动力市场状况，以需求为导向，细化涉农专业，建设具有竞争优势的学科群。基层政府可根据村级规划，选派有志于种植特产、养殖牲畜和发展村寨产业的青壮年到学校脱产学习，由当地政府支付除个人生活费以外的相关费用。在具体实施的过程中，要做好几个关键环节：一是加强选派，真正选派出做事务实、有强烈的村寨产业发展意愿、有一定创业基础的青壮年去学习培训，选派对象可以是应届初、高中毕业生，也可以是已婚的农村中青年。事实上，已结婚并从事过农业生产的中青年更能将理论联系实际，他们生存压力更大，更需要有针对性的学习，应当成为主要的选派对象；二是学校要严格落实教学质量，以市场需求为导向，以实用为原则，培养出能将所学转化为生产力和经济效益的应用型人才；三是帮扶政策与农村人才培养机制相结合，在资金、项目上应向其中一些学有所成的农村精英适当倾斜。

总之，将选派到职业院校培养的这些人打造成农村精英，并促成这些人中的一部分带头致富，就可形成农村青壮年争先恐后去学习的局面。而众多的农民致富后，会对外出务工精英产生强大吸引力，如此，便能逐步破解农村缺乏人才的难题。

（四）加大农民科技及创业培训的力度，培养大批新型农民

除将一部分学习意愿强的适龄青年选派到职业技术院校进行系统学习之外，还应当对广大农民开展科技培训，提高农民科技培训的力度和广度。政府可组建诸如"现代农业推广宣讲团"之类的组织，定期不定期地到村委会乃至自然村举办讲座。为进一步整合资源、使培训持续发展，还可从政策和机制上将培训任务下达给各职能部门，让教育培训成为各职能部门的常规工作。要紧紧围绕农村经济发展和农业产业化服务进行农民科技培训，把培训重心转移到加快农业现代化进程和社会主义新农村建设、促进农民增收上来。重点围绕优质粮产业、优质畜禽产业、优质林特产业、水果产业等主要方向，开展分专业、分层次的培训工作。为保障培训效果，可引入竞争机制和农民评价机制，让农民定期对实施培训的部门或技术人员进行全方位评价，主管部门将评价结果向社会公布，并结合评价结果实施奖惩，以奖励先进、鞭策后进，促使培训部门和个人改进、提高培训技能。

另外，随着市场经济的发展，商业、商品意识蔓延到了农村地区。农村要进一步适应市场经济的发展，就需要大批的创业和致富带头人，甚至是农民经纪人和农民企业家，他们是实现农业产业化、农村现代化必不可少的力量。需要对种养大户、农资经销商、农产品经纪人等创业型农民进行培训，转变他们的观念，开阔他们的视野，激发他们的潜能，使他们具备企业家素质。对一部分上进心强、基本素质较好的农民经纪人和农民企业家，可以打破条条框框限制，由政府帮扶、引导，促其完成现代化的 MBA/MPA 教育，建立起农民经纪人和农民企业家成长的配套机制，培养出一批批有能力、善交往、懂经营、善管理的农村人才，带动农村发展。

（五）结合需要和接纳能力，增加边境民族地区的预科招生比例

民族预科培养模式本身就是支持民族地区人才建设的一种形式，如果将预科生培养成师范生并按协议派回原籍从事基础教育工作，则反过来又支持生源地的基础教育。基于当前边境民族地区尤其是延边跨境地区农村能接受高等教育的人数比例远低于内陆和发达地区以及农村籍大学生鲜有意愿扎根基层服务"三农"的现实，根据现实需要和接纳能力，适当增加人才稀缺的民族地区的预科招生比例，将这些预科毕业生充实到村委会甚至自然村是极具现实意义的。

事实上，民族预科招生制度在我国已施行多年，但在招生和就业过程中存在比较普遍的变通情况：一是非定向点甚至非民族生源大量涌入预科班；二是许多预科生大学毕业后并未到定向地区工作，由此产生的一系列腐败给社会带来了不良影响。这是对民族地区帮扶政策的一种践踏，不仅损害了定向点和国家的利益，还助长了一些干部子女的堕落之风。我们认为，当前出现许多问题并难抓落实的原因主要在于操作层自身出了许多问题。因此，建议在录取前签订严谨的就业协议，以保证生源地的利益。至于预科生毕业后的具体工作地点事宜，还应结合回避原则进行安排。为防止违规操作，建议将民族预科录取名单、成绩、定向地点等关键信息长时间上网公布，接受大众监督，对违规操作的学生或当事人进行通报和问责。

（六）发挥新农村建设指导员和大学生村官的优势，推进农村人才建设

除上述几种基于当地的内在措施外，我们认为，滇东南边境民族地区还可以抓住外来机遇促进农村人才建设，一个机遇是云南省自 2007 年 3 月份以来大规模下派新农村建设指导员，第二个是近年来越来越多的大学生到基层担任村官。

向农村下派社会主义新农村建设指导员，是促进农村经济社会发展、培养锻炼干部和转变机关工作作风的具体做法。下派新农村建设指导员，对加快社会主义新农村建设起到了积极作用，对实现城乡统筹和谐发展、全面建设小康社会、构建富裕民主文明开放和谐云南具有重要而深远的意义。而选聘高校毕业生到农村工作是党和政府重视农村工作、加强农村基层干部队伍建设、促进新农村建设的大胆尝试和有效手段：第一，大学生到农村工作，对于其深入了解国情、民情，增强热爱农村、服务人民、报效祖国的责任感与使命感，树立正确的人生观、世界观、价值观具有极为重要的作用；第二，大学生到农村担任着方针政策的宣传者、思想文化理念的转变者、基层情况的反映者和农村脱贫致富的领路者等角色，在对农村作出贡献的同时，也能在实践中锻炼自己；第三，大学生有知识、有思想、有理想、有朝气、学习能力强、接受新事物快，他们到农村任职，将给农村输入现代化、科学化的新思想、新血液，有利于促进新知识、新理念、新技术在农村的推广与应用，对于更新农村传统思想观念，提高农村基层干部队伍整体素质，促进农村民主法制建设，完善农村基层组织形式，推进新农村建设步伐，构建和谐社会均具有重大的意义。

与当前村委会乃至边境乡镇的工作人员相比，虽然新农村建设指导员和大学生村官在实践经验、基层经验方面可能不如基层工作人员，但他们具有学历高、文化知识全面、学习能力强、视野开阔、综合素质强、接受新事物快等优势，基于这种现实，我们认为可从三个角度来促进农村人才建设。

第一，新农村建设指导员至少驻村一年，而大学生村官则最少两年。他们亲临农村第一线，能够对农民和村干部起到潜移默化的影响和感化。

这种"空降"人才本质上就是边境地区人才建设的工作之一，从这个角度来讲，当地政府和村寨可以把指导员和大学生村官当成村寨精英和领头人来看待，支持拥护他们，接受他们的率领和引导，与他们齐心协力共建新农村。

第二，当地政府要充分利用指导员和村官的优势，充分挖掘他们的知识资源，结合他们的专业特长，鼓励他们给农民宣讲政策、传授知识、畅谈经验、推广技术，促成指导员和村官带文化、带知识、带理念、带技术进村的局面。我们认为，指导员和村官在做群众思想工作和传导知识技术对农业和社会的重要作用以及改变农民落后僵化的观念方面有很大的优势。例如在文山州，指导员一般被要求进驻自然村，久而久之，即便是一些较为顽固、落后的村民也非常信任和尊重指导员，毕竟指导员与农民同吃、同住、同劳动的情形近20年来很少有过，在相处和建设新农村的过程中，指导员和村民会结下深厚的友谊。为此，指导员可以中立乃至友人的身份给农民做思想工作，讲解相关知识和技术。在不重视教育和文化的村寨，指导员和村官还可以向他们讲解知识和技术对农业乃至社会的重要作用，促使一些观念落后的边民转变观念。

第三，当地政府、村"两委"、村小组的工作人员乃至基层教师要摆正心态、找准位置，虚心向指导员和大学生村官学习先进文化、知识、理念和方法，要把他们当成是支援者，而绝不能把他们当成对立派、掠夺者。当地工作人员不能只看到指导员和大学生村官基层经验和实践经验不足而忽视他们的知识、技能、见识、理念等方面的优势。来自省城的指导员和高校的大学生村官具备的经济、管理、政治、计算机、信息技术、效率观念、成本理念正是基层工作人员急需的，基层工作者和教师只有掌握好这些知识、理念、技术，才能在新时期胜任新工作。

总之，充分发挥新农村建设指导员和大学生村官的作用，实现外来思想、观念和技能的渗透，引导和促进农民思想转变、技能提升，构建新农村建设指导员和大学生村官与农民良性互动的新型工作方式，可以更广泛、更扎实地推动农民提高综合素质，最终使指导员和大学生村官成为农村人才建设的重要力量。

（七）劳动力输出与吸引人才回乡相结合，促进劳动力转移培训和合理流动

农村的培训资源和人才资源与城市相比毕竟存在巨大的差距，而转移培训是一种经济、可行的方式。农村富余劳动力的输出既可以促进农民增收，又能缓解农村劳动力过剩而产生的诸多问题。更重要的是转移出去的农民工能在用工单位或政府职能部门组织的培训过程中增长才干从而提升就业竞争力，这样可实现农村人才培养的转移。此外，外出务工人员在城市中生活时间长了，自然会受到现代城市文明的熏陶，视野也会更加开阔，他们的人生观、价值观、生活方式、思维方式均会有所进步，而人生观、价值观尤其是教育观的改变会影响到他们对子女教育的态度和行为。如果说农村富余劳动力转移的直接贡献主要体现在劳动力输入地的发展和农民工收入增加两方面的话，那么转移出去，获得劳动所得、增长了才干的一部分农村人才回乡服务可直接促进农村的发展便是其间接贡献。而且一部分农村精英可能积累了一定的财富和人脉，吸引这部分人回乡服务不仅可以解决家庭缺爱、儿童缺管等问题，还可以激活并带动后知后觉的村民，为农村注入新思想、新技术。

吸引人才回乡服务的本质与"空降"人才是一致的，而且本地人才回乡具有"乡情驱动、人脉广博和长期为故乡贡献可能性大"等方面的特点和优势。为吸引人才回归，输出地政府应当把吸引进城务工者回乡创业与持续推进新农村建设结合起来，构建吸引本地人才的回流机制。首先，从舆论方面着手，正向报道回乡创业的先进事迹，消除农村精英回乡创业的顾虑，让大众变质疑、白眼为接受、认可、支持；其次，当地政府应出台优惠政策，从简化审批、资金帮扶、场地支持、税收减免等方面给予支持，吸引在外务工或经营的精英回乡创办乡镇企业、民营企业或现代农业示范园，为当地农民提供本地就业机会，拓宽农民增收渠道，让本地农民过上宽裕的生活，进而持续推进新农村建设。

（八）加强基层政府及村干部队伍建设，确保充当表率和模范

此外，为使农村人才建设走上可持续的发展之路，还须从以下一些措施

着手，加强相关职能部门和基层政府及村干部队伍建设：一是强化基层组织建设，转变县、乡两级政府职能，建设法制型、服务型政府。以深入开展"云岭先锋"工程为载体，探索和推广"支部建在产业链上"、"支部建在协会中"等农村党组织设置模式；二是创新机制，加强干部队伍的教育培训和管理。坚持管理工作经常化、绩效考核定量化，以干部队伍建设总体目标为导向，根据不同层次，确定不同的培训内容和方式，有针对性地进行教育培训，着力于复合型、多元化的培训，同时注重创新型思维方式、行为方式的培养，切实全面提高各级干部的政治素质和业务能力；三是落实和完善激励保障制度，增强干部队伍的凝聚力、吸引力和创造力，把能力强、素质好的人才吸引到基层干部队伍中来；四是创新村"两委"工作方法，完善选举制度，建设德才兼备、符合新时期各项工作需要的干部队伍，构建"能者上、庸者下、平者让"的优胜劣汰机制，为人才的胜出提供平台支持，这样才能避免出现基层干部队伍本身不能起到表率和榜样的局面。

六、加强农村基层组织建设，巩固和发展新农村建设成果

破解边境民族地区农村基层组织存在的问题和困难，必须以加大对基层的投入和帮扶力度，提高基层组织待遇、加强基层组织硬件和信息化建设为关键，以加强"两委"班子建设为核心，以完善和创新基层干部选拔、培训、任用、考核、激励、退出机制为着力点。此外，还要充分发挥大学生村官和新农村建设指导员的优势，促进本地干部成长。

（一）加大对农村基层组织及干部的投入和帮扶力度

1. 加大经费和硬件投入

经济基础决定上层建筑，破解边境民族地区基层组织的问题从根本和长远上来讲还是要发展经济。但经济实力的增强需要一个漫长的过程，基于边境民族地区经济基础薄弱，在今后一个较为漫长的过程中不得不需要上级和发达地区帮扶的现实，建议加大对边境民族地区基层的投入和帮扶力度。只

有这样，才能尽快缩小边境与内地的差距，避免严重的两极分化和城乡二元结构。① 为此，各级领导要转变对基层、对农村的一贯看法，要深刻意识到无论从经济持续增长的要求，还是缩小贫富差距的需要，都需要更加重视农村经济社会的发展。改革开放以来，我国的城市尤其是大中型城市的高速发展时期已经过去，今后将进入稳步发展的时期。新世纪以来，随着国家对"三农"问题的重视和惠农政策的连年升级，在今后一段时期，农村城镇化将进入一个黄金的发展时期。我国是农业大国，今后经济能否持续保持高增长取决于"三农"问题解决的好坏，而农村基层组织是党和政府在农村的代表，是农村各项事业的执行者和引领者，因此必须高度重视基层组织的发展。

具体来讲，需要在现有的帮扶政策下，再出台直接针对边境民族地区农村基层组织的帮扶政策，将一部分资金和项目直接落实到基层组织的建设上。其中一部分用于加强基层组织的硬件建设，例如，除"两委"② 外的办公场所、村民活动室、图书室、运动场等；一部分用于加强农村基层组织信息化建设，例如电脑购置或更新、包月宽带给付、传真机以及打印机之类。虽然当前在云南的"两委"都已经购置了电脑，但绝大部分"两委"还无法上互联网，所以有必要尽快开通宽带，否则会制约村官的工作效率和服务范围。因为大学生村官都具有大学学历，在开通宽带的情况下，能方便全县、全州乃至全省的村官交流，遇上群众的一些特殊问题时，村官可以发挥信息技术方面的优势通过网络向外界求助。配置打印机后，他们还可以将大众的疑问整理后打印出来黏贴或直接发给群众。这样如果村官愿作为、有相应的信息技术的话，就可以实现网络求助，进而缩小边境地区服务理念和管理水

---

①　二元经济结构是最早由美国经济学家阿瑟·刘易斯在 1954 年提出的，它是指发展中国家现代化的工业和技术落后的传统农业同时并存的经济结构（传统经济与现代经济并存）。即在农业发展还比较落后的情况下，超前进行了工业化，优先建立了现代工业部门。而我国的"城乡二元结构"不仅仅表现在经济制度方面，而且表现在国家用强制力将其涵盖到户籍制度、就业制度、教育制度、社会保障制度等社会管理的各个方面，在城乡之间筑起了一道道资金、市场、技术、劳动力等壁垒，阻碍了生产要素在城乡之间的交流，形成生产要素向城市的单向局面。

②　目前两委都已经有办公场地。

平与发达地区的差距；另一部分用于解决基层干部的交通问题，只有解决了基层干部的交通问题才能着实有效地提高基层的行政效率。为此建议政府为基层组织配备一定量的摩托车或电动车，为确保安全，还需要定期更换，例如使用期可以和基层干部任期相同，3 年一更新，到期采用拍卖或派发给村小组组长的方式处理旧车，若采用拍卖方式，在同等情况下，可优先考虑村干部。至于能耗和维修方面的费用，本着管理的方便和现实的困难，可以暂时由个人承担。

但众所周知，加大投入说起来简单做起来难，为此，首先需要各级领导深刻地认识基层组织的地位和作用，重新进行审视和定位；其次，除通过正式渠道力争政策上给予边境民族地区倾斜外，边境地区政府还应主动出击，广泛寻求支援，动员全社会关注、支持这类特殊区域。此外，基于当前大多数县乡／镇对基层组织划拨的办公和业务经费与建制村人数和村落数量无关，有平均主义的倾向的现实，建议调查研究并出台详细的分配机制，尽量做到科学合理公平，优化资源配置。

2. 提高基层干部待遇，吸引各界精英加盟农村基层组织

基于基层干部待遇低、对人才的吸引力不强的现实，建议提高基层干部待遇。马斯洛需求层次论告诉我们，人有生理需要、安全需要、社交需要、尊重需要和自我实现的需要，人的行为受到动机的影响，而未满足的（主导需要）是影响动机的最主要因素。[①] 从这个角度来说，在调动基层干部积极性的时候要重视人的需求，满足基层干部的合理需要，只有这样，才能让他们甘于奉献，扎实工作。在待遇的提高上可以从政治待遇和物质待遇两个方面着手。

基于当前基层组织负责人身份还在体制外的现实，建议首先解决"两委"主任的编制问题，将村组织逐步纳入到乡镇的管理范围，逐步提高基层干部的政治待遇。此外也可以采用乡镇派出机构的方式提高基层组织的级别和地位。近年偶尔有将"两委"主要干部招录到基层公务员的事迹见于报

---

① 陈维政、余凯成、程文文:《人力资源管理》（第三版），高等教育出版社 2011 年版，第 248 页。

端，这一政策也是逐步提高基层干部政治待遇的具体举措，这样既能很好解决基层干部的生理需要，也能解决他们的安全和尊重需要。建议逐步提高比例，并不断完善招考规则，以扩大影响，提高激励效果。

　　基于当前滇东南边境民族地区基层干部待遇远低于当地县州级农民工待遇的现实，建议提高基层干部物质待遇，具体额度需要先进行工作分析，以工作量负荷法来确定某一岗位所需的能力和每月均花在工作上的时间来确定。例如，"两委"主任虽是兼职，但其综合能力和付出往往不亚于村官，所以"两委"主任的物质待遇至少要上调到与村官一致的水平。美国心理学家约翰·斯塔希·亚当斯（John Stacey Adams）1965 年提出的公平理论告诉我们，当一个人作出成绩并取得报酬后，他不仅关心自己所得报酬的绝对量，而且总会自觉或不自觉地将自己的付出及其所得的报酬与他人进行比较，比较的结果会直接影响到今后工作的积极性[①]。如果支书和主任的物质待遇不如担任书记助理、村（居）委会主任助理的村官（按政策规定，如果大学生村官是中共党员，则到建制村后任支书助理，如果是非中共党员，则任主任助理），势必会让支书和主任产生不公平感进而挫伤积极性，影响团结乃至产生权力寻租等一系列问题。此外，还应当逐步规范基层干部的福利和社会保险，逐步为核心岗位和多年连任的基层干部交纳"五险一金"。从双因素理论角度看，"五险一金"可归为保健因素，美国的行为科学家弗雷德里克·赫茨伯格（Fredrick Herzberg）提出的双因素理论（Two Factors Theory）又称激励保健理论（Motivator-Hygiene Theory）[②]，该理论认为，引起人们工作动机的因素主要有两个，一是保健因素，二是激励因素。如果不具备保健因素时会引起员工的强烈的不满。因此，为消除和避免管理实践中的问题，应同时履行《劳动法》和《劳动合同法》，并逐步完善基层干部的社保问题，切实提高他们的待遇和积极性。

---

①　张德:《组织行为学》（第三版），高等教育出版社 2008 年版，第 239 页。

②　张德:《组织行为学》（第三版），高等教育出版社 2008 年版，第 233 页。

（二）加强基层组织领导班子建设

1. 加强以"两委"为核心的基层领导班子建设

基于当前全国均存在"两委"以及所有基层组织干部均属体制外，边境一带基层干部文化层次偏低，难以起到带领群众共同致富的现实，建议创新选拔、任用、退出机制，着力加强以"两委"为核心的建制村的领导班子建设。伴随着新农村建设的推进，城镇化的不断深入，我们认为有必要逐步将建制村纳入到乡镇的直接管辖范围中。

首先，可以从"两委"主任的来源上拓宽渠道，主要从村小学教师中招录"两委"主任，这样就可同时解决当前"两委"主任身份在体制外、政治地位低、待遇低、无保障、文化层次低、能力不强等问题。这是一个大胆创新的构想，我们认为其极具可行性。一是如果保留教师的物质待遇，任期满后可继续参选"两委"主任或回原单位任教的话，基本上可以预见会有许多村完小的教师前往竞聘；二是从一所完小中抽走一两个教师不至于影响全校的教学工作；三是教师出身的"两委"主任势必会更加重视农村教育，在开展群众工作时也会更具有号召力和影响力，在当前边境一带不重视教育、人口素质偏低的背景下，此举显得更为必要和急需。

其次，为确保"两委"主任的质量，应完善和创新基层组织领导的选拔任用以及退出机制，在报名阶段要宣传到位、广泛动员、严审资格、公开竞聘、全民投票。为解决他们的后顾之忧，从政策上可以规定其任期满后可连续竞聘当地或他乡"两委"主任，能力、成绩突出的甚至可竞聘乡镇一级的事业单位或公务员岗位。

再次，基于当前除"两委"外，其他组织处于各自为战、协作能力不强，人事、业务、经费均各有所属的现实，建议借鉴乡镇党委和政府的管理模式，重新设计组织机构，界定职责，确定权利和义务，对"两委"和所有村级组织实施统一管理。具体而言，乡镇党委管人事，政府管业务和工资及经费，具体部署和薪酬发放交由支书和主任，这样就能构建由"两委"主任领导下的村基层组织，如此，在"两委"主任的统筹下，势必能提高团队协作能力，进而产生高绩效。

另外，基于当前农村基层组织存在党员干部老龄化严重、性别结构失调的问题，要在遵守党章的前提下，尝试出台相对人性化和具有可行性的农村党员发展及管理办法。例如免收党费，在春节前后人员回乡多的时间段集中对相关人员进行组织动员、培训和召开民主生活会等。为解决基层女性干部稀缺的问题，还要从舆论上鼓励女性敢于"走出来"，从政策规定上保证女性的比例。

2.完善和创新基层组织干部选拔制度

在大幅度提高基层干部待遇但是选拔规则不合理或监督不力的情况下，基层干部，尤其是"两委"主任的选举过程中势必会产生贿选、"暗箱操作"、宗族势力干扰或控制等问题。因此，要着力完善和创新当前的选拔制度，在程序和规则上下工夫，赋予人民选举、检举、罢免的权力和行权渠道，加强监管，确保使最符合广大人民群众根本利益的农村精英胜出，坚决避免宗族势力和农村先富们拉票、贿选等恶性竞争行为，若发生此类情况，不仅要对当事人进行处罚，还应对监管不力的乡镇党委进行问责。

此外，为避免村支书和主任推诿扯皮、人浮于事、协调配合难等问题，建议广泛推行"村支书、主任双肩挑"的制度。这既有利于降低基层的行政成本，减轻财政负担，又有利于提高支书主任的待遇，更关键的是有利于提高基层组织的工作效率和执行力。

基于当前团委、妇女主任、计生员、卫生防疫员、护林员、农科员、烟草辅导员、武装干事、新经济和社会组织负责人、村小组组长、会计和统计员等基层组织负责人目前无明确的产生办法以及在管理上存在诸多问题的现实，建议由乡镇组织，采用公开报名、公开竞聘、择优选聘的方法选拔农村精英担任这些岗位。为此，建议各乡镇在换届前后临时组成以乡镇党委专职副书记为组长的换届工作领导小组负责村基层组织干部换届，平时设人事专员负责基层干部的日常管理工作。

3.完善外来人才援建机制促进农村基层组织建设

课题组在调研过程中发现，当前除部分沿边跨境一带外，绝大部分建制村都已经有大学生村官。大学生村官作为外来人才，可有效促进农村基层组织建设。因此，一方面建议尽快选聘村官安排到沿边跨境地区，确保一个建制村至少安排一名大学生村官到位。另一方面，为确保大学生村官能"留得住、能干事"，省、州/市、县部门要加强对大学生村官选聘机制、工作机制、激励机制和提拔以及退出机制的研究，与时俱进地出台相关政策和管理办法。为充分发挥大学生村官的优势促进农村基层组织领导班子建设，还要加强如下几个方面的工作。

第一，县、乡/镇两级政府是大学生村官的坚实后盾，要做好后勤保障、培训、考核工作。万事开头难，对于没有工作经验的大学生来说，岗前培训和刚工作的前一个月做好"传帮带"显得尤为重要，因此建议切实抓好岗前培训。此外，基于大学生村官工作年限大都是 2 年，任期满后绝大部分选择重新择业的现实，建议在上一任村官离岗前的前一月就下派下一届村官，这样能方便村官间的交接和交流，很好地做好"传帮带"。因为"两委"主任和村官之间既有竞争关系，又有合作关系，总之其关系略有微妙之感，但欲离任的村官与新村官无利益冲突，常言道"人之欲走其言也善"，这样的安排会致使绝大部分即将离任的村官知无不言、言无不尽的与新村官畅谈经验、交流思想，以便下一任村官尽快进入角色，干出更好的成绩。

第二，建制村是大学生村官的工作平台，县乡/镇村要尽力解决好村官的食、住、行以及学习等问题，乡镇还应设专人定期了解大学生村官遇到的问题和困难，定期向他们征求意见。基于村官熟悉计算机网络信息技术的现实，要确保配置能上互联网的专用电脑，以便于村官和外界交流，引进新思想、新理念、新方法和新技术。大部分大学生村官背井离乡、孤身一人前往建制村，在刚开始工作时往往会孤独和不适应，这都是正常反应，要设身处地地为他们考虑，要以人为本，多从感情和生活方面关心他们，以便他们能更好地开展工作。在这段特殊的时期，网络的便利也能缓解村官的系列问题。

第三，在具体分工方面，要做到扬长避短，充分发挥他们处于精力旺盛期、干事具有激情和具有较高的科学文化水平、具备较好的计算机网络技术的优势。要把他们掌握的科学技术文化知识最大限度地用到改善工作方法、改进工作流程和提高工作效率上。

第四，对于大学生村官本身来说，首先要摆正位置，俯下身子，树立边学习边实践的理念，一心为公地干好工作。基层毕竟艰辛，大学生村官要敢于克服困难，要胸怀"没有条件，创造条件也要上"的气魄，要珍惜时光，扎实工作。要结合大学所学专业发挥主观能动性，还要发挥自身优势，如对教育重要性认识到位、重视健康和预防、对新农合及农村社保政策有深入了解、思想先进等，采用现身说法等方式做好群众思想工作，带领落后地区移风易俗，最终提升他们的觉悟和思想，从根本上提高边远地区群众的民生意识，竭尽全力搞好智力扶贫。此外，大学生村官处于富有棱角和正义感的年龄段，在基层工作时期要敢于与坏人坏事乃至腐败现象作斗争，对于在基层发现的违规甚至违法行为要敢于纠正或者揭露。村官本身要深刻意识到，虽然职级有限，但能动性无限、创意无限，如果各事项都竭尽所能，一心为公，做到勿以善小而不为，一定能在有限的时间内为群众作出巨大贡献。

第五，大学生村官正值谈婚论嫁的年龄，要正视该问题，从机制上解决好这些人的安家落户问题，可从政策机制上鼓励大学生村官扎根基层，长期为农村和基层的发展作贡献。组织上可以以乡镇为单位，定期安排村官与完小及卫生院之间的联谊活动，为他们创造识人、拓展外延的机遇。对于愿意长期扎根基层的大学生村官，应从福利、医疗社保等方面给予倾斜，打消他们的后顾之忧。对于想返回学校深造或参与公务员考试的，要从政策上给予加分照顾。

第六，充分发挥指导员的优势促进基层组织的建设。与大学生村官相比，新农村建设指导员还有一个原单位的优势，而且从当前云南省的实际情况看，指导员的原单位往往是下派点的定点扶贫单位。因此，除发挥指导员自身的优势外，还要加强与指导员派出单位的沟通和往来，以期获得更多的支持和帮助，加快基层组织的建设步伐。另外，相较村官而言，指导员的人生阅历和工作经验更丰富，因此，基层要充分发挥其综合能力强，见识多的优势，鼓励他们走到群众中去，为农民宣讲政策、传授知识、畅谈经验、推广技术，促成指导员和村官带文化、带知识、带理念、带技术进村的局面。

此外，基于我国是农业大国、云南是农业大省和公务员及诸多事业单位干部提拔均需要有基层工作经验的现实，我们建议，硬性规定将新录用的公务员和事业单位工作人员安排到村委会历练两年，具体安排原则由各级、各单位组织部门根据专业特点和定向扶贫地区确定，两年综合表现与回单位后的任用和提拔直接挂钩。这样，一来可以破解基层缺乏人才的困境；二来有助于大学生深入了解我国的"三农"问题，以免出现今后成为社会栋梁却不了解中国国情的尴尬；三来能培养青年才俊吃苦耐劳的精神。

（三）构建基层组织工作人员长效培训机制

基于当前乡镇和县级职能部门对基层组织工作人员的培训认识不足、措施不力、基层干部对培训的主动性不强等现实，建议从机制上将培训时间、周期、地点、培训主体、培训内容、培训形式等内容确定。学习培训研究专家贝克尔（1964 年）分析表明，参与培训的员工能够得到成长，发动培训的组织绩效能够得到提高，实施培训的机构能够得到报酬，三方都是培训的受益者。在知识经济时代，各级政府、各类单位均应该高度重视培训。对于基层组织的培训需要从三方面着手。

第一，县、乡 / 镇两级政府要着眼长远，重新认识培训的价值和地位。县、乡 / 镇领导要深刻认识发展是硬道理中"发展"二字的本质，要明白社会发展的前提是每个单位和个体在发展，在进步。扶贫先扶智，加强培训学习的本质就是扶智。无数的事实表明，不重视学习、培训的组织和个人均发展非常缓慢，一些人能力和收入长期停滞不前的根本原因就是疏于学习和总结，其本质是不求上进。在知识经济时代，为能在发展变化的环境下胜任工作进而取得高绩效，必须牢固树立终身学习的理念。从这个角度来说，整个社会还需要加强舆论宣传，学习型政府、学习型社会的构建还需加快。因此县、乡 / 镇两级政府应先加强宣传，将培训的重要性和由此会带来的利益告知每一个基层工作者，让他们改变以往对培训的消极认识。同时要出台强硬的岗前培训、日常培训以及资格认证制度。

第二，基于当前培训主体存在以各级领导为主和内容较随意的问题，建议加强培训实施主体团队的建设，使培训达到制度化、专业化、职业化、节约化。为此我们有一个大胆的设想，即由省委农办或省委党校牵头成立"基层干部培训讲师团"，分别从省、州 / 市、县 / 区按一定比例选拔演讲表达能力强、在"三农"及行政管理领域研究深入的研究人员、教师、公务员等一批精英为高级培训讲师，有计划、有组织地到全省 129 个区 / 县开设集训班，对基层组织工作人员开展轮训。轮次安排上以村官优先、"两委"主任优先为原则；难度上以基层干部的学历和能力为依据分批、分层次开展，以先易后难为原则；专业和内容上以工种分类为依据，做到通识教育与专业教育相结合。例如基层党建、"三农"问题、电脑办公网络基础、常见公文处理及危机管理这些课程为通识课，农业科技、烟草栽培、林木病虫防治等较为专业的内容仅限于农科员、烟草辅导员、护林员等基层干部参与培训。为提高培训的效果，要求讲师团深入基层，研究基层的培训需求，辅助基层组织找出培训的压力点，即弄清谁该接受培训，急需哪些培训，怎样培训，在哪里培训，何时培训，培训多长时间，隔多长时间后需要再次培训等。在此基础上，制定可持续的培训方案。在教学内容的设计上，既要做到层面上的内容保持一致，又要考虑各县乡/镇的现实有所不同，做到因材施教，因地制宜。总体来说，讲授内容上要力求专业、实用、结合实际、具有前瞻性；形式上要充分考虑成人学习的特殊性，要求培训师能够采用生动、鲜活、具体的方式授课。

　　第三，基于基层组织工作人员在参与培训时积极性不高和在他们认为存在损失的现实，建议先从提高认识扭转思想入手，在宣传动员阶段要让他们明白有效的培训能促进技能和绩效的提高进而能促进收入的增长。为保障培训效果还需要在培训中引入考核机制，在考核内容方面要做到"考用结合"，做到"用得到的才考，考得过的就能胜任"。为给学员适当的学习压力，建议引入末尾淘汰制，保持一定比例的不及格率，并在换届选举时引入一票否决制，即培训考试不合格者在换届时直接取消报名资格。为实现基层干部从"要我学"的现状转变为"我要学"，还要引入激励机制，加强培训结果的运用，对优秀者进行物质奖励，让学有所获、表现优良的受训者获得额外的激励，例如，将培训考核结果作为任用、提拔的重要依据。

　　基于当前普遍存在培训有走形式倾向、效果不佳的现实，建议上级党委和政府对培训组织者进行监督和管理，对培训组织部门（例如人力资源与社会保障局）、培训实施主体（党校等培训机构）引入评价、考核和竞争机制。具体来说，可引入受训者对组织者和实施者进行匿名评价的机制，这样就能形成相互牵制和共生的格局，进而达到保障培训效果、提高培训质量的目标。此外，对于培训实施主体还可引入竞争机制。例如 A 县基层组织工作人员的培训可以委托给 B 县甚至州级、省级的培训机构，在有竞争的情况下，往往就能实现资源配置的优化。

（四）完善和创新基层组织工作人员考核、激励机制

基于当前对基层组织的考核具有以主观考核为主，考核指标体系不成熟的问题，建议构建基层干部评价指标体系，业务类岗位尽量采用定量考核，综合岗位以定量考核为主、定性考核为辅。为避免基层干部工作作风不实、对民众骄横跋扈等事件的出现，在考核主体的确定上，可引入多元主体评价法，即要安排受到基层干部服务的人民大众进入绩效考核小组。具体而言，可借鉴360度绩效考核法，在成立考核小组时要充分考虑将与基层组织利益相关的各类主体纳入到考核领导小组中，如乡镇党政相关部门代表、人力资源专家、基层党代表、基层干部代表、村民代表、社会精英、辖区知识分子（小学教师）等。这样在考核时就能尽量做到公平、公正。由于基层干部的考核结果与民众的认可直接相关，在这种情况下，基层干部就会俯下身来全心全意地为人民服务。当然，在实践中还需要尽量完善机制，对于考核小组成员的产生，最好能做到随机并定期轮换，特别要避免"两委"主任内定基层干部代表和民众代表这类既当"运动员"又当"裁判员"的做法。

基于当前考核结果大都为合格和良好等级，具有趋同化、宽大化倾向的现实，建议在绩效考核等级核定时采用强制正态分布法，使考核等级呈"中间大两头小"的状态，合理拉开绩效等级的差距。基于当前对基层干部考核结果未恰当运用的现实，建议将考核结果合理运用到年终绩效奖金分配、提拔任用和乡镇招考公务员工作中，对于优秀的基层干部，在基层公务员招考时可以考虑采用加分的方式适当照顾。在考核结果的运用方面，还要注意绩效奖金应该主要与工作业绩和工作态度挂钩，而提拔任用和乡镇招考公务员的参考依据应主要与工作能力和工作态度挂钩，因为有能力还需要在工作条件成熟的前提下才能确保高绩效。同理，高绩效者未必工作能力强，有可能是基础好、条件好。

（五）加大对"两委"以外的基层组织的支持力度

除整体性地提高"两委"干部、团委干部、妇女主任、计生员、卫生防疫员、护林员、农科员、烟草辅导员、武装干事、村小组组长、会计和统计员等基层组织负责人的待遇外，我们建议，要着力加强民兵组织、妇联组织、新经济和新社会组织的建设，为这些组织开展活动提供必要的工作经费。根据需要，支持、建立一些新型的新经济和社会组织。

由于滇东南边境曾是战区，稳定和安防工作任务繁重，因此要加强对平时从事生产劳动、战时作为武装力量的基层民兵组织的建设，加强对民兵的国防教育和基础训练。基于滇东南边境民族地区一带农民喜好饮酒、酗酒闹事常见，尤其是家庭暴力普遍，不利于家庭和睦以及乡风文明建设的现实，还须加强对基层妇联组织的建设，支持妇联深入每个家庭，宣传先进思想，打破封建思想观念的束缚，让妇女拥有应有的权利和平等的家庭地位。鼓励妇联举办各种健康向上的业余娱乐活动，丰富妇女的社会生活，打破过去单调乏味的家庭劳作现状，促进农村妇女精神的解放和发展，最终促使妇联形成一个妇女交流、共进、维权的组织。

此外，基于边境民族地区人民观念落后、易于被非法宗教和境外势力利用的现实，我们建议加强对老年协会这类新社会组织的建设。老年协会具有威望高、舆论导向功能强的特点，抓好老年协会的政治思想工作有助于抓好舆论导向和基层稳定。因此，要高度重视村中有威望的老年人，积极吸引这类人进入老年协会，为老年协会提供必要的场地和经费支持，充分发挥他们德高望重的身份优势，为边境农村的稳定和繁荣作出贡献。

（六）完善和创新产业协会运行机制

要缩小边境民族地区与内地和发达地区的差距首先要促进农民增收，要可持续地促进农民增收进而破解"三农"问题，必须从发展农村产业上着手，从这个角度来说，农村产业协会是最具发展潜力，也将是对农村经济贡献最大的组织之一。当前大多数农村产业协会起到的作用还仅限于经验交流或普通资源共享，这是由农户之间存在竞争所导致的。我们认为，如果没有共赢机制的促进，农民核心的、有价值的经验和资源将无法真正共享。因此，要加强对农民的思想教育，让更多的农民甘于分享自己的经验和资源。要从机制上对为产业发展作出贡献的村民实施奖励，让他们得到由于分享经验和技术而带来的好处，促使他们持续为协会作出更多的贡献。此外，基于所有商品的采购均有规模经济效应的现实，建议产业协会在生产资料采购旺季组织群众团购生产生活资料，这样就能降低生产生活成本，提高资金的使用效率。当然，凡是涉及经济利益时必须要加强监督和管理，要防止执行人员与供应商索要回扣，而最终损害协会成员的利益的事件发生。待产业协会成熟运行后还要防范销售农产品时可能出现的损公肥私行为。

（七）落实和完善对口帮扶机制

为加快边境民族地区基层组织建设的步伐，进而缩小边境民族地区与内地或发达地区的差距，建议按照"有编制、有人员、有经费"的要求，构建长期稳定的农村对口帮扶机制。具体来讲，可以在现有的发达地区、省、州、县等部门定点扶贫的基础上，借鉴新农村建设指导员选派模式，要求定点帮扶单位每年下派优秀职工到村基层组织挂职，充分发挥发达地区、上级部门的人、财、物等资源优势，帮扶基层组织建设和发展。也可以采用发达地区对应级别的基层组织对边境民族地区的基层组织实施对口帮扶模式。例如：云南的省会城市昆明的五华区综合实力较强，基层组织建设也有相对优势，可安排五华区的某个社区妇联对口帮扶滇东南边境某村委会的妇联，如此，五华区某社区的妇联组织的成功经验和做法便可迅速在帮扶地得以推广实施。

（八）完善规章制度，加强对基层组织的管理和监督

缺失监督的权力就会导致腐败，基于当前对基层组织的监督缺位普遍、"两委"主任贿选比例大、农村基础设施建设工程款项和质量等问题层出不穷的现象，我们建议完善规章制度，加强对基层组织的管理和监督。为此我们认为要做好如下几个方面。

第一，省、州 / 市、县 / 区要加强对基层组织监管的研究并出台相关政

策、规章制度；第二，要畅通监督检举渠道，要充分考虑到农民的现实困难。例如，缺乏专业知识和技能，不懂维权、不会维权等，开设多种便于群众监督和检举的渠道；第三，基于大众具有"搭便车"心理以及"无利不起早"的现实，建议对据实举报的群众实施奖励，奖励的数额可以与举报事项涉及款项或贡献呈正相关关系。对于诸如护林员这类对专业和技能要求不高的职位的监督可以尝试引入竞争机制。例如，若张三据实举报护林员李四存在不作为或权力寻租行为，经调查核实举报内容属实，因举报有功，则可直接免去李四，让张三担任护林员，这样就可鼓励和强化监督检举；第四，严格保护检举人的人身和财产安全。一方面要对检举人的身份进行严格保密，关于这一点，主要从加强监管部门工作人员的党性和职业操守教育入手。因为在这个环节上只可能是组织内部出问题，而且一旦这个环节出问题，就很难取信于民，为此还需要对这类违规泄露机密的工作人员实施严惩。另一方面应从多方面保护检举人的利益和安全，让敢于监督和检举之人打消后顾之忧；第五，为防患于未然，根本上是要抓好村务公开尤其是财务公开、完善基层组织议事制度、加强舆论和媒体监督等方面的工作，确保基层组织在阳光下决策、在阳光下运行，以长久地保持农村的稳定与和谐。

七、排除遗雷威胁，研究并合理借鉴越南相关边境政策

（一）有计划排除非战略要地的地雷威胁

在新的历史时期，战争的战略、战术和技术等方面有了根本的改变，雷区对战略防守固然能起到一定的作用，但在技术战取代人海战、信息战和空战逐步取代装备战和地面战，和平是当代主题的今天，我们认为绝大部分雷区的弊已大于利。基于地雷的危害大、边境地区可用耕地少以及国际关系格局的转变的现实，课题组认为，军区和地方政府应根据新时期战略防守特点，着眼长远，有计划、有组织地逐步排除这一区域的地雷，解决历史遗留问题。

第一，应由军方对不同区域的雷区进行国防、威胁等综合评估，合理区分排除区、保留区。成立综合部门，从国防需要、雷区农民生存和发展

的需要出发，对排雷的意义、可行性、技术以及实施步骤等进行详尽的研究。

第二，有计划、有组织地对非战略要地的排除区进行扫雷、排雷。在排雷步骤上，应该以雷区对农民的危害大小和排雷的难易为原则，先排除对农民危害最大的地区，使农民有安全的生存发展空间；在难易程度上，应该先易后难，这样既有利于经验积累又能减少排雷的伤亡；在具体分工上，可由军方提供信息、技术及人才，由地方和民众提供后勤和其他支持。

第三，为排雷部门提供人、财、物和技术支持。由于边境地区地形复杂，水土流失严重，加之布设的地雷种类繁多、轮战部队批次多、定位信息缺失等问题的存在，滇东南边境一线的排雷任务艰巨。虽然战后我国先后进行了三次排雷，但由于后期资金短缺等因素，致使排雷不彻底。为在排雷上取得新突破，国家应设立专项资金，积极支持排雷的技术、装备的研究，将先进的技术和装备应用到排雷上。

第四，充分吸收国内外先进的排雷技术。例如，可借鉴非洲莫桑比克利用老鼠排雷的技术。莫桑比克利用老鼠能有效分辨金属和地雷的特性进行排雷，从而能有效降低排雷的难度和资金投入，减少了排雷带来的人员伤亡。

第五，俗话说解铃还须系铃人，我们认为，可以回访当年布雷的战士，根据他们的回忆，确定布设范围，减少排雷的盲目性。此外，随着中越关系的正常化，可联合越南政府，共享信息和技术进行联合排雷。中越两国对战争期间布设的地雷都有不可推卸的责任，应携手排雷，还边境一方安宁。再加上两国民众的积极配合，既能加强两国间的沟通和增强民族合作精神，又能降低两国的排雷难度和支出，实现共赢。

（二）研究并合理借鉴越南相关边境政策

基于越南政府发挥小国优势出台了一系列特殊的优惠政策并对我国边民产生一些消极影响的现实，我们认为，需要多部门综合论证是否出台相关惠民政策并狠抓落实，以彰显国威还是谨慎解决以避免两国进入"军备竞赛式的博弈陷阱"①的旋涡。但总体而言，社会在进步，信息产业飞速发展，民权意识在逐步提高，人民的物质和精神需要在日益增长，支农、惠农、稳边、固边势在必行。一些越南的成功经验，我们可以经过论证和中国化后适当借鉴。越南的一些具有对抗性、竞争性的政策，我国可以认真研究，出台相关政策加以破解。

具体而言，可成立专门的信息情报部门和研究机构，为扬长避短，可设立军方、政府、民间或上述三种联合等多样化的机构进行研究。在分工上，可结合专业和特长，从军事、经济、政治、文化、教育、卫生、社保等方面系统地对越南相关政策的出台背景、制定意图和实施情况、成绩、存在的问题和不足以及应对策略等方面开展研究。此外，还可以发动全国科研院所、高校等相关研究人员以课题申报形式参与研究，这既可以节约研究经费又可以广泛向社会融智，还可以为广大科研人员提供机会和平台，优化资源配置。

针对越南的一系列惠农政策，课题组认为我国在以下几个方面需要高度重视：一是需要加大对边境地区基础设施建设尤其是在交通状况改善方面的投入。上文已有论述，交通状况改善既可改善民生又可降低边民的生产、生活成本，从国防的角度来讲，便利的交通还能在战争时期起到至关重要的作用；二是加大边境民族地区的教育支持和投入。关于这一点，可以借鉴越南的做法。（上文在实施方面已有系统涉及，此处不再赘述）针对越南在边境地区实行"小学四年级直至大学毕业，学生衣、食、住、行费用均由国家负担"的特殊政策，我方亦应出台相应优惠政策；三是加大边境地区医疗和社保的投入以改善民生。针对越南边民可享受免费就医的待

---

① 针对越南发挥小国优势在越南北部边境地区出台的惠民政策，一般情况都会考虑到我国应当在边境民族地区出台更优惠的政策，促进边境民族地区的经济社会发展，以达到守土固边的目的。但进一步考虑，倘若我国出台了更优惠的政策，越方可能发挥小国优势再次出台更加优惠的政策。我国边境线长，接壤国多，如果所有边境地区都严重倾斜则难度较大，加之边境民族地区建设得越好，对接壤国越具有吸引力，如果只重点倾斜滇东南边境民族地区，则多省的平衡和和谐又面临新问题。因此，我们认为，针对越南的优惠政策，是否出台相关惠民政策并狠抓落实以彰显国威还是谨慎决策以避免两国进入"军备竞赛式的博弈陷阱"的旋涡是需要多部门综合论证的。

遇，我们认为，一方面要进一步提高"新农合"覆盖面、报销比例及报销上限，另一方面可降低或免除边民的"新农合"自筹资金。对于延边跨境地区，可实行特殊政策，让农民享受免费就医的待遇，减轻农民负担，削弱边民的不平衡感和失落感。

总之，课题组认为，边境一带在对越自卫反击和防御作战期间确实为国家作出过巨大的牺牲和贡献，在和平年代国家对这些地区适当倾斜是合适的。出于边民守土固边和国防的需要，持续加大对边境地区的帮扶力度也是十分必要的。这样，才能为加快边境民族地区经济社会发展、促进边境民族团结、巩固边防和维护祖国统一和构建和谐社会打下坚实基础。

八、完善、创新政策和机制，持续推进边境民族地区新农村建设

（一）完善、创新模式，提高扶贫开发效率

当前，滇东南边境民族地区主要实行的是政府给钱给物、农民投工投劳的"输血式"兼按户/按人平均分配的"普惠式"的帮扶模式。这主要是由于当前滇东南边境民族地区贫困程度深、产业基础薄弱及机制不完善所导致的。这两种模式存在诸多的弊端和不足，也是高投入、低产出、农民增收徘徊不前、帮扶事倍功半的原因之一。步入新的历史时期，新农村建设面临着新的任务和新的情况，这种帮扶模式的弊端日益突出。因此，为适应新农村建设和社会发展的需要，必须完善和创新帮扶模式，持续推进新农村建设。

1. 帮扶模式由"输血式"逐步向"造血式"转变

"输血式"帮扶模式会致使投入产出率低、农村后续发展后劲不足，不符合新世纪农村工作和新农村建设的基本精神，应逐步向"输血式"并"造血式"的复合模式乃至"造血式"模式转变。从指导原则来讲，应通过边境民族地区的干部、群众，发挥自身力量，充分利用外力，增强自身造血功能，充分挖掘内部优势，扬长避短，内外互动，提高自身能力，从而实现脱

贫致富。从操作层来讲，政府应逐步实现"三个转变"：一是由简单的资金和物资投入向资金、物资、智力、技术、信息等全方位投入转变；二是由简单帮扶农村基础设施和社会事业建设向改善生产生活条件、扶持发展主导产业、促进农村可持续发展的方向转变；三是引导企业由单向无偿对口帮扶向企业出资金给项目、农村提供土地和劳动力、实现企业拓展发展空间与促进农民增收的互利双赢局面转变。这样，才能激活农民的积极性和创造性，进而激活农村产业的活力。

2. 物资分配引入竞争和激励机制，逐步降低"普惠式"投入比例

当前的资助方式主要是"普惠式"，一些村寨以人数为依据进行帮扶物资的分配，而一些村寨按户数分配。这种看似公平的方式虽有操作简单且广为盛行的特点，但存在助长农民"等、靠、要"思想和帮扶资金效率低两个弊端。我们认为，物资分配应引入竞争和激励机制，这既是对以往的帮扶机制的补充和完善，又是农村帮扶机制的创新，对扶持农村支柱产业有极其重要的意义。其道理不言自明，同是 1 万元，投给致富带头人和懒汉，其产出会有极大的差别。概言之，现行的"普惠式"分配方式缺乏竞争和激励，而只有竞争才能发展，只有激励才有动力。为此，我们建议，在兼顾绝大多数农民利益的同时，应引入竞争和激励机制，向事业心强、有一技之长、有可行性项目的农民实施倾斜，对那些为地区发展作出贡献的个人和企业采用以奖代补的形式提供帮扶，为他们提供更多的物资和技术支持，让这些具备先富可能的农户带动和激活众多的村民。

引入竞争和帮扶机制后，对那些不思进取、一味"等、靠、要"的农民的帮扶会减少，而对那些积极分子的帮扶会增加，尤其会对有可行性项目的农民进行倾斜。那些"等、靠、要"思想严重的农民就不得不按政府的支农意志采取相应行动，创造获得帮扶的条件，这既可削弱堕落农民的"等、靠、要"思想，又可提高帮扶效率。需指出的是，政府应提前将相关风险告知农民。因为要想得到政府的有条件的产业帮扶，就必须先做出一定的成绩，而在起步阶段，许多产业都是需要投入的。为此，对于论证有力、可行性强的项目，政府应不失时机地予以帮扶，同时加以有效监管，确保对农民的帮扶资金真正地用在农村产业建设上，从而避免损失，形成一种政府引导、农民主动创富、风险共担的帮扶模式。当然，对能力有限但又勤劳、务实的农民，应该适当调整政策，在效率与公平之间找到平衡点，尽量为这类人创造竞争机会，最大限度地激励农民，调动农民的积极性。

3. 扶贫为主，兼顾扶富

扶贫是人道主义与构建和谐社会的需要，而在帮扶过程中兼顾扶富则是提高扶贫开发效率的重要举措。农村的致富带头人无论在经营管理能力、经济实力、抗风险能力等方面均具备一定的优势，他们不仅能起到榜样的作用，还能给得过且过的村民增加紧迫感。为促成先富带动后富，同时培育村寨乃至乡镇企业，我们建议，在保证绝大部分资金用于扶贫的前提下，改进和创新帮扶机制，扶贫和扶富同时兼顾，对具有较强竞争力、较强经营管理能力、需要帮扶的致富带头人进行物资或技术帮扶，为其做大做强事业提供支持，让这些先富者通过提供技术、理念、经验乃至就业岗位等方式，带动和帮扶后富，最终实现共同富裕。

这里要强调的是，在创新和改进帮扶机制的过程中，资金和项目的安排具有更多的人为因素，极容易因某个环节出现漏洞进而滋生腐败，影响农村的和谐，制约新农村建设的持续推进。因此，加强监督至关重要。我们建议，必须加强资金的落实和监督，必要时引入评估、审计、考核和问责机制。具体来说，可从以下几个方面入手：一是公开帮扶物资流向等信息，让资金、项目在阳光下运作，在人民群众的监督下落实，避免"暗箱操作"，防止某些官员或村干部以权牟私，在帮扶过程中营私舞弊、蒙混过关、虚做假账；二是赋予民众畅通的举报和申诉渠道并严格落实群众的上访或举报，这可对舞弊行为起到很好的震慑作用；三是监管部门适时下派监督人员到基层和群众中明查暗访，倾听民心，了解实情，以确保民意畅通、物资落实。

（二）完善政绩考核机制，确保农民群众的利益

当前新农村建设的考核项目中，其硬指标大多与基础设施建设和村容整治有关。个别地方忽略农民的意愿和心声，忽略老百姓的承受能力，项目安排和资源分配缺乏灵活性，导致部分群众在新农村建设中负债返贫。基于上

述现实，我们建议，各级政府可借鉴平衡记分卡①的绩效考核思想，树立科学的发展观、政绩观，推行绿色 GDP 核算体系，把农村经济发展速度、农民增收、民意测评等列入主要的政绩考核指标，以确保国家帮扶资金优先投放在产业扶持、生产补贴、交通改善、科技普及等方面，避免不顾实际条件而出现的层层下达指标和任务的做法，切实使基层政府从"考核经济"、"干部经济"中走出来。在考核主体方面，采用 360 度绩效考核法，成立由领导、同事、下属、专家、民众等多类利益相关者组成的考核领导小组，保障考核结果的客观和公正。各级党委和政府要严格按照新农村建设的要求，借鉴韩国的经验和教训，发展经济先于村容治理，使之达到"生活宽裕、乡风文明"的目标后再进行村容整治，避免由政府主导新农村建设而造成农户负债严重的现象。其实，发展经济是新农村建设的关键，俗话说"仓廪实而知礼节"，农民有了钱自然会有硬件建设的欲望和需求，届时再进行村容村貌整治和安居房建设就可避免后续发展能力不足的尴尬。

此外，在不同的地区、不同的县，针对不同的乡、不同的村，在新农村建设的部署和考核时不能搞"一刀切"，应结合村寨实际、农民的耐受程度和意愿，充分重视农民的主体地位。对于经济底子薄、自然条件差的村寨，一方面要灵活安排项目和资源，另一方面在考核指标体系上应有所区别，这样才能真正体现仁政、德政。再有，一些区县的考核结果没有得到充分运用，存在"干好干差一个样、干多干少一个样"的情况。建议合理运用激励手段，以调动职能部门的积极性。

（三）多措并举，提高新农村建设指导员的工作绩效

基于云南向各地下派新农村建设指导员，目前指导员选派的工作成效不突出的现实，我们建议从宣传动员、选派机制、培训机制、工作机制、监督

---

① 传统的绩效评价方法主要注重财务性评价，重财务指标会导致对短期结果的过分关注，一些领导会以牺牲组织的长远价值为代价，这不适应当今的经营环境，不利于组织的长远发展，而是需要一种可以平衡财务指标的精确性、完整性和未来绩效动因的方法。政府提出要树立科学的发展观、政绩观，推行绿色 GDP 核算体系，把经济发展速度、环境保护、民意测评等列入主要的政绩考核指标与平衡记分卡的基本思想如出一辙。

机制、激励机制、撤换机制等几方面入手，使新农村建设指导员选派工作达到"主动报名、安心驻村、干劲十足、收获多多"①。

1. 加强宣传动员

为使指导员选派工作达到"主动报名，踊跃参与"，社会各界要营造良好舆论氛围，使指导员及其家属感到光荣。各部门应加大宣传力度，宣扬共产党员的无私奉献精神和指导员工作的光荣性与重要性，有条件的地方可根据实际情况适当提高指导员的福利待遇，营造良好社会舆论，激发指导员工作热情。只有这样，才能吸引社会各界主动报名加入指导员队伍，才能选出精兵强将支持新农村建设，进而在新农村建设指导工作中作出更大的成绩。

2. 加强选派

为保证指导员的出勤率和工作成效，严格要求派出单位抽"硬人"。具体来讲，严格要求派出单位选派后备干部或试用期干部，这部分人党性原则强，工作绩效出众，主观也希望干出成绩，具备安心驻村、踏实工作的可能。落实方面，各级新农村建设领导小组办公室可以通过回馈机制或指导员签字认可方式核实指导员是否为后备干部或试用期干部。

基于指导员到基层艰辛、孤独和食宿不便等现实，建议在安排下派地点时采用"志愿选择、派回原籍和适当回避相结合"的办法。具体来说，结合绝大部分人热爱家乡、有为建设家乡做贡献的主观愿望这一现实，在安排前，要求指导员填报两个以上非出生地（村委会级）的志愿工作地点，新农办结合其志愿和适当回避原则进行安排，尽量体现以人为本，保证指导员工作的主观积极性。此外，对擅自离岗、违反工作制度的指导员及派出单位进行通报批评，对经培训无法胜任工作和严重违反工作纪律的责令派出单位重新选派，对违法的指导员追究其法律责任。

3. 加强培训

由于指导员来自政府、企事业单位的各个部门，专业与岗位的不同导致对新农村建设和"三农"问题的理解和认识水平也不相同。加之边境地区少

---

① 王俊程、李学舒：《提高新农村建设指导员工作绩效的策略与机制》，《广西农学报》2009年第5期，第85页。

数民族众多，不了解民族政策与风俗，指导员工作也难以开展。为了便于开展指导工作，避免"外行指导内行"的尴尬局面，建议加强前期培训，培训结束后进行考核，通过考试者才能被派出，确保指导员的质量。

短暂的前期培训不可能让所有指导员学会并掌握好新农村建设的系统知识和理论，在指导新农村建设的过程中也会遇到许多新情况和新问题。为使指导员在新农村建设变化发展的环境中能够胜任工作，必须加强中期培训。具体来讲，应根据各级指导员的实际，出台相应学习培训规定，定期、按质、按量地完成学习培训，各县可以根据具体情况制定学习培训的形式、内容和时间。另外，可充分发挥电视、广播、报纸等媒体的作用，专门开设新农村建设指导员学习专栏，让新农村建设指导员的学习途径无处不在。

4. 完善指导员工作和驻村机制

从 2010 年起，云南新农村建设指导员原则上从省州县三级后备干部中选派。各县（市、区）设新农村建设工作队总队，总队长从 2009 年列入厅级后备干部的人员中选派，兼任县（市、区）委副书记、新农村建设工作队领导小组常务副组长，这是 2007 年以来云南省关于新农村建设指导员选派工作中最具含金量的新规定，体现出省委省政府对新农村建设持续推进的决心和对选派指导员工作的重视。为使各级指导员能放开手脚开展工作，更好地发挥参谋和监督等职能，要从制度上赋予各级新农村建设指导员更多、更实的权利和义务，指导员要结合各地新农村建设的规划方案，介入县级新农办的规划和实施，这样才能更好地发挥作用。各级工作队队长要负责联系、管理好驻本县的本级指导员，如：会议通知、请/销假、上情下达、受理指导员或民情反馈、及时将各指导员或民众反映的问题向新农办反映、督促新农办进行办理。还应从制度上赋予工作队队长参与新农办的例会和新农村建设规划实施的权力。此外，还应向工作队队长发放适当职务补贴。

从客观实际来讲，指导员有家庭，与原单位也不可能彻底脱钩，所以不太可能长期驻村。因此，建议结合路途远近和指导员家庭实际，灵活安排指导员作息时间，如：驻村 22 天、休假 8 天，使指导员工作、家庭事务两不误，同时减少差旅开支，降低往返风险。

5. 加强监督

为对指导员进行有效监督，建议成立专门的指导员督查组，进行不定期查岗，制定并严格执行指导员考勤制度，严惩违规和"在家指导"行为。对社会各界反映的新农村建设工作指导员的违规和"在家指导"行为进行调查，对情节严重的进行严惩，同时向各有关部门通报。

借鉴移动服务热线的经验，开通州级或者省级指导员服务监督热线，主要负责业务咨询、投诉建议及民众监督。业务咨询主要包括"三农"问题、法规政策、指导员业务等；投诉建议主要受理指导员及民众对派出单位和驻地政府不作为、不合法的投诉；民众监督主要受理民众反映的指导员和当地政府在新农村建设中的违规事件。

6. 落实待遇，加大对优秀指导员的奖励力度

据了解，指导员的工作经费、生活补贴和食、住、行等待遇由派出单位负责，而部分单位由于各种原因落实不力或标准偏低。基于基层的艰辛、往返费用和通讯费用高等现实，建议落实和提高指导员待遇，对此类挫伤指导员积极性并会造成不良影响的行为进行纠正。

在每期指导员工作结束时，大力表彰优秀指导员，进行精神和物质奖励，要求派出单位重用优秀指导员，让指导员亲身感受到新农村建设指导工作经历的多重收获，营造良好舆论氛围，让选派新农村建设指导员工作良性发展。

（四）加强边境安防工作，确保边境民族地区安定团结

农村地区的安定、团结是新农村建设的重要内容之一，只有边境安定团结，新农村建设的成果才能得到巩固和发展。尤其滇东南这类边境民族地区，其安防工作更显重要：一是这些地区少数民族争端、非法事实婚姻多，管理控制难度大，尤其是跨境民族争端，即便是民事纠纷也可能导致国际冲突；二是边境地区贩卖妇女、组织卖淫、走私、贩毒、非法出入境等事件发生率高，边防任务繁重；三是滇东南是中国面向东南亚的一个重要的陆上门户，其间多为山地丛林地形，地理环境复杂多样，防守投入人力多、难度大。四是战争等历史因素遗留问题多，使得这一地区的安全防卫工作不能有丝毫懈怠和闪失。

虽然就目前而言，与滇东南接壤的国家不具备与我国进行军事对抗的实力，大规模的战争不太可能出现，但不排除其为了某些利益而制造小争端和摩擦，如通过渗透占用我国边境、边境居民潜入中国境内偷窃丛林资源等，这些行为会给边境的安宁带来麻烦。针对这些问题，一方面要建立健全严密的边防体系，严格控制边境不受滋扰，积极打击边境走私，尤其是军火走私；另一方面，需团结和鼓励边民加入反窃取资源的队伍中，完善相应体系和制度，激励边境居民积极参与到反走私、反盗窃的行动中来，鼓励边民守土固边，尽量扩大监视范围，尽可能让不法分子无机可乘，为边境民族地区的新农村建设创造安定的环境。

毒品犯罪一直是云南边境地区面临的一个大难题。西南境外，"金三角"特别是缅甸北部仍是对我国危害最大的毒源地，流入我国境内的海洛因绝大部分仍来自该地区。近年来，虽然海洛因的制贩有所减少，但制贩冰毒等化学合成毒品的数量却明显增多。[①] 从近几年看，农民成了毒品犯罪的主力军。例如：保山市 2002 年农民毒品犯罪 573 人，占当年保山市毒品犯罪总人数的 91%；2003 年 857 人，占 90.2%；2004 年 1241 人，占 91%。临沧市 2000 年农民毒品犯罪 688 人，占当年该市毒品犯罪总人数的 76.6%；2003 年农民毒品犯罪 1286 人，占 85.4%；2004 年 1786 人，占 86.4%；2006 年 70.1%；2000—2006 年临沧市抓获毒品贩子 10608 人，其中农民 8569 人，占总人数的 80.77%。[②] 边境民族地区农民法制意识欠缺，健康意识和保护意识不足，有的青年参与贩毒、吸毒后感染艾滋病，之后传给了配偶，更有甚者，由于缺乏优生意识，造成母婴垂直传播的悲剧。这种事件虽然为数不多，但对家庭和地区造成极大的影响和伤害。总之，毒品犯罪是扰乱云南边境乃至全国治安的一个重要因素，由于毗邻"金三角"地区打击毒品犯罪的力度逐年加大，致使贩毒活动向其他边境地区扩散。滇东南地区也是接近毒品源的地区之一，贩毒、吸毒是一个绕不过去的话题，必须加大边境地区毒

---

① 中国公安部发布《2006 年中国禁毒报告》（全文），连锁加盟网 http://news.u88.cn/zx/itqitafenlei10/472753.htm，（2010-8-17）。

② 王志刚：《云南边境地区毒品犯罪特点及对策研究》，《现代商贸工业》2008 年第 2 期，第 251 页。

品犯罪的打击力度，加强边境地区毒品危害的宣传和反毒品教育，降低边境民族地区吸毒贩毒的人口数，减少毒品对边境民族地区农村带来的直接和间接损失，这样才能巩固和发展新农村建设的成果。

新农村建设，意义重大，任重道远。农业丰则基础强，农民富则国家盛，农村稳则社会安。新农村建设的任务具有系统性、长期性、复杂性和艰巨性，不可能一蹴而就。我们必须清楚地认识到，边境民族地区农村经济社会发展中存在的问题是各种错综复杂的矛盾长期交织积淀、循环累积的结果。虽然当前滇东南边境民族地区新农村建设存在诸多难点，与发达地区和中央的要求存在较大的差距，但我们相信，人的主观能动性在创造财富和书写历史的过程中能起到决定性的作用。

综上所述，边境民族地区政府需要在上级党和政府的正确领导下，对上、对外争取支持，对内盘活人、财、物资源；大力开发特色产业；转移富余劳动力；促进农民增收；加大投入力度，动员全社会支持基础设施和社会事业建设；完善农村金融体系；加强农村人才建设；完善创新帮扶模式和政绩考核体系；建立、完善农村自治组织，巩固并发展新农村建设的成果。对于滇东南地区来说，还需要排除原战区威胁，对比研究并合理借鉴越南相关边境政策。总之，只有多措并举，在探索中不断前行，在前行中不断完善，才能尽快达到"生产发展、生活宽裕、乡风文明、村容整洁、管理民主"的目标，进而为跟上全国的发展步伐、促进边疆民族团结、巩固边防和维护祖国统一、统筹边境与内地发展、构建和谐社会打牢基础。

第六章 主要观点和建议

一、主要观点

(一) 我国是农业大国，今后经济能否持续保持高增长取决于"三农"问题解决的好坏

从统筹城乡发展战略和构建社会主义和谐社会的全局来看，我国新农村建设难度最大的地区是欠发达地区，尤其边境民族地区。滇东南边境民族地区是集边境、民族、贫困、山区、原战区于一体的典型区域，经济建设滞后，社会发育程度低，贫困面积大、贫困程度深、生产生活条件恶劣，持续推进新农村建设的难度极大。

(二) 边境民族地区"三农"问题是各种错综复杂的矛盾长期交织积淀、循环积累的结果

破解这类地区的"三农"问题，必须综合考虑边境民族地区经济社会发展滞后的机理的特殊性，以"立足现实，着眼长远，因地制宜，标本兼治，'造血'为主，'输血'为辅，短期和长期目标相结合"的总体思路为指导，以"加大产业扶持和产业开发、促进农民增收，加大资金投入，加快基础设施建设的步伐，加强边境民族地区人才建设，完善和创新帮扶机制和政绩考核体系，加强基层组织和建设"为着力点。对于滇东南边境民族地区来说，

还需要排除战区威胁，研究越南边境相关政策并合理借鉴。

（三）我国的许多边境民族地区处于"缺人才、缺产业、缺资金"的三缺困境

许多地区将"修路盖房"作为新农村建设的主要内容是农民增收徘徊的一个重要原因，这在一定程度上阻碍当地新农村建设的持续推进。因此，各地要把好新农村建设实施的步骤关，严格落实发展农村产业先于村容治理的建设步骤。

二、主要建议

（一）大力开发农村产业、转移农村富余劳动力促进农民增收

对于边境民族地区来说，要使农民增收不徘徊、要持续促进农民增收，需要首先做好发展农村产业、劳务经济"两篇文章"。对于农村产业，必须要有"有条件要发展好，没有条件创造条件也要发展"的决心和气魄。必须以优化产业结构、推广经济作物、扶持乡镇企业、发展民营企业、狠抓招商引资、发展边境贸易和边境旅游为着力点。对于相当一部分条件恶劣、产业基础薄弱，不具备推广较高经济效益的特产或经济作物的村寨，合理有序转移剩余劳动力是一种可行的促农增收渠道。基于当前边境民族地区的自然地理条件差、就近转移剩余劳动力能力有限、以体力型劳动力输出为主的现实，建议把加强技能培训和促进劳动力转移作为提高农民素质、拓宽就业增收渠道的一项战略任务抓实、抓好，确保贫困户户均培训转移1名劳动力，努力实现贫困村寨"输出一人，脱贫一户，带动一片"的目标，不断提高农民的经济收入。破解一部分农民"盼致富、无思路；求致富、无门路"的尴尬局面，使农民通过外出务工掘得"第一桶金"成为可能，为日后创业提供支持。

（二）大力加强农村人才建设

（1）人力资源是第一资源，人是财富的创造者。农村贫穷落后的表面原

因是缺乏产业，而缺乏产业的直接原因是缺乏人才，缺乏人才的根本原因是农村缺少教育资源。因此，持续促进农民增收，必须加强农村人才建设。只有培养出大批有文化、懂技术、会经营、善管理的农村实用人才，才能创造产业、创造财富进而改变农村。

（2）农业和农村的现代化从本质上讲都要依托农民的现代化，没有农民思想观念和意识的现代化，就不可能有农业和农村的现代化，新农村建设也无从谈起。培育新型农民特别是农村青壮年使之成为建设新农村的中坚力量，让拥有较高素质的青壮年扎根农村，是新农村建设中必须重视的问题。为此，要结合农村留守劳动力的实际，有针对性地举办农业科技培训班，实现农村留守劳动力由体力型向技术型、知识型的转变，以弥补当前农业高素质劳动力的不足。同时政府应尽快制定实施各类政策，鼓励外出务工的农民带资金和技术回乡创业、发展特色种植养殖、开发农村特色旅游，使之成为农村建设发展的领头人。

（3）农村人才建设应从实施从严的计划生育政策入手。人才建设的治本之策是要重视农村教育，当前农村基础教育质量无保障的根本原因是对农村教育投入不足，政策不实，措施不力。必须加大对农村基础教育阶段的投入，制定更加有力的农村基础教育发展制度，完善教育基础设施建设，吸引优秀教师到农村任教，全面提高农村高中教育质量，大力发展职业教育，逐步提高高等教育入学比例，才能为农村的发展提供强有力的人才和智力支持。

（4）强国先强教，强教先强师，强师先加薪。基于边境一带师资不足、尤其高级教师的质量和数量与内地和发达地区差距巨大的现实，建议从提高边境地区教师的待遇，教师职称评定向边境地区倾斜和有组织、有计划地将在延边跨境地区从教多年的优秀教师调回县城及以上的同级学校任教等方面着手，吸引优秀教师支边。这样，才能促成优秀教师"愿意支边、进城有望"的良性循环。如果措施得当，我们相信，基于当前的就业压力和乡镇教师进城难的现实，乡镇优秀教师将可能争先恐后地投身到延边跨境地区的基础教育事业中去，竞争可能会使边境地区教育系统成为"藏龙卧虎"之地，进而成就边境民族地区教育的伟大事业。

（三）着力加强边境民族地区农村基层组织建设

无论从经济持续增长的要求，还是缩小贫富差距的需要，都需要更加重视农村经济社会的发展。改革开放以来，我国的城市尤其是大中型城市的高速发展时期已经过去，今后将进入稳步发展的时期。在今后一段时期农村城镇化将进入一个黄金发展阶段。

农村基层组织作为基层的战斗堡垒，是直接与民众交互，是党和政府在农村的形象代表，其在推动农村经济社会发展的过程中起到决定性的作用，各级党委和政府必须高度重视农村基层组织建设，在行动上要敢为人先，要以加大对基层的投入和帮扶力度、提高基层组织待遇、加强基层组织硬件和信息化建设为关键；以加强两委班子建设为核心；以完善和创新基层干部选拔、培训、任用、考核、激励、退出机制为着力点。此外，还要充分发挥大学生村官和新农村建设指导员的优势促进本地干部成长。

在加强村"两委"领导班子建设方面，我们有一个大胆创新的构想，即：采用主要从村小学教师中招录"两委"主任的方式上拓宽渠道，这样就可同时解决当前"两委"主任身份在体制外、政治地位低、待遇低、无保障、文化层次低、能力不强等问题。我们认为该措施极具可行性：一是如果保留教师的物质待遇，任期满后可继续参选"两委"主任或回原单位任教的话，基本上可以预见会有许多村完小的教师前往竞聘；二是从一所完小中抽走一两名教师不至于影响全校的教学工作；三是教师出身的"两委"主任势必会更加重视农村教育，在开展群众工作时也会更具有号召力和影响力，在当前边境一带不重视教育，人口素质偏低的背景下，此举显得更为必要和亟须。

（四）多方求援、广泛整合资源

基于边境地区交通不畅、信息闭塞、帮扶效率低下的现实，建议除通过正式渠道力争政策上给予边境民族地区倾斜外，边境地区政府还应主动出击，广泛寻求支援，动员全社会关注、支持这类特殊区域。对于滇东南边境民族地区而言，寻求帮扶要以自然地理条件和战争历史为依据，以爱国主义、人道主义为切入点，以实事求是、可持续帮扶、着眼长远、不卑不亢为原则。在广泛寻求支援时，要注意重点向曾有从军背景的知名企业家寻求帮扶。这部分人很容易与战区背景产生情感共振。具体来说，地方政府可以以怀念和发扬老山精神为主题，加强与军人企业家的沟通和交流，动员和吸引这些名人关注滇东南、支持滇东南、将爱心投向滇东南。

（五）研究、施行联合担保

基于单个农民偿还能力有限、诚信评估难和农民具有亲友聚居、重视亲友情的特点，建议金融机构探索、研究并施行农户联合担保制度。根据课题组的设想，给农户联合担保一个大致的构建思路：在遵循国家相关法律的前提下，向无不良诚信记录、通过偿还能力评估、目前暂无有效抵押财产的农民采用多人联合担保的一种放贷方式；参与联合担保的人按联合担保协议履行连带责任和义务；任何一个农民，只要参与一项不诚信贷款，就会被列入央行征信系统的不诚信名单，需要根据责任权重承担相关后果；联合担保人数由放贷机构根据当地经济发展水平、借款数额和信用以及偿还能力确定。根据借贷主体的性质和联保方式不同，农户联保制度可细分为父子联保、家族联保、亲友联保、村寨联保等类别。

（六）广泛发动义工

由于受到地势和地质条件的制约，边境民族地区的通水、通电、通路等工程均是耗资巨大的工程。为提高帮扶效率，我们建议广泛发动以公务员、企事业单位工作人员和学生为主的义工和人民群众投身于民生工程中。这是"无条件创造条件也要上"的精神写照，是在新时期继续发扬艰苦创业、无私奉献精神的重要举措，无论从地区发展还是民众身心锻炼和改造来讲，都是值得提倡的做法。

（七）排除遗雷威胁、加大帮扶力度、研究借鉴越南边境涉农政策

（1）滇东南边境一带在对越自卫反击和防御作战期间为国家作出过巨大的牺牲和贡献，在和平年代国家对这些地区实施政策倾斜是恰当的。出于

边民守土固边和国防的需要，持续加大对边境地区的帮扶力度也是十分必要的。

（2）基于越南政府发挥小国优势出台了一系列特殊的优惠政策并对我国边民产生一些消极影响的现实，建议多部门综合论证是否出台相关惠民政策并狠抓落实以彰显国威，还是谨慎解决以避免两国进入"军备竞赛式的博弈陷阱"的旋涡。但总体而言，社会在进步，信息产业飞速发展，民权意识在逐步提高，人民的物质和精神需要在日益增长，支农、惠农、稳边、固边势在必行。一些越南的成功经验，我们可以经过论证和"本土化"后适当借鉴。一些具有对抗性、竞争性的政策，我国可以认真研究，出台相关政策加以破解。

主要参考文献

1. 马克思、恩格斯:《马克思恩格斯全集》第 23 卷，中共中央马克思恩格斯列宁斯大林著作编译局译，人民出版社 1972 年版。

2. T.W. 舒尔茨:《论人力资本投资》，吴珠华等译，北京经济学院出版社 1990 年版。

3. 欧阳锋:《略论增加农民收入的新思路》，《江西社会科学》2000 年第 3 期。

4. 刘永仁:《对人力资本投资的几点认识》，《生产力研究》2000 年第 2 期。

5. 赵秋成:《我国中西部地区人口素质与人力资本投资》，《管理世界》2000 年第 1 期。

6. 张苏林:《用好现有人才是缓解西部人才匮乏矛盾的现实选择》，《中国行政管理》2000 年第 6 期。

7. 刘爽:《试论消除能力贫困与西部大开发》，《中国人口科学》2001 年第 5 期。

8. 何雪松:《社会学视野下的中国社会》，华东理工大学出版社 2002 年版。

9. 李炳炎、淡炎鹏:《当前我国农村高利贷及其治理》，《现代经济探讨》2002 年第 6 期。

10. 李水山:《入世后农村职业教育培训发展对策》，《中国教育报》2002 年 2 月 7 日。

11. 刘怀廉:《农村剩余劳动力转移新论》，中国经济出版社 2004 年版。

12. 邓大才:《农民增收的极限约束与跨越路径》,《经济学家》2004 年第 3 期。

13. 刘兵:《公共风险与农村公共产品供给:另一个角度看农民增收》,《农业经济问题》2004 年第 5 期。

14. 李岚:《影响我国人口较少民族经济发展的原因分析》,《黑龙江民族丛刊》2004 年第 1 期。

15. 尹鸿伟:《雷区惊魂——中越边境线特殊贫困现象调查》,《新西部》2004 年第 4 期。

16. 栾香录、刘钟钦:《浅析我国农村民间借贷问题》,《农业经济》2004 年第 6 期。

17. 陈赟:《民办基础教育,你将靠什么生存》,《民办教育研究》2004 年第 1 期。

18. 王贞:《开发农村人力资源探讨》,《广西社会科学》2004 年第 1 期。

19. 张权安:《民族地区人口与经济可持续发展论》,民族出版社 2005 年版。

20. 张植荣:《中国边疆与民族问题:当代中国的挑战及其历史由来》,北大出版社 2005 年版。

21. 傅淑丽、沈群:《边疆民族地区小城镇建设与发展》,经济科学出版社 2005 年版。

22. 吴楚克:《中国边疆政治学》,中央民族大学出版社 2005 年版。

23. 李爱:《农村劳动力转移中的政府行为分析》,《山东社会科学》2005 年第 9 期。

24. 柯炳生:《关于我国农民收入问题的若干思考》,《农业经济问题》2005 年第 1 期。

25. 郝育蓉:《论西部地区人力资源开发的战略意义》,《首都经济贸易大学学报》2005 年第 1 期。

26. 卢黎霞:《论西部农村人力资源开发》,《农村经济》2005 年第 10 期。

27.《中共中央国务院关于推进社会主义新农村建设的若干意见》,2005 年 12 月 31 日,中发〔2006〕1 号。

28.《中国云南省委、云南省人民政府关于实施"兴边富民工程"的决定》2005 年 3 月 21 日。

29. 温铁军:《新农村建设理论探索》,文津出版社 2006 年版。

30. 聂华林:《中国西部三农问题报告》,中国社会科学出版社 2006 年版。

31. 李小云:《2005 年中国农村情况报告》,社会科学文献出版社 2006 年版。

32. 云南年鉴编辑部:《云南年鉴 2006》,云南年鉴出版社 2006 年版。

33. 浦善新:《走向城镇化:新农村建设的时代背景》,中国社会科学出版社 2006 年版。

34. 周建新:《中越中老跨国民族及其族群关系》,民族出版社 2006 年版。

35. 葛忠兴:《兴边富民行动》第 4 辑,民族出版社 2006 年版。

36. 陆学艺:《当前农村形势和社会主义新农村建设》,《江西社会科学》2006 年第 4 期。

37. 林毅夫:《对新农村建设的几点建议》,《科学决策》2006 年第 8 期。

38. 王佛全:《建设新农村——"五山模式"演绎"新三农"》,《农村经济与科技》2006 年第 1 期。

39. 季明:《既是重大经济问题也是重大政治任务——论千方百计增加农民收入》,《珠海市行政学院学报》2006 年第 1 期。

40. 林凤:《国外农村建设的基本经验及其对我国建设社会主义新农村的启示》,《经济研究参考》2006 年第 73 期。

41. 陈柳钦:《我国农村民间金融发展问题探讨》,《西华大学学报》2006 年第 2 期。

42. 顾海英:《新农村建设过程中农村剩余劳动力有效转移的途径和对策》,《社会科学》2006 年第 7 期。

43. 余曙光、余小平:《新农村建设与西部民族地区人力资源开发——大理州农村劳动力流动和转移的调查与思考》,《西南民族大学学报》2006 年第 12 期。

44. 胡恒洋、刘苏社、张俊峰:《"十一五"农民收入增长机制问题研究》,《宏观经济研究》2006 年第 7 期。

45. 刘旭辉:《以人为本:社会主义新农村建设的引擎》,《党政干部论坛》2006 年第 8 期。

46. 韩占府:《对促进农村剩余劳动力转移的若干思考》,《生产力研究》2006 年第 9 期。

47. 郭兵:《农村劳动力资源现状与发展农民职业教育培训的实证分析——对湖北省农民的调查》,《安徽农业科学》2006 年第 12 期。

48. 吴燕云:《西部民族地区的人力资源开发》,《边疆经济与文化》2006 年第 11 期。

49.《中共中央国务院关于积极发展现代农业扎实推进社会主义新农村建设的若干意见》2006 年 12 月 31 日,中发〔2007〕1 号。

50. 中共云南省委云南省人民政府关于贯彻《中共中央国务院关于推进社会主义新农村建设的若干意见》的实施意见,2006 年 3 月 23 日,云发〔2006〕5 号。

51.《中共云南省委云南省人民政府关于加快"十一五"时期农村扶贫开发进程的决定》,2006 年 9 月 11 日。

52. 聂华林、张涛,马草原:《中国西部新农村建设概论》,中国社会科学出版社 2007 年版。

53. 郭家骥:《云南民族地区发展报告 2006—2007》,云南大学出版社,2007 年版。

54. 郑宝华等:《云南农村发展报告 2006—2007》,云南大学出版社 2007 年版。

55. 云南年鉴编辑部:《云南年鉴 2007》,云南年鉴出版社 2007 年版。

56. 段应碧:《社会主义新农村建设研究》,中国农业出版社 2007 年版。

57. 董克用、叶向峰,李超平:《人力资源管理概论》,中国人民大学出版社 2007 年版。

58. 吴仕民、王平:《民族问题概论》第 3 版,四川人民出版社 2007 年版。

59. 陈锡文:《关于建设社会主义新农村的若干问题》,《理论前沿》2007 年第 1 期。

60. 宋硕林、沈正平、李敏:《新农村建设模式的选择——以江苏省昆山市为例》,《江西农业学报》2007 年第 7 期。

61. 徐杰舜:《县域整合论——以新农村建设武义模式为例》,《浙江师范大学学报》(社会科学版) 2007 年第 1 期。

62. 张锦鹏、韦永宣:《云南边疆民族地区社会主义新农村建设路径探讨》,《中共云南省委党校学报》2007 年第 4 期。

63. 付春:《试析毛泽东对社会主义新农村建设的初步探索》,《毛泽东思想研究》2007 年第 5 期。

64. 李丰春:《当前农村贫困文化的成因及其消解》,《农业经济》2007年第 11 期。

65. 张田欣:《实施边疆解"五难"惠民工程改善云南民族地区民生》,《求是杂志》2007 年第 17 期。

66. 李丰春:《当前农村贫困文化的成因及其消解》,《农业经济》2007年第 11 期。

67.《中共中央国务院关于切实加强农业基础建设　进一步促进农业发展农民增收的若干意见》2007 年 12 月 31 日, 中发〔2008〕1 号。

68.《国务院办公厅关于印发兴边富民行动"十一五"规划的通知》2007年 6 月 9 日, 国办发〔2007〕43 号。

69.《卫生部财政部关于做好 2007 年新型农村合作医疗工作的通知》2007 年 3 月 2 日, 卫农卫发〔2007〕82 号。

70. 李永勤:《云南新农村建设研究报告》, 云南大学出版社 2008 年版。

71. 王学仁、晏友琼、邵琪伟、康云海:《云南建设社会主义新农村的理论与实践》, 中国书籍出版社 2008 年版。

72. 云南年鉴编辑部:《云南年鉴 2008》, 云南年鉴出版社 2008 年版。

73. 张丽君、王玉芬:《民族地区和谐社会建设与边境贸易发展研究》,中国经济出版社 2008 年版。

74. 韩俊、张玉台:《破解三农难题: 30 年农村改革与发展》, 中国发展出版社 2008 年版。

75. 杨林:《边疆少数民族地区人力资源开发及其可持续发展研究》, 人民出版社 2008 年版。

76.俞可平、李慎明、王伟光:《民族和民族问题理论》第 9 辑,中央编译出版社 2008 年版。

77.徐晓萍、金鑫:《中国民族问题报告》,中国社会科学出版社 2008 年版。

78.李小云、赵旭东、叶敬忠:《乡村文化与新农村建设》,社会科学文献出版社 2008 年版。

79.红河哈尼族彝族自治州概况编写组:《云南红河哈尼族彝族自治州概况》,民族出版社 2008 年版。

80.河口瑶族自治县概况编写组:《河口瑶族自治县概况》,民族出版社 2008 年版。

81.金平苗族瑶族傣族自治县概况编写组:《金平苗族瑶族傣族自治县概况》,民族出版社 2008 年版。

82.文山壮族苗族自治州概况编写组:《云南文山壮族苗族自治州概况》,民族出版社 2008 年版。

83.古小松:《越南国情与中越关系》,世界知识出版社 2008 年版。

84.安丰军:《延边少数民族乡村新农村建设存在的问题及对策》,《黑龙江民族丛刊》2008 年第 3 期。

85.胡红霞:《西部贫困村落新农村建设及其后续发展的难点与对策》,《经济问题探索》2008 年第 6 期。

86.王志刚:《云南边境地区毒品犯罪特点及对策研究》,《现代商贸工业》2008 年第 2 期。

87.苏瑞翩、陈战彬:《论新时期新型农民的内涵及其培育方式》,《重庆科技学院学报》(社会科学版)2008 年第 1 期。

88.《中共中央关于推进农村改革发展若干重大问题的决定》2008 年 10 月 19 日。

89.《中共中央国务院关于 2009 年促进农业稳定发展农民持续增收的若干意见》2008 年 12 月 31 日,中发〔2009〕1 号。

90.《中共云南省委、云南省人民政府关于实施新三年"兴边富民工程"

的决定》2008 年 5 月 26 日。

91. 李剑阁:《中国新农村建设调查》,上海远东出版社 2009 年版。

92. 任保平:《西部资源富集区社会主义新农村建设的经济学分析》,中国经济出版社 2009 年版。

93. 张庆忠:《社会主义新农村建设研究》,社会科学文献出版社 2009 年版。

94. 陈锡文、赵阳、陈剑波:《中国农村制度变迁 60 年》,人民出版社 2009 年版。

95. 郑维川、王兴明、梁宁源:《云南省情（2008 年版）》,云南人民出版社 2009 年版。

96. 康云海、宣宜、纳麟:《社会主义新农村的环境建设》,中国书籍出版社 2009 年版。

97. 云南年鉴编辑部:《云南年鉴 2009》,云南年鉴出版社 2009 年版。

98. 云南省编辑组:《云南少数民族社会历史调查资料汇编》,民族出版社 2009 年版。

99. 韩俊:《中国农民工战略问题研究》,上海远东出版社 2009 年版。

100. 包永辉、徐寿松:《政道:仇和十年》,浙江人民出版社 2009 年版。

101. 谢贵平、胡鹏、李新明:《试论新疆少数民族新农村建设与边疆地区社会稳定——以叶城县维稳工作为研究视角》,《塔里木大学学报》2009 年第 3 期。

102. 段继华、董仕华、郗承惠、瞿东华:《边疆少数民族地区新农村建设问题研究——以德宏傣族景颇族自治州为例》,《今日民族》2009 年第 5 期。

103. 杨林、王俊程、武友德:《新农村建设中少数民族贫困乡镇政府职能转变对政府人力资源的作用与影响》,《云南行政学院学报》2009 年第 4 期。

104. 王俊程、武友德、赵发员:《农村青壮年劳动力过度流失对新农村建设的影响与解决对策》,《北京工业大学学报》(社会科学版)2009 年第 5 期。

105. 胡红霞、赵发员:《试析贫困地区农村高利贷的成因、影响及对策》,《云南行政学院学报》2009 年第 4 期。

106. 黎云:《中越勘界背后的扫雷兵》,《瞭望东方周刊》2009 年 1 月 21 日。

107. 胡红霞：《新农村建设中的农村基层党组织建设途径探析》，《陕西行政学院学报》2009 年第 2 期。

108. 罗铮：《中国驻越大使：中越两国战略互信提升至更高水平》，《解放军报》2009 年第 6 期。

109. 胡红霞：《试论西部贫困地区农村劳动力转移与人才回流》，《经济问题探索》2009 年第 1 期。

110. 王俊程、李学舒：《提高新农村建设指导员工作绩效的策略与机制》，《广西农学报》2009 年第 5 期。

111.《中共中央国务院关于加大统筹城乡发展力度　进一步夯实农业农村发展基础的若干意见》2009 年 12 月 31 日，中发［2010］1 号。

112.《关于印发（边境地区专项转移支付资金管理办法）的通知》2009 年 3 月 31 日，财预［2009］31 号。

113.《卫生部办公厅关于印发〈2009 年中西部地区新型农村合作医疗管理能力建设项目管理方案〉的通知》2009 年 12 月 30 日，卫办农卫发［2009］228 号。

114. 温铁军：《中国新农村建设报告》，福建人民出版社 2010 年版。

115. 赵君：《当代中国新农村建设社会问题研究》，郑州大学出版社 2010 年版。

116. 康云海、马勇：《云南蓝皮书 2009—2010：云南经济发展报告》，云南大学出版社 2010 年版。

117. 云南年鉴编辑部：《云南年鉴 2010》，云南年鉴出版社 2010 年版。

118. 人民出版社：《中共中央国务院关于"三农"工作的一号文件汇编》，人民出版社 2010 年版。

119. 钟世禄：《中国共产党在边疆少数民族地区执政方略研究》，云南出版集团、云南人民出版社 2010 年版。

120. 曹贵雄：《中越边境地区少数民族新农村建设需求现状的实证研究——以金平县马鞍底乡四个少数民族为例》，《红河学院学报》2010 年第 5 期。

121. 何廷明：《云南边疆地区新农村建设及思考——以麻栗坡县董干镇

八里坪村为例》,《文山学院学报》2010 年第 5 期。

　　122. 高启刚:《文山州新农村建设问题研究》,《文山日报理论实践版》2010 年 2 月 26 日。

　　123. 周平洋:《李嘉诚投资 5 亿元来滇种"三七"》,《春城晚报》2010 年 3 月 20 日 A11 版。

　　124.《国家中长期人才发展规划纲要（2010—2020 年）》,2010 年 6 月 6 日。

　　125.《国家中长期教育改革和发展规划纲要（2010—2020 年）》,2010 年 7 月 29 日。

附 录 一

调查问卷

新农村建设持续推进的难点与对策研究调查问卷——村民与村干部

尊敬的农民朋友：

您好！

为全面了解贵地新农村建设取得的成绩，听取和反映农民朋友对新农村建设的意见和建议，我们组织了此次调查。按科学调查原则的要求，我们用随机抽样的方式选择调查对象，您是其中的一位。本次调查使用问卷方式，问卷中的答案没有对错之分，回答时不必有任何顾虑。请您根据自己和家庭的实际情况和真实想法回答问题。按照国家的有关法律规定，我们将对资料保密，所有资料均以非个人的统计方式出现，请您放心！

衷心感谢您的支持与合作！

×××× 大学

新农村建设持续推进的难点与对策研究课题组

2009 年 8 月

一、相关信息

调查地点：_____ 县 _____ 乡（镇）_____ 村委会 _____ 小组

1. 问卷编号：［县 + 小组声母 +001 开始，如富宁县田蓬镇庙坝村委会和平村小组填：FNHP001 ］　　　　　　　　　　　　　　　Q1_____

填写规则：把答案序号填在右侧对应的 QX 后的横线上。如：男性在 Q2 后填 1

2. 性别：［1］男　　　　　　　　［2］女　　　　　　Q2_____

3. 民族：［1］汉族　　　　　　　［2］少数民族　　　Q3_____

4. 年龄段：［1］16—30 岁　　　　［2］31—45 岁

　　　　　［3］46—60 岁　　　　［4］60 岁以上　　Q4_____

5. 类型：［1］一般　　　　　　　［2］村干部

　　　　［3］村精英　　　　　　［4］其他　　　　　Q5_____

二、新农村建设取得的成绩（此部分全为单选题）

6. 新农村建设后您 / 您家的"衣着饮食"有什么变化？

［1］更好　　　　［2］无变化　　　　［3］更差　　　　Q6_____

7. 新农村建设后您家的"居住环境"有什么变化？

［1］更好　　　　［2］无变化　　　　［3］更差　　　　Q7_____

8. 新农村建设后您觉得"村内道路"有什么变化？

［1］更好　　　　［2］无变化　　　　［3］更差　　　　Q8_____

9. 新农村建设后您家"用水用电"情况有什么变化？

［1］更方便　　　［2］无变化　　　　［3］更不方便　　Q9_____

10. 新农村建设后您家的"收视状况"有什么变化？

［1］更好　　　　［2］无变化　　　　［3］更差　　　　Q10_____

11. 新农村建设后您家的"收入渠道"有什么变化？

［1］增加　　　　［2］无变化　　　　［3］减少　　　　Q11_____

12. 新农村建设后您觉得"村内吵架、酗酒"事件有什么变化？

［1］增加　　　　［2］无变化　　　　［3］较少　　　　Q12_____

13. 新农村建设后您觉得"村干部作风"有什么变化？

［1］更好　　　　［2］无变化　　　　［3］更差　　　　Q13_____

14. 新农村建设主体工程完成后，您的感觉是怎样的？

［1］更有干劲　　［2］无变化　　　　［3］更没干劲　　Q14_____

三、新农村建设对农民的影响（此部分全为单选题）

15. 新农村建设过程中，政府给您家的投入 _____ 元（物资折现）？

［1］0—3000元　　　　　　［2］3000—6000元

［3］6001—10000元　　　　［4］10001—15000元

［5］15001—20000元　　　 ［6］20000元以上　　　　Q15_____

16. 新农村建设过程中，您家自筹 _____ 元（投工投劳不算）？

［1］0—4000元　　　　　　［2］4001—8000元

［3］8001—12000元　　　　［4］12001—18000元

［5］18001—25000元　　　 ［6］25001—40000元

［7］4000元以上　　　　　　　　　　　　　　　　　　Q16_____

17. 为建新农村，您家借款 _____ 元？

［1］0元　　　　　　　　　［2］0—5000元

［3］50010—10000元　　　 ［4］10001—15000元

［5］15001—20000元　　　 ［6］20001—30000元

［7］30000元以上　　　　　　　　　　　　　　　　　Q17_____

18.假如您家急需一笔钱，和新农村建设前相比，是更好借还是更难借？（如想扩大再生产、做生意、子女上学、家人得病等情况）

　　[1]更难借——　　　　　[2]和以前差不多

　　18.1 相较新农村建设前，更难借钱的原因是

　　[1]能借的亲友都借了，现在无处可借

　　[2]亲戚都在建新农村，手头都无余钱

　　[3]人的观念变了，比以前自私

　　[4]其他　　　　　　　Q18.1_____

　　[3]更好借——　　　　　　　　　　　　Q18_____

　　18.2 相较新农村建设前，更好借钱的原因是

　　[1]新农村建设后，收入增加了，更容易借

　　[2]房子比以前好了，债权人更放心了

　　[3]政策更好了，和银行更好借了

　　[4]其他　　　　　　　Q18.2_____

19.新农村建设有没有耽误您外出打工？

　　[1]有耽误　　　　　[2]没耽误　　　　　　Q19_____

四、外出务工意愿及农村劳力市场（此部分全为单选题）

20.在家务农和到城里打工，您更想选择哪种生活方式？

　　[1]在家务农　　　　　[2]城里打工

　　[3]闲时打工，忙时务农　[4]其他　　　　　Q20_____

21.最低要多少月收入才能吸引您到城里务工？（毛收入，单位：RMB）

　　[1]800—1000　　　　　[2]1001—1500

　　［3］1501—1800　　　　　　［4］1801—2500

　　［5］2500 元以上　　　　　　［6］家庭牵累或年纪大了，无法去

Q21_____

22. 如果到离家远一点的城市打工月收入是 1500 元，而在你们乡 / 镇上，有一份辛苦程度差不多的工作，月收入是 1000 元，您更想选哪家？

　　［1］市里打工　　　　　　　［2］乡 / 镇上务工

　　［3］差不多，都可以考虑　　［4］自己有事业，都不想去

　　［5］家庭牵累，都无法去　　［6］其他　　　　　Q22_____

23. 新农村建设主体工程完了，现在您最希望政府为您解决什么问题？

　　［1］本地就业　　　　　　　［2］借钱

　　［3］没有　　　　　　　　　［4］其他　　　　　Q23_____

五、教育和农村人才（此部分全为单选题）

24. 对于子女教育方面，您的想法是（选择最接近的 1 项）：

　　［1］找工作难，读书没多大意思

　　［2］顺其自然，他 / 她读得好就供，供不起就算了

　　［3］多读书好，只要他 / 她读得好，借钱我也供

　　［4］其他　　　　　　　　　　　　　　　　　Q24_____

25. 总体看来，您觉得村里有文化的人和没文化的人相比，他们的收入怎么样？

　　［1］有文化的明显高于没文化的

　　［2］有文化的要高一点

　　［3］差不多

　　［4］区别不大　　　　　　　　　　　　　　　Q25_____

26. 如果您的孩子将来大学毕业选择回乡任村官，您的想法是：

　　［1］无法理解，反对

　　［2］只要孩子想好了，我没意见

[3] 实在找不到工作才考虑

[4] 很好，离家近，为家乡人做事　　　　　　　　　　　Q26_____

六、困难、收入渠道

27. 当前您家最头疼 / 最要紧的事是：(单选题)

[1] 家人疾病　　　　　[2] 子女上学

[3] 负债　　　　　　　[4] 子女婚事

[5] 无经济收入　　　　[6] 人多地少

[7] 其他　　　　　　　　　　　　　　　　　　　　　　Q27_____

28. 这几年来，您家开支最大的是 (单选题)：

[1] 看病　　　　　　　[2] 子女上学

[3] 化肥农药　　　　　[4] 生活开支

[5] 其他　　　　　　　　　　　　　　　　　　　　　　Q28_____

29. 您家主要经济收入来自 (最多选填 3 项)：

[1] 卖粮食：_____　　[2] 卖牲口：_____

[3] 经济作物：_____　[4] 务工：_____

[5] 做生意　　　　　　[6] 其他：_____　　　Q29_____

答案序号间添

调查人：_____

调查时间：_____

附 录 二

访谈提纲 1

新农村建设持续推进的难点与对策研究访谈提纲——村干部与精英

编号：_____〔县＋小组声母 +01 开始，如富宁县田蓬镇庙坝村委会和平村小组填：FNHP01〕

_____县_____乡 / 镇_____村_____小组

性别：_____民族　年龄：_____备注：_____

1. 除资金和物资外，您认为你们村最缺的是什么资源？

（1）农村产业　　　　　（2）基础设施建设　　（3）人才

（·4）政策　　　　　　　（5）教育　　　　　　（6）_____

2. 在"生产发展、生活宽裕、乡风文明、村容整洁、管理民主"这 5 项目标中，你们村的哪项建设成绩最明显？

（1）生产发展　　　　　（2）生活宽裕　　　　　（3）乡风文明

（4）村容整洁　　　　　（5）管理民主

3. 政府在新农村建设中主要做了哪些事？

4. 新农村建设指导员为你们村做了哪些事？

5. 您认为持续推进边境民族地区新农村建设有些什么困难，有哪些具体的政策建议？

6.您认为你们村最有可能开发的特产／产业是什么？

7.据您所知，越南边境地区的农村政策与我们有些什么不同？（非边境地区不需作答此题）

8.您怎样看待／评价新农村建设？在新农村建设方面，对政府有何意见和要求？

调查人：＿＿＿＿＿＿＿＿

调查时间：＿＿＿＿＿＿＿＿

附 录 三

访谈提纲 2

新农村建设持续推进的难点与对策研究访谈提纲——职能部门领导与工作人员

编号：_____ ［县名声母 +01 开始，如富宁县职能部门工作人员填：FN01］

_____ 县 _____ 办 / 局 / 乡 / 镇

性别：_____ 职务：_____ 年龄：_____

1. 贵县在新农村建设中主抓哪项目标？

（1）生产发展　　　　（2）生活宽裕　　　　（3）乡风文明

（4）村容整洁　　　　（5）管理民主

2. 除资金和物资外，您认为农村最缺的是什么资源？

（1）农村产业　　　　（2）基础设施建设　　　（3）人才

（4）政策　　　　　　（5）教育　　　　　　（6）_____

3. 贵县在新农村建设中主要取得哪些成效？

4. 您认为边境民族地区新农村建设和非边境地区的有什么区别？

5. 你认为现行对新农村建设职能部门的政绩考核体系对新农村建设有哪

些积极和消极的影响？

　　6. 在您看来，乡镇政府和新农办在新农村建设分工和具体工作中有些什么需要完善的地方？

　　7. 您认为持续推进边境民族地区新农村建设有些什么困难，有哪些具体的政策建议？

　　8. 据您所知，越南边境地区的"三农"政策与我国有些什么不同？（非边境地区不需作答此题）

调查人：_____

调查时间：_____

附 录 四

访谈提纲 3

新农村建设持续推进的难点与对策研究访谈提纲——新农村建设指导员

编号：_____ [县名＋级别声母＋01 开始，如富宁县省级指导员填：FNSJ01]

下派点：_____县_____乡/镇_____村_____小组

性别：_____年龄：_____原工作单位：_____

指导员级别：□省、□州/市级

1. 在新农村建设"生产发展、生活宽裕、乡风文明、村容整洁、管理民主"的目标中，您认为最关键的是什么？

（1）生产发展　　　　（2）生活宽裕　　　　　（3）乡风文明

（4）村容整洁　　　　（5）管理民主

2. 除资金和物资外，您认为农村最缺的是什么资源？

（1）农村产业　　　　（2）基础设施建设　　　（3）人才

（4）政策　　　　　　（5）教育　　　　　　　（6）_____

3. 新农村建设的目标"生产发展、生活宽裕、乡风文明、村容整洁、管理民主"中，哪项与新农村建设职能部门的政绩最相关？

（1）生产发展　　　　（2）生活宽裕　　　　　（3）乡风文明

（4）村容整洁　　　　　　（5）管理民主

4.您觉得新农村建设的扶贫模式属于输血式（　　）、造血式（　　）还是二者结合（　　）？

5.您所驻村在新农村建设中主要取得哪些成效？

6.您所驻村新农村建设主要存在哪些难点和问题？

7.您认为边境民族地区新农村建设和非边境地区的有什么区别？（非边境地区不需作答此题）

8.您认为现行新农村建设职能部门的政绩考核体系对新农村建设有哪些积极和消极的影响？

9.作为指导员，您在指导新农村建设中做了哪些具体贡献？有些什么困难和建议？

10.在您看来，乡/镇政府和新农办在新农村建设分工和具体工作中有些什么需要完善的地方？

11.您认为持续推进边境民族地区新农村建设有些什么困难，有哪些具体的政策建议？

12.据您所知，越南边境地区的"三农"政策与我国有些什么不同？（非边境地区不需作答此题）

调查人：＿＿＿＿＿＿＿

调查时间：＿＿＿＿＿＿＿

附 录 五

研究感悟一

时至今日，我仍然记得 2009 年 6 月 22 日那个不同寻常的日子，当同事发来短信"恭喜你中国家社科西部项目"时我以为他发错对象了。虽然近年来我和爱人胡红霞一直在积极响应科研强校的号召，积极申报各类课题，每次上交前总是在没完没了地修改完善。但对我们来说，国家社科项目是一件不敢奢望的事情。欣喜之余我在思考幸运之神向我垂青的原因：一是我们夫妻为期一年的新农村建设指导员经历使课题的论证更加有力；二是得益于多个学术前辈的多轮指导；三是之前撰写的新农村建设与"三农"问题相关的文章支撑；四是我们夫妻有相同的工作和学习背景，我们任何一个人的科研成果都是两人的智慧结晶，相较绝大部分单打独斗的研究者而言，我们具有两个大脑的优势。

虽然报上了国家社科，但我们非常清楚自己的情况，我们虽有一腔的研究热情，也不乏勤奋，但我们的学术积淀、研究经验不足，加之资历和人脉不够，在实地调研和数据获取方面居于劣势。于是，自得知获立项的那一天起，我们就过上了紧张充实的生活，毫不夸张地说，曾有好几次我做梦都梦见在思考、研究课题事宜，正应验了"没报上前，在做申报上的美梦；报上后，连梦中也不得轻松"。在这个喧闹的环境中，能有几次这样专注、投入的经历，又有什么能够像研究国家社科项目这样能使自己激发潜能呢？

　　我们坚信勤能补拙，也相信事在人为，在爱人的"你有很强的创造力和敏锐的洞察力，我永远支持你"这句话的鼓励下，在近一年半的时间里，我过着近似考研族的生活。经常到省图书馆查阅书籍、复印资料，只要有空，我就提着电脑到学校的教室写报告。

　　终于，在所有成员的共同努力下，课题研究按期完成。虽然这个报告汇集了我 32 年的人生精华和包括爱人胡红霞等课题参与人员以及多个职能部门工作人员在内的智慧，但由于见识有限，内功尚浅，所以其中定有不足，期待着您的指导和教诲，不胜感激。

王俊程（主持人）

2011 年 10 月 25 日

研究感悟二

只有先获得第一手数据，研究才会具有实证性，也才会具有针对性和可行性。由于课题的研究时间只有一年，2010 年年底就必须结题，时间紧、任务重、挑战大，我们必须在 2009 年暑假完成第一次实地调研。经过 20 来天的思考、完善，在同事的协助下，课题组终于设计出了针对农民、职能部门干部及新农村建设指导员的三种问卷。

从 2009 年 8 月 11 日到 21 日这十天的时间里，在红河哈尼族、彝族自治州州委副秘书长张学理和文山、壮族苗族自治州州委农办专职副主任高启刚的协调支持下，我和王俊程组队深入滇东南的延边跨境一带进行野外调查。我们的调研非常成功，设计的许多问题得到了证实，也获得了许多有效信息和数据。调研过程是我们所有成员的一次人生升华，一是我们亲自见证了滇东南边境民族地区确实是集边疆、民族、贫困、落后、原战区为一体的特殊区域；二是调研过程中我们吃尽了苦头，历尽艰险，我和段丽萍、尹兴伟、赵发员、罗安周等人更是吃了有生以来从未吃过的苦。调研途中多次遇上山体滑坡阻断交通，在红河各县间的交通没有一次是正常的，山顶行车的危险经历至今让人心悸，但我们都成功顺利地挺过来了，这已变成我们宝贵的人生经历；三是我们数次被滇东南边境村寨恶劣、贫困的现状震撼。课题调研组的成员大多来自农村，一些人的老家在国家级贫困县的山区，他们见惯了贫困，也想象得出穷苦农村的情形，但在滇东南边境村所见却完全出乎他们的预料，几乎所有调查员都是第一次见证这种艰苦、贫穷和无奈。曾经好几次，我们怀着沉重、欲哭的心情离开村寨。调研回来以后，我们对课题的价值和研究充满了信心。

怀着对边境农村的关切和对科研的热爱，我们克服了教学任务重、经验不足等困难，经过近两年的苦战，终于形成书稿。当有学术前辈说这个作品可算是国内第一本有关边境地区"三农"问题的实证研究成果时，我们百感交集，那种艰辛伴随成长的快乐成为激励我们向前的最大动力。我们也决定将一如既往地关注边境，关注"三农"，关注贫困，敬请读者不吝赐教。

胡红霞（参与人之一）

2011 年 10 月 25 日

后　记

可以说，我们超计划完成了研究任务，探索并构建出诸如滇东南这类边境民族地区农村产业发展、农民增收、农村人才建设长效机制，提出了持续推进边境民族地区新农村建设的措施和建议。但在研究中，我们也遇到了两个棘手难题。

一是区域数据问题。除了问卷外，我们还从职能部门获取了大量资料，但我们发现有如下问题：第一，由于各职能部门的统计口径的不一，致使其中一部分数据无法整合，即便和职能部门多次沟通，有一小部分数据始终无法解释和运用。例如同是一项工程，会出现在政府工作报告、职能部门的文件、年鉴、统计局的数据不一致的情况，而且有的相差很大；第二，文山州和红河州的统计口径也有不一致的地方，致使我们在对比和整合时出现困难；第三，数据更新问题。为更新到最新数据，课题组在申请结题前又多次和职能部门沟通，但我们发现，他们提供的一部分数据和2009年8月份我们前往调研时并无区别。上述三个问题使我们不得不放弃一些定量数据。虽然本研究中已经使用了大量的数据和图表，但如果从职能部门获得的数据权威的话，我们可以做得更好。换句话说，如何鉴辨和使用职能部门的数据是今后我们要深入研究的领域。

二是对策、措施、建议的执行问题。本研究的提议大都基于机制构建的视角提出，已千方百计地突出可行性、合理性，如人才建设的重点和关键点；发动义工的原则、步骤及注意事项，再如农户联合担保的界定、分类、执行注意事项等。但我们也不得不承认，在当前行政环境有待改善、基层行政主体力量薄弱、客体素质较低的背景下，执行的效率、效果以及保障机制是一项急需突破和攻坚的课题。当然，这方面的研究，我们需要更多地寄期于行政学者、政治学者。

新农村建设，任重道远，当重新审视本研究成果时，我们又一次陷入沉思，只要换个角度就会发现其他问题，也可能会得到另外一个答案。总之，要解决的问题还有很多很多，我们将继续研究以上问题，与时俱进地发掘并研究新问题，为解决"三农"问题、推进农村经济社会的发展作出更多贡献。

此外，从课题申报、研究设计、报告撰写到最终成果出版，都集聚了课题组成员的精力和汗水，本成果也融合了诸多专家的意见和思想。感谢武友德、何跃、骆华松、毕天云、周智生等学术前辈，他们不仅对我的申报书进行精心修改，在开题和研究过程中也进行过多轮指导。感谢为我提供出版经费以及给予我指导和帮助的领导及老师。最后，还要感谢人民出版社对外合作部的孙涵主任和冯瑶老师，她们为本书提出的修改建议和指导提升了成果的质量，也正是孙主任的奔忙和敦促，使拙作的面世速度加快。

2011 年 10 月 29 日

责任编辑：冯　瑶
封面设计：肖　辉

图书在版编目（CIP）数据

边境民族地区新农村建设持续推动机制研究：基于滇东南的实地考察／
　王俊程　胡红霞　著．－北京：人民出版社，2012.10
ISBN 978－7－01－011460－6

I.①边…　II.①王…②胡…　III.①民族地区－农村－社会主义建设－研究
　－云南省　IV.① F327.74

中国版本图书馆 CIP 数据核字（2012）第 276800 号

边境民族地区新农村建设持续推动机制研究

BIANJING MINZU DIQU XINNONGCUN JIANSHE CHIXU TUIDONG JIZHI YANJIU

——基于滇东南的实地考察

王俊程　胡红霞　著

人民出版社 出版发行

（100706　北京市东城区隆福寺街 99 号）

北京瑞古冠中印刷厂印刷　新华书店经销

2012 年 10 月第 1 版　2012 年 10 月北京第 1 次印刷
开本：710 毫米 ×1000 毫米 1/16　印张：15
字数：230 千字

ISBN 978－7－01－011460－6　定价：32.00 元

邮购地址 100706　北京市东城区隆福寺街 99 号
人民东方图书销售中心　电话（010）65250042　65289539